装丁・カバー写真　毛利一枝

子どもを大切にしない国 ニッポン◉目次

——元児童相談所職員の考察と提言

第二章　子ども虐待と子どもを守る法制の歴史的考察

第五章　いじめ自殺・教師の体罰の問題

第七章　自死を思い止《とど》まるために

プロローグ

２０２０年1月、中国、武漢に端を発した新型コロナウイルス感染症は、瞬く間に各地に広がりをみせ、全世界を席捲した。1月30日、ＷＨＯ（世界保健機関）は世界に向けて緊急事態宣言を発し、わが国においても、2月初めの横浜港へのクルーズ船接岸を皮切りに、新型コロナウイルスによる感染者数は、じわじわと拡大していった。

2月27日、当時の安倍首相は、唐突とも思える官邸主導の政治判断として、全国全ての小中高校に臨時休校を要請し、3月2日から一斉休校に入った。政府の対策本部が「学校の臨時休校は、都道府県等が要請する」との基本方針を決めたのは、この決定の僅か2日前のことであったはずである。この全国一斉臨時休校は、学校によっては最長で5月末まで続くことになる。

ところで、わが国の小中高校生の自殺者数は、平成28年２８８人、平成29年３１５人、平成30年３６９人、令和元年３９９人と、国民全体の自殺者数の減少傾向とは相反するかたちで、増加傾向にあった。ところが、令和元年と令和2年における月別自殺児童生徒数は、1月（39人：36人、7・7％減）、2月（39人：33人、15・4％減）、3月（38人：35人、7・9％減）、4月（31人：25人、

19・４％減）、５月（38人：29人、23・７％減）と、令和２年の上期は明らかに減少傾向にあったのである。事実、この５ヵ月間で前年比27人、14・６％の減少となっている。コロナウイルスが蔓延し、世界的なパンデミックとなり、わが国において、全国一斉臨時休校が敷かれる中、子ども若者は、ひたすら耐え続け、様子見の状態でいたものと考えられる。

その後、臨時休校が解除され、学校が再開された６月以降の児童生徒の自殺者数は、前年の同月比で６月（26人：45人、73・１％増）、７月（25人：38人、52％増）、８月（34人：65人、91・２％増）と急拡大を続け、年間の自殺者数は、令和元年の３９９人から令和２年には25・１％、１００人増の４９９人へと大幅に増加したのである。この令和２年の児童生徒の自殺者数は、統計史上最多の員数となっている。全国一斉臨時休校は、児童生徒のコロナ感染を予防し、学校から家庭や社会への感染拡大を防止するための政治判断であったはずであるが、結果的には、児童生徒の不安や混乱を拡大させ、自殺者数の増加をもたらす要因のひとつとなってしまったのである。

学校再開後、児童生徒の自殺数は、増加し続けた。前年と比べて明らかに減少傾向にあった児童生徒の自殺者数が、学校再開以降、大幅増に転じたのはなぜか、朝令暮改とも言える官邸主導の全国一斉の休校措置は正しかったのか、今後、検証すべき重大な政治的課題であると考える。

また、このような状況下で、政府主導のマスコミに対する自殺報道抑制がなされたものと推知されるが、子ども若者の自殺抑止対策として、何か別の配慮、他の対応ができなかったのか、併せて、検証されるべき問題であると考える。

しかしながら、コロナ禍において、子ども若者がコロナウイルスに比較的強く、感染し難い、感染しても重症化し難いということが次第に明らかになったことは、唯一の救いと希望であった。国は、4月7日、7都府県に対し第1回目の緊急事態宣言を発したが、感染の拡大は止まることを知らず、国内の感染者、重症者、死亡者の数は、拡大し続けていった。

コロナ禍における、子ども若者の自殺の急増を始めとして、国民が直面している喫緊の課題は、近年とみに、差し迫った戦争や自然災害下でもないわが国において、虐待やいじめ、その他不慮の事故等によって、多くの子ども若者の尊い命が失われているということである。

わが国は、1994年、「子どもの権利に関する条約」を批准し、子どもの人権分野においても先進国の仲間入りを果たした。しかしながら、条約批准から二十数余年経った今日、子どもの人権や日常生活に係るあらゆる分野において、わが国は、先進諸国の世界標準に及ぶものではなく、子ども若者の多難な現状が数多く見受けられている。

2000年の虐待防止法制定以降も限りなく増加し続けてきた児童虐待の相談件数は、2020年には20万5044件と、初めて20万件を超えた。数多くの子ども若者の自殺、虐待死に対して何ら適切で有効な対応策がとられず、子ども若者の無為な死が繰り返されているということには、慙愧に耐えない想いである。

本著においては、「わが国の子ども若者が大切に育まれているか」という命題を掲げ、限りなく増加し続けてきた児童虐待の問題、止まるところを知らない子ども若者の自殺の問題を取り上げる。さらについ近年まで、子ども若者の非行を大人の犯罪から隔し、保護・育成することを目的としてつくられた少年司法が、2000年以降、何故これ程までに厳しく強化されてきたのか。これらの周辺状況や課題を含めて、１９９８年来、５回に亘り繰り返されてきた国連こどもの権利委員会の総括所見における勧告等と対峙させながら、今日の、わが国の子ども若者の置かれている現状、課題、対策等について検証し、書き述べていきたいと思う。

また、本著においては、連綿と続いてきたわが国の子ども若者に係るこれらの政策の歴史的変遷、経緯を振り返るとともに、特に筆者の生活地である福岡県、併せて全国で起きた数多くの顕著な事例について、私見を交えて論じているが、興味ある章から読んでいただくとともに、これらの歴史的考察等について、参照していただければ幸いと思う。

第一章　児童相談所の現状と虐待防止の強化

1　子どもの虐待報道

２０１９〜２０２０年にかけて、これまでの児童虐待対策の在り方を根底から見直し、強化せざるを得ない凄惨な虐待死が続けざまに起きた。19年1月、マスコミは千葉県野田市で起きた小４女児虐待死事件を一斉に報じた。タイトルは、「小４長女死亡」「母親の制止聞かず」「行政の不手際連鎖」「届かぬＳＯＳ幼い命救えず」こども虐待死を物語る悲しい見出しであった。

事件の概要は、１月下旬の厳寒の中、父親（41歳）が学校を休ませている長女に対して丸２日間食事を与えぬという著しい減食や、風呂場で大声でどなる、肌着一枚で夜通し立ち続けさせる、冷水シャワーをあびせかける、首をわしづかみにする、髪を引っ張るなどの暴行を加え、強度の衰弱により、死に至らしめたというものであった。

いたいけな10歳の子どもが父親の折檻によって虐待死するという凄惨な事件であったが、発端は平成29年11月、小学校が実施したいじめに関するアンケートであった。

アンケートには「お父さんに暴力を受けています。夜中に起こされたり、起きているときにけられたり、たたかれたりされています。先生どうにかできませんか」と教師に救いを求める言葉が書かれていた。当日、すぐに児童相談所に一時保護となったところまでは良かったが、以後、女児が死亡するまで、全くと言っていいほど適切な対応はとられておらず、女児は学校、教育委員会、児童相談所から繰り返しネグレクト同然の扱いを受け、二度、三度、虐待によって殺されたことになる。マスコミは一斉に、行政、教育機関の不作為を非難し、ある虐待防止に携わるＮＰＯ団体は、「警察との情報共有・連携によって、この虐待死は防ぐことができた」と、児相・警察の虐待ケース全件共有の必要性を喧伝した。

令和元年11月25日に公表された千葉県検証委員会の報告書によれば、ミスがミスを呼び、リスク判断が不十分なまま保護が解除され、漫然と推移した末に痛ましい結果を招いたと結論づけている。本ケースに対する対応について、これから述べることは、大部分が私の所見・推測であり、このまま報告書に記載されている訳では無いことを改めてお断りしておきたい。

58ページにわたる報告書を読めば、学校、教委、市、児相それぞれの機関が教育機関、行政機関としての役割、機能を果たしておらず、誤謬の連続である。特にひどいのは、児童相談所であり、担当児童福祉司の独善的な考え方や未熟で場当たり的な判断のまま、ケースは推移しており、虐待の事実を認めながらも、父親の圧力に屈してか一時保護解除に至っている。

本ケースは、スタート時点から間違いの連続であった。本来、児相が自ら行うべき一時保護や保護した旨の保護者への連絡、説明を市に任せてしまっている。次の間違いは、報告書にはないが、約50日にわたる一時保護期間中、女児の父親が児相の指導に対して恭順であったのを、担当福祉司は「指示が通る」「自分の言うことをちゃんと聞いてくれる」と受け取り、「これが自分の実力」「父親は御しやすい」と勘違いしたのではないかということである。

唯一、児相としての専門性が発揮されたのは、児童心理司面接における、女児による父親からの性的虐待の開示と精神科医によるＰＴＳＤの診断である。しかしながら、通常行われるべき判定会議も開催されず、これらの専門家の面接結果や診断がその後の処遇に全く活かされていないのは、担当福祉司が独善的に判断し、これらの所見を軽視したからにほかならず、上司からのスーパーヴィジョン（指導者・専門家の指導やアドバイス）による是正なども無く、所としてのチェック体制が全く機能していなかったとしか思われない。極論すれば、子どもの命を守るという、児童相談所としての気概も使命感も感じられず、組織としての体もなしていないということである。

幾つもの虐待の重篤な所見がありながら、深く調査を進めようとはせず、保護者との面接は、家庭引き取りの方向で進んでいく。客観的に見て、守られるはずのないような条件や何の拘束力もない継続指導を付して、平成30年12月27日、父方祖父母宅に家庭引き取りとなっている。父親のしたたかさに、児相は屈したのである。この後、父親や祖父は手のひらを返したように児相の指示には従わず、市、教委、学校に対しても強硬な姿勢を取り続け、関係機関に一切付け入る隙を見せず、1年後には、ついに女児を虐待によって死に至らしめることになる。継続指導においては、児相は措置解除後、平成31年1月17日、2月26日、3月19日の3回、祖父宅や学校への訪問を行ったのを最後に面接を行っておらず、またそれ以降の市の要保護児童対策地域協議会等においても十分な情報交換や見守りが行われていなかった。

報告書のむすびには、「勇気を持って訴えた本児は、何としても守られるべきだったし、救える命だった」と記されている。

令和元年6月26日、千葉地裁は、父親の虐待を止めずに見過ごした母親（32歳）に対し、傷害幇助《ほうじょ》罪で懲役2年6ヵ月（求刑2年）、保護観察付き執行猶予5年の判決を言い渡した。父親については、傷害致死、暴行、強要など女児に対する5件の虐待と妻に対するDVの容疑で逮捕・起訴されており、令和2年2月21日から千葉地裁において、裁判員裁判による公判が開始された。初公判では、父親は「娘にしてきたことはしつけの範囲を超え、深く反省している」「罪状は争わない」と謝罪の言葉を述べながらも、「食事を与えないよう指示したり、睡眠を取らせなかったりしたことはない」と主張するなど、個々の虐待の事実の大半を否定し、父親の暴行を訴えた学校のアンケートも「娘が嘘をついた」と主張するなど、暴行に至った責任を女児に転嫁する発言を繰り返した。同年3月19日、千葉地裁は「被告の供述は信用できない」公判中、被告が流した涙も「謝罪とは言えず、後悔でしかない」「前例を超え、極めて悪質」「女児は、理不尽極まりない虐待を受け続け、絶命した」として検察官の求刑、懲役18年に対して、懲役16年の判決を言い渡した。

父親側は、同年4月1日、地裁判決を不服として、控訴したが、令和3年3月4日、東京高裁は、「犯行は異常なまで陰惨で、悪質性が際立っている。量刑も不当とは言えない」として、一審千葉地裁判決を支持し、控訴を棄却した。その後、検察、弁護側、双方上告せず、令和3年3月19日、刑は確定している。

この千葉県野田市の事件に先立つこと11ヵ月、平成30年3月2日、東京都目黒区において、継父に顔を殴られ5歳の女児が搬送先の病院で死亡するという痛ましい事件が起きていた。

この女児は、以前住んでいた香川県で、継父の暴力により屋外にいるところを警察に保護され、平成28年12月と平成29年3月の2回にわたり、それぞれ1ヵ月間、4ヵ月間、児童相談所に一時保護され、福祉司指導の行政処分に付された後、平成30年1月には東京への転居などを理由に措置解除となった。その後、継父、実母らは共謀し、東京転居後の1月下旬から女児を軟禁状態にする中で充分な食事を与えず、栄養失調状態に陥らせた上、殴るなどの暴行を加え、虐待の発覚を恐れ、女児が衰弱しているのを認めながらも医師の診察を受けさせず放置して、肺炎による敗血症で死亡させたとして、保護責任者遺棄致死の疑いで逮捕された。

死の直前の女児は、毎朝4時に起床し、文字の練習をさせられており、ノートには「きょうよりかもっとあしたはできるようになるから。もうおねがい、ゆるして、おねがいします」などと書き残されていた。女児は長期の虐待の結果、自力では動けないほど衰弱し、免疫にかかわる臓器とされる胸腺が萎縮し、同年代の平均の五分の一程度しかなかった。

転居前に一家が生活していた香川県においても、本児を救える機会は何回もあったはずである。2回もの一時保護、この過程で児童養護施設への措置入所が検討されており、保護者も同意しかけていたのであるが、施設入所に伴い保護者が負担しなければならない措置費負担額の問題で、継父は払うことができないことを理由に、施設入所を拒否している。児相が保護者の拒否や措置費負担額の問題で施設入所を断念したとすれば、それは本末転倒である。費用の問題より子どもの命を優先させるべきであり、28条措置というやり方もあったはずである。

次に、女児が児童相談所から家庭引き取りとなる時点で、以前通っていた幼稚園を辞めていたため、常時の見守りをどこが担うのかについて、検討がなされている。保護者に対していくつかの案が提示されていたが、ほとんどが拒否され、唯一残ったのが、「四国こどもとおとなの医療センター」である。児相の一時保護所から退所後、母子3人で週1～2回、1～2時間程度の通所指導を行っている。その過程で行われた平成29年10月の小児科医面接において、女児は「施設に行きたい」と訴えていた。

4〜5歳の子どもが家庭ではなく施設生活を希望するというのは余程のことである。この切ない訴えは、医師から児相に伝えられたが、結果的に受け入れられなかった。

虐待を受けている子どもは、親から引き離されることを極度に嫌がるのが一般的である。親から離れれば、見捨てられることを本能的に理解しており、この見捨てられ不安のため、親にしがみつこうとする。子どもが自ら施設へ行きたいと言うのは、余程のことであり、ひどい虐待を受けていることの重大なサインであるのにもかかわらず、恐らく児相は女児の気持ちを調査、確認もしないまま、小児科医の提言を却下あるいは無視したのではないかと考える。

この他、本児は、医師に「こないだパパにおなかをキックされたよ。仕事が休みの日にキックがいっぱいある」と話しており、この情報も香川の児相には伝わっていたはずである。

また、本ケースは、母親が女児を連れての再婚家庭であり、1年ほど前、夫婦の間に異父弟が生まれたこと。以後、女児に対しての継父の暴力が始まり、屋外で2度もの警察による保護を受け、継父は傷害容疑で2回とも書類送検され、その都度、児相で女児は一時保護されているのである。そして、女児本人が「施設へ行きたい」などと述べていたこと。これらの情報を基に社会診断を行えば、これ以上に虐待リスクの高いケースが他にあるとは思えない。虐待は多くの場合、どんどんとエスカレートしていく。これは、これまで多くの虐待事例の体験や検証から学んだ知見である。これだけの虐待リスクがそろっておきながら、保護者の家庭引き取りを認めた児童相談所の見識を疑う。元々、子どもの措置権は児相にしかない。関係機関がどのような進言をしようが、児相が独自性を発揮し、ケースの方向性を判断するのはかまわないが、子どもの命を守れるのは最終的に、児童相談所しかない。

香川の児相は、子どもの命を守る唯一の組織として機能を果たしていなかったとしか言いようがない。

本ケースを引き継いだ品川児相もお粗末の極みである。転居に伴い、香川県の児童相談所は転居先の品川児童相談所へ継続支援を要する「ケース移管」をしたはずであったが、ケースを引継いだ品川児相は、福祉司指導が解除されていたことから、状況の改善が図られ終結したが、再発の可能性がある「情報提供」ケースとして受理しており、一度家庭訪問をし、会わせてもらえなかったにもかかわらず、緊急性はないものと判断し、その後放置してしまっていた。

そして、人の目の届かないところでさらに虐待は重篤化し、女児は、亡くなった。

令和元年9月、本件、目黒区5歳女児虐待死事件における母親27歳の保護責任者遺棄致死罪を問う裁判において、東京地裁は、夫によるDVの影響は否定できないとしながらも、「虐待に相応の役割を果たしていて、厳しく非難されるべき」として、母親に懲役8年（求刑懲役11年）の実刑判決を言い渡した。母親弁護側は判決を不服として控訴したが、二審東京高裁、控訴審判決において「元夫による心理的DVを考慮しても、虐待への関与が低かったとは言えない」「元夫による心理的DVの影響は強固ではなく、影響があったとしても、母親として、娘を助けるために医療措置を受けさせる行動を選択することは十分可能だった」と述べ、一審東京地裁判決を支持し、弁護側の控訴を棄却した。

また、令和元年10月、東京地裁は保護責任者遺棄致死や傷害罪等に問われた継父に対する裁判員裁判において、「食事制限や暴力は、しつけという観点からかけ離れており、自らの感情に任せた理不尽なものだった」虐待の発覚を恐れて病院に連れて行かなかったのは「身勝手な保身目的だった」と厳しく指摘し、求刑懲役18年に対し、懲役13年の重い判決を言い渡した。本件判決は、検察、弁護側共双方が控訴せず、同月30日に確定している。

この後すぐ、令和元年6月には北海道において、2歳女児に対して、母親21歳、交際相手24歳による虐待死事件も起きている。本ケースに関しては、札幌児童相談所、北海道警察の両機関が関わりながら、虐待死を防ぐことはできなかった。

令和2年10月、傷害致死罪で起訴されていた母親の交際相手25歳に対し、札幌地裁は、懲役13年（求刑懲役18年）を言い渡した。また、同年11月、母親22歳に対する札幌地裁裁判においては、争点となっていた死因については必要な食事を与えず低栄養状態に陥ったことによる衰弱死と認定し、懲役9年（求刑懲役14年）を言渡した。両人とも判決を不服とし、札幌高裁に控訴していたが、令和3年4月、棄却され、即、最高裁へ上告している。

これら東京都目黒区、千葉県野田市、札幌市の3つの虐待事案は、時を経ずして起きたものであり、ともに厳しく断罪されたが、いかに厳しい判決が出ようが、亡くなった女児たちは戻ってこない。

相次ぐ虐待死事案を受けて、第198回通常国会において親の体罰禁止を明文化し、児童相談所の機能強化を謳った改正児童虐待防止法・改正児童福祉法が成立し、令和2年4月施行された。また、法務大臣は、法制審議会に対して、法施行2年を目途に、民法第822条、懲戒権の見直しを行うことを諮問した。このように、いたいけな子どもの虐待死事件に社会やマスコミの注目が集まっているにもかかわらず、子どもの虐待死は、その後も次々と起きている。

2　児童福祉法の成り立ちと社会背景

児童虐待対応の基となっているのは児童福祉法である。その児童福祉法がどのような経緯でつくられたのか、ここで押さえておきたい。

終戦直後の混乱期、わが国の混乱を象徴するものが二つあった。一つは戦争で夫を失った婦人で、食事をするのにも困り、アメリカ兵の腕にぶら下がって生活する人達がいたこと。

もう一つは上野の山を根城にした浮浪児達である。巷には戦災孤児や引き揚げ孤児があふれ、アメリカ駐留軍兵士の靴を磨いたり、物乞い、盗みをしたりして生活していた。GHQ（連合国軍最高司令部）は、特に浮浪児の横行については自分たちの占領行為がうまくいっていないと連合諸国に評価されることを嫌って非常に頭を痛めていた。そこでGHQは、浮浪児を取り締まれという命令を当時発足したばかりの厚生省に命じた。後に言われる「浮浪児狩り」「刈り込み」である。

当時、12万3千人に及ぶとされた戦争孤児対策は、わが国にとっても喫緊の課題であり、戦争孤児・浮浪児保護強化のために1946年、児童保護相談所が設置された。

特に、浮浪児その他要保護児童が多いとされたのは、東京、神奈川、愛知、京都、大阪、兵庫、福岡の七大都府県であり、国は「主要地方浮浪児等保護要綱」を策定し、国庫補助により、一時保護所18ヵ所、児童鑑別所7ヵ所を整備し、昭和21年～24年にかけて、毎年1万2千人～1万4千人に及ぶ浮浪児等の保護措置を行っている。

また厚生省は、援護課（後に児童局）を設け、当時、児童に係る法律は「旧児童虐待防止法」と

「少年教護法」「母子保護法」の三法しかなく、ＧＨＱの管理下で、これらを集大成して「児童保護法」なるものを作ろうという構想になった。

１年に及ぶ法編纂の過程で、「児童保護法」では暗いし、夢がなさすぎるとして、条項に保育所、児童遊園など夢のある項目を加え、浮浪児保護対策のために１９４６年に設置された児童保護相談所を児童相談所と改称し、当時制定されたばかりの日本国憲法第12条、第13条、第22条等において初めて取り入れられた福祉（ウエルヘアー）の理念を取り入れ「児童福祉法」と命名された。まさに保護から福祉への転換であり、新しい概念の先駆けとして、児童福祉法は１９４７年（昭和22年）12月に制定され、翌１９４８年1月1日、施行された。

また、同年、児童福祉施設最低基準が制定され、施設整備、職員等の基準が決められ、施設で暮らす児童にも一定基準の生活が約束されたのである。

児童相談所は、アメリカの精神保健サービス機関ＣＧＣ（Child Guidance Clinic）をモデルとして、児童福祉司、心理判定員を配置した児童相談に関する専門機関であり、厚生省は、１９４９～５０年にかけて、国連技術顧問アリス・Ｋ・キャロル女史を招聘し、宮城、大阪、福岡の児童相談所においてソーシャルワークについての実務研修を繰り返し行い、職員の養成に当たった。以後、都道府県においては、一時保護所を兼ね備えた児童相談所が逐次設置されていくことになる。爾来、児童相談所は、子どもの病気を除くあらゆる児童問題に関する唯一の専門機関として、子どもの相談を一手に引き受けてきたが、平成に入り、児童虐待相談件数の急増等に伴い、緊急かつより高度で困難な専門的対応が求められる一方で、育児不安等を背景に、身近な子育て相談ニーズ等も増大してきている。

児童福祉法の制定以後、1951年（昭和26年）の児童憲章の制定、1959年（昭和34年）の国連児童権利宣言の採択などがあったが、これらの出来事によって、わが国において真に子どもの人権や生活の質の向上が図られたとは言い難い。子どもの人権を尊重し、処遇・対応に変化の萌しが見え始めるのは、1994年（平成6年）の「子どもの権利に関する条約」の批准とそれ以降の社会の成熟を待たねばならないと考える。

【母子保護法：1937年制定、国民生活の窮乏により母子心中が激発したため、貧困母子の救済のため市町村長が生活・養育・生業・医療について扶助を与えるというもので、1946年生活保護法の施行により廃止された】

3　子ども虐待防止対策前夜

(1)　虐待防止ネットワークの設立

児童虐待の問題が、わが国において認識され始めたのは1980年代後半からである。1987年、大阪において、Ｃｈｉｌｄ　Ａｂｕｓｅ研究会が設立され、1990年、虐待防止を目的とした民間団体、児童虐待防止協会へと発展し、「子ども虐待ホットライン」が開設された。また、東京においては翌1991年、子どもの虐待防止センターが設立され「子ども虐待110番」が開設された。

これに触発されるかたちで、全国各地に民間主導による虐待防止ネットワークが次々に設立され、医療関係者、弁護士、心理士、学識経験者など、虐待に関心ある有志が虐待防止やその対応に向けての情報交換、学術研究などに取り組んだ。私は、当時、児童福祉司をしており、発足して間もない東京の子どもの虐待防止センターへどのような実務を行っているか見学研修に行ったことを思い出す。当時、センターは世田谷区の民間の一軒家において運営されており、電話による虐待相談や児童虐待に関する出版物の発行、広報啓発等が主な活動として行われていた。

一方、このような民間の動きに対して、児童相談所を始め厚生省等、官の動きは極めて緩慢であった。児童相談所が虐待を個別の問題として認識し始めたのは１９９０年代に入ってからである。それまでは、虐待は、しつけ相談における親の体罰の問題、あるいは非行相談、不登校相談の背後に隠れている親の厳しいしつけの問題という認識であった。

また、国においては、当時、虐待に関する法律として、児童福祉法第25条「虐待の通告」第28条「家裁申し立てによる施設措置」第29条「立ち入り調査」第33条「一時保護」第34条「禁止行為」などの規定があり、これらの児童福祉法の規定により虐待対応は可能と見ており、新たな対策や法整備を講ずることには消極的であった。

１９９０年（平成2年）3月には厚生省児童家庭局通知として「新児童相談所運営指針」が発出され、併せて児童相談所統計報告として養護相談の内数として「児童虐待処理件数」が加えられた。ちなみに、この年の虐待相談件数は、全国で１１０１件、政令市を除く福岡県4児相で21件、北九州市7件、福岡市12件、福岡県内合計40件というわずかな件数であった。

（2）「子どもの権利に関する条約」の批准と子どもの権利委員会からの勧告

1994年、わが国は「子どもの権利に関する条約」（以後、子どもの権利条約と記載する）を批准した。国際条約締結において、初めて虐待や養育の怠慢（ネグレクト）から子どもを保護することが盛り込まれたのである。

子どもの権利条約第19条「監護を受けている間における虐待からの保護」においては、「締約国は児童が父母、法定保護者又は児童を監護する他の者による監護を受けている間において、あらゆる形態の身体的若しくは精神的暴力、傷害若しくは虐待、放置若しくは怠慢な取り扱い、不当な取扱い又は搾取（性的搾取を含む）からその児童を保護するためすべての適当な立法上、行政上、社会上及び教育上の措置をとる」また、同条約第34条「性的搾取、虐待からの保護」においては、「締約国はあらゆる形態の性的搾取から児童を保護することを約束する。そのため、締約国は、特に、次のことを防止するためのすべての適当な国内、二国間及び多国間の措置をとる。

(a) 不法な性的な行為を行うことを児童に対して勧誘し又は強制すること。
(b) 売春又は他の不法な性的な業務において児童を搾取的に使用すること。
(c) わいせつな演技及び物において児童を搾取的に使用すること。

と明記している。

わが国は「子どもの権利条約」を批准したことによって、国連子どもの権利委員会に対して「日本の子どもの置かれている状況」についての報告の義務を負うことになった。

報告は1998年（第一回）、2004年（第二回）、2010年（第三回）及び2019年（第四～五回）が実施された。これらの報告に対して、わが国の子どもの現状の改革・改善状況に関して、国連子どもの権利委員会から5回にわたり、厳しい懸念、提案、勧告などを記した総括所見が提示されている。その総括所見は、第三章「子どもの権利に関する条約」の批准とその後のわが国の動向に記載しているが、ここでは、虐待に係る主要なものを挙げておきたい。

・児童虐待防止のための分野横断的な国家戦略の策定
・被害者に対する心理カウンセリング等を提供する専門家の増員
・民法上の親権概念により、子どもが家庭で暴力を受ける恐れがあること
・非暴力的形態のしつけの促進
・被害者の回復、再統合のための教育プログラムの強化

これらの懸念、提案、勧告などに対して、わが国は、制度の改正、法律の整備、新たな仕組みの構築など改善策を実施してきたが、児童虐待相談対応件数は増加の一途をたどっており、厳しい状況にある。

(3) 児童虐待相談対応件数の推移

虐待への対応については国際法としての法的拠り所は得たものの、国内法においては、児童福祉法の規定しかなく、保護者の持つ親権、特に懲戒権を振りかざし「俺の子どもを煮て食おうが焼いて食おうが俺の勝手だろう」とくだを巻く親の前では、子ども保護の第一線機関である児童相談所においても返す言葉も見つからず、手も足も出せないというのが実情であった。

また、識者の間では、日々国内で発生している保護者による児童の折檻死や虐待によって起きる重篤な怪我に対して関心が高まるとともに、その虐待を受けている子どもを保護するための虐待親への対応や、保護した子どもの処遇についても一筋縄ではいかないことが認識されるようになってきた。

児童虐待の現場では、子どもを虐待しているのに、虐待親のほとんどが、子どもを親から引き離そうとすると並々ならぬ抵抗を示すのである。また、虐待を受けているのに、多くの子どもも、親から離れたがらないということもわかってきた。さらに、苦労の果て、親から引き離した子どもを施設入所させた場合、子どもは往々にして他の入所児童や職員とのトラブルを頻繁に引き起こし、その処遇が極めて困難であるということが明らかになってきたのである。

厚生省が統計を取り始めた直後、1000件台で推移していた児童虐待相談件数は、年を追うごとに増加の一途を辿って行った。このような中、1994年「日本子どもの虐待防止研究会（後に学会に名称変更）」が設立され、民間ベースによる児童虐待防止活動のための学術研究会が年1回、全国

児童虐待相談対応軒数の推移

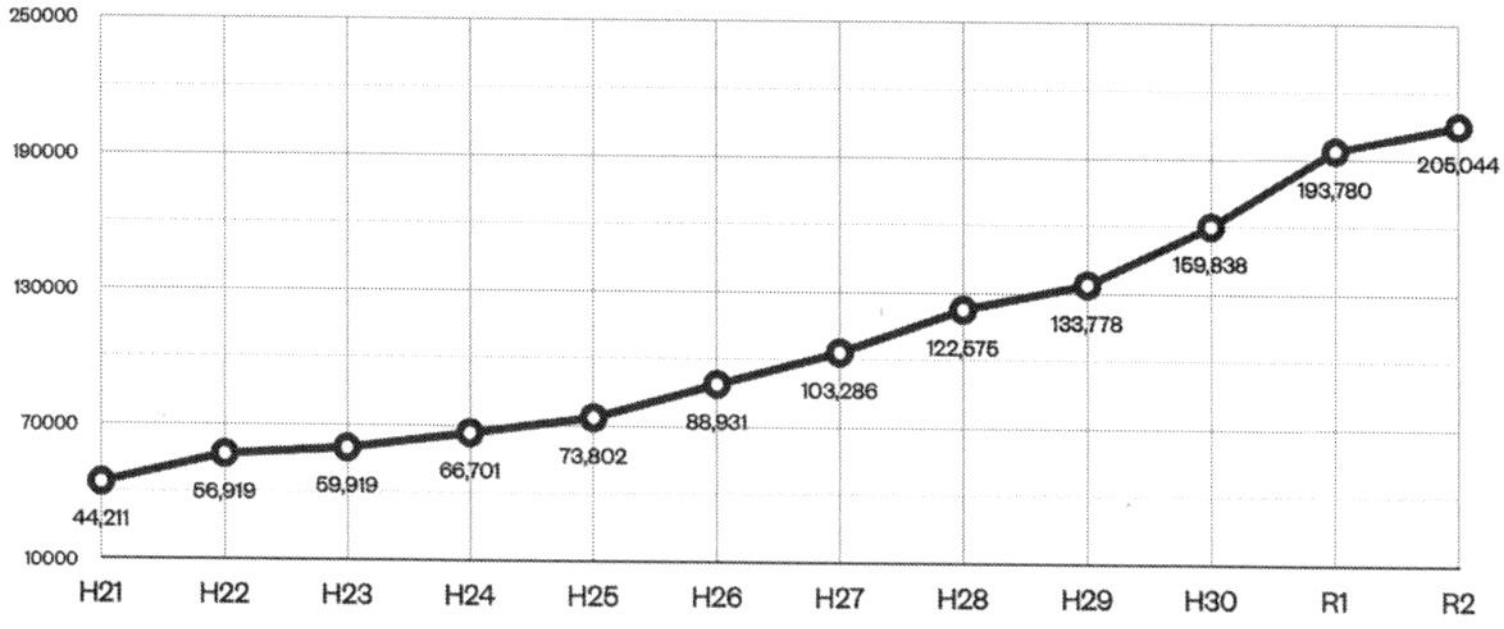

年度	H21	H22	H23	H24	H25	H26	H27	H28	H29	H30	R1	R2
件数	44,211	56,919	59,919	66,701	73,802	88,931	103,286	122,575	133,778	159,838	193,780	205,044
対前年度比	+3.6%	—	—	+11.3%	+10.6%	+20.5%	+16.1%	+18.7%	+9.1%	+19.5%	+21.2%	+5.8%

持ち回りで開催されるようになった。この時代、虐待に関しては、情報、経験、知見等に乏しく、未知の分野でもあり、児童に係る業務に携わる者は、こぞって講演会、研究会に参加し、自己研鑽を積んだのである。

１９９５年、福岡県内においても、久留米市の民間医療機関である聖マリア病院と行政機関である久留米児童相談所を核として「親と子の心の対話研究会」が設立され、地域ネットワークを活用した児童虐待防止活動を展開することになる。私も発起人である聖マリア病院の橋本信男医師と協働して、被虐待児の保護と虐待防止活動に当たった。当時、官と民が協働して立ち上げた虐待防止ネットワークは、他に例は見当たらず、恐らく全国最初のケースであったものと自負している。その後、全国各地に次々と民間ベースの虐待防止ネットワークが立ち上がり、児童虐待への国民の認識が高まるとともに児童相談所への通告件数が著しく増大し、１９９９年度（平成11年度）には１万件を超えるという厳しい状況になり、社会の要請に応えるべく、2000年5月24日、超党派の議員立法により「児童虐待の防止等に関する法律」が制定され、同年11月20日施行された。以後、前頁表の通り、児相に寄せられる虐待相談の対応件数は、増加の一途をたどっている。

4　虐待防止対策の強化と課題

このような流れの中、わが国における児童虐待への対応は、児童虐待の問題が顕在化し始めた1990年代以降、専ら児童相談所が中心となって行ってきた。学術的な知見や情報も少ない中で、子どもに関わるソーシャルワーカー（児童福祉司）、弁護士、医師、保健師、施設職員、保育士など地域の様々な人たちが知恵を集めて、親権を振りかざし、子どもの人権をないがしろにし、暴力を振るう保護者と対峙してきたのである。この人とひととのネットワークを駆使することで、虐待親から子どもを守ってきたのは、既存の法的規定や個々人の脆弱な能力・知識では保護者の持つ強大な親権には対抗できなかったからである。このネットワークが後の要保護児童対策地域協議会（以後、要対協と呼ぶ）という法律に基づいた行政組織に乗り替わり、現在に至っているが、この要対協の機能が劣化してきているのではと感じることがある。

ひとり児相のみでは児童虐待に対応できないから、2004年には法を改正し、虐待相談窓口を市区町村に広げ、この要対協に地域の子育てに係わる様々な分野の専門家を招聘《しょうへい》し、虐待のみならず全ての要保護児童の早期発見、情報の交換及び共有化、支援内容の協議、役割分担に基づく迅速な支援及び適切な保護や見守りを行うこと等々が実践されてきた。このように、本来は衆智を集めて、子どもを守り、支援するために活動する組織であったはずであるが、ただの情報交換や見守りの場でしかなくなってしまっているのではないかということである。

軽易なケースならそれでいい。私が一番懸念するのは、ケースは日々刻々動いていくという認識が欠けているのではないかということと、虐待を受けている子どもの命をどうやって守るのか、救うのかという議論、検討が十分に尽くされているのかということである。

さらに、もう一点は、児相と要対協との役割分担・業務のすみ分けの問題である。児童相談所運営指針においては、「児相が受理した児童虐待通告・相談ケースについては、地域の実情に応じて、協議会を活用し、他の関係機関と情報共有を行う」とされていることから、多くの場合、同一ケースに児相、要対協の両者がかかわることになるが、その場合、責任の所在が曖昧になってはいないかということである。重篤な虐待の場合、何らかの措置を必要とするケースがほとんどと考えられるが、措置の決定権は、児相にしかない。近年、児相が要対協にケースを丸投げし、措置の判断をしなかったために虐待死に至ったというケースが散見されるようになってきている。要対協の守備範囲は軽易な虐待ケースに止め、何らかの措置を必要とする重篤なケースは児相が直接ケース管理すべきである。2004年の法改正において虐待相談窓口を市区町村に広げ、要対協設置規定を設けた時から、この取り決めはできていたはずである。

数々の重篤な虐待死事件に社会やマスコミの関心・注目が集まっているにもかかわらず、児童虐待事件は、その後も次々と起きている。

・令和元年6月12日、新潟県長岡市、3ヵ月児取り落とし殺害事件（母親31歳）
・同年6月末、仙台市、2歳児自宅放置死事件（母親25歳）
・同年7月7日、東京都荒川区、18歳娘扼殺事件（父親43歳）
・同年8月2日、富山市、11ヵ月児車内放置熱中症死事件（母親25歳）
・同年8月28日、鹿児島県出水市、4歳児暴行溺死事件（母親の交際相手21歳・処分保留で保釈中であったが逮捕）
・同年9月17日、さいたま市見沼区、9歳児殺害・死体遺棄事件（義父32歳）
・同年9月28日、東京都江藤区豊洲、3歳児傷害致死事件（母親の交際相手34歳）
・同年11月26日、神戸市須磨区、3ヵ月児放置死事件（父36歳、母38歳）
・令和2年2月26日、鹿児島県鹿屋市、1ヵ月児暴行死事件（父親23歳）
・同年4月18日、福岡県篠栗町、5歳児餓死事件（母39歳、知人女48歳）
・同年4月23日、群馬県高崎市、4歳児暴行致死事件（母親25歳、元交際相手27歳）
・同年6月5〜13日、東京都大田区、3歳児自宅放置死事件（母親24歳）
・同年6月23日、東京都町田市、2歳児布団巻放置死事件（母親31歳）
・同年7月15〜23日、茨木県ひたちなか市、1ヵ月児暴行死事件（父親28歳）
・同年7月22〜23日、東京都台東区、3ヵ月児16時間放置死事件（母親30歳）

・同年8月15〜16日、福岡県中間市、3歳児暴行死事件（母親22歳、継父23歳）
・同年9月3日、香川県高松市、3歳、6歳児車内放置死事件（母親26歳）
・同年9月11日、埼玉県美里町、3ヵ月児虐待放置死事件（母親28歳、父親29歳）
・令和3年2月3日、熊本県宇城市、3歳児虐待暴行死事件（母親27歳）
・同年2月26日、飯塚市〜鹿児島市、養子9歳、実子3歳、2歳、三児殺害事件（父親41歳）
・同年4月24日、神奈川県開成町、5ヵ月児殺害遺棄事件（母親18歳、知人26歳）
・同年6月22日、札幌市北区、2歳児クローゼット閉じ込め死事件（母親20歳）
・同年7月22日、千葉県八千代市、1歳児車内熱中症死事件（母親25歳）
・同年8月31日、大阪府摂津市、3歳児熱湯殺害事件（同居人23歳、母親23歳）
・同年9月2日、香川県高松市、3ヵ月児暴行死事件（母親23歳）
・同年9月10〜23日、岡山市北区、5歳児虐待死事件（交際相手38歳、母親34歳）
・同年10月5日、茨木県ひたちなか市、2ヵ月児車内暴行死事件（父親24歳）
・同年11月7日、新潟市南区、妻子（1歳児）殺害事件（父親28歳）

この他、暴行・傷害等の虐待事件や子連れ無理心中事件、産まれたばかりの嬰児殺し事件などが多発しており、本来、子どもを守るべき立場にある保護者による児童虐待死事件は枚挙にいとまなく、止まるところを知らない。

次の表は、警察が取り扱った虐待による児童の死亡人数を集計したものである。近年、数々の虐待

児童虐待による死亡児童数の推移　警察庁（単位：人）

	H15	H16	H17	H18	H19	H20	H21	H22	H23
無理心中	51	41	29	44	43	39	37	29	26
出産直後	10	8	16	8	10	14	10	5	7
他の虐待	42	51	38	59	37	45	28	33	39
死亡児童	103	100	83	111	90	98	75	67	72

	H24	H25	H26	H27	H28	H29	H30	R1	R2
無理心中	38	29	25	20	26	13	8	21	21
出産直後	8	8	8	12	11	5	6	8	11
他の虐待	32	25	20	26	30	40	22	25	29
死亡児童	78	62	53	58	67	58	36	54	61

対策が実施されているにもかかわらず、毎年、50人を超える児童が虐待により死亡している。

２０１９年度（令和元年度）の児童相談所への虐待相談対応件数は19万３７８０件に及び、前年比21・２％の増加であり、警察からの身体的虐待及び心理的虐待通告の大幅増によるものと考えられる。また、虐待死の内訳は、心中を除く虐待による死亡事例33例（33人）、心中による死亡事例21例（21人）、総数54例（54人）となっている。また、２０２０年度の虐待相談対応件数は、20万５０４４件と、統計をとり始めて以来、初めて20万件を超えた。

さらに２０２１年度の児相の虐待相談対応件数は、速報値ではあるが、20万７６５９件と過去最多を更新している。

5　児童相談所の活動

私の職歴は、児童自立支援施設の児童指導員、児童相談所の児童福祉司、県本庁の児童家庭課の事務吏員、その他の本庁、出先の福祉関係の職場を転々とし、児童自立支援施設の施設長、児童相談所2ヵ所の所長などを勤め、平成22年3月、退職。第二の職場として、九州地方更生保護委員会の委員という職に3年間の期限付きであったが、国家公務員として採用された。

職務は、九州管内の刑務所、少年院の服役者、入所者の仮釈放、仮退院の審査であり、この3年間に1000人以上の服役者等の面接を行った。この面接において、児童虐待で子どもを死に至らしめた多くの人たちと会って話しを聞いたが、ほとんどのケースの加害者本人が虐待の体験者であり、虐待の連鎖の凄惨さを、身をもって実感した。マスコミ等で周知され、知名度の高い虐待事件の加害者とも面接したが、残念ながら守秘義務の関係でここに記すことはできない。

このような貴重な体験を含めて、私の職業人としての人生の大半は、子どもの福祉に携わることであった。児童福祉の現場を離れてから10年余を経過するが、子ども家庭福祉に係る諸問題に関しては、生涯の研究テーマとして、可能な限り、現状や実態を把握してきた。

私が現職で仕事をしていた頃より、現在の児童相談所は遥かに多忙で厳しい状況になっているとは思うが、子どもの命を守るという精神と使命感はその頃も今も同じであると考えている。

児童相談所がどのような仕事をしているかは、報道等を見れば、現在も10年前も変わらないという自負もある。児童相談所の現状を記すに当たり、資料を整理する中で、当時の児童相談所の仕事ぶりがうかがわれる格好の資料が見つかったのでここに挙げてみることにした。

それは、筆者に対して、最後の職場であった児童相談所所長時代、隣県の某国立大学医学部保健学科から、大学における「地域看護学」の一環として、「児童虐待特講」の講師依頼があったことから始まる。当初は、90分一コマの講義の依頼であったが、児童相談所の虐待の現状・対応について90分で行うのは不可能であるので、最低2時間、できれば2時間半の講義なら引き受けると返答したところ、時間はお任せするのでお願いしたいとの回答があり、将来、医療等の現場で児童虐待を早期発見する人材の育成に寄与することになると考え、引き受け、2年間、続けて講義を行った。講義の対象は看護学、理学療法学、作業療法学を専攻する生徒さん達70~80名であった。この時の2時間余の講義で、時間が足らず、質疑応答ができなかったため、生徒さん達から講義への感想、質問を送ってもらい、後日、質問等に対する文書回答を行った。その回答文が以下の通りである。差しさわりのある箇所は若干の修正を加えたが、回答文の骨子は当時の原文のままである。

○○教授殿

酷暑も収まり、秋の気配が漂う今日この頃ですが、児童相談所では、相変わらず虐待対応に忙殺されています。今日も、先ほど中学1年生の児童を職権保護しました。今日は、昼から虐待親と対決ということになると思います。

7月末の講義に対する、生徒さん方の虐待問題への関心の高さや感性の豊かさには驚きました。生徒さん方の基礎がしっかりある上での講義ですので、反応が鋭いのは当然だろうとは思いますが、机上の問題としてではなく、児童虐待の生の実態をある程度知っていただいたことは、今後、医療現場で児童虐待の早期発見・予防につながるのではと思っています。

時間が足らず、準備した講義内容の半分しか話せませんでしたが、生徒さん方は、きちっと受け止めて頂いたようで、大変嬉しく思います。講義が中途半端になった分、質問に対して、出来るだけ丁寧に回答を作りました。生徒さん方には新学期がもうすぐ始まりますので、その中でご教示いただければと思います。このような機会がもっと増えれば、私たち児童相談所がひとつひとつケースに対応するだけではなく、虐待の見立てのできる現場の人材を養成していくことにつながり、虐待対応への近道ではないかと思ったりしています。

Aさん　質問「しつけと虐待をどう見分けるのか、疑わしいときに、具体的にどう聞くのか」

回答　わが国には、もともと体罰を容認する風土があると思います。民法第822条には「親権を行う者は、必要な範囲内で自らその子を懲戒し……」と規定されており、親が必要な範囲内で子を懲戒できるとされています。この立法趣旨は、子の監護教育のために行う懲戒は、子の利益のため、必要かつ合理的な範囲内においてなされるべきものであるということで、懲戒の範囲内か、あるいは虐待に当たるのかはその社会の時代の健全な良識に基づいて判断されるものと考えます。

今、児童相談所では、親の懲戒（体罰）について、親の意図するところではなく、その行為が子どもにとって有害であるかどうか、子どもが安全であるかどうかという基準で虐待であるか否かの判断をしています。親の体罰が、反復、繰り返し、常態的に行われているのであれば、それは子どもにとって有害であり、安全ではないと考え、虐待と判断します。

しかしながら、事実、躾《しつけ》なのか虐待なのかの区別、判断は容易ではありません。そのために親から、普段の子どもへの接し方や家庭状況を聞き、子どもからもどのような時に、どのような状況で、どの程度の体罰が行われているのかじっくりと話を聞き、親への説諭や指導で済むのか、介入が必要なのかを判断します。たった1回きりでも、子どもの頭をピシャリと叩くという行為を考えた場合、子どもが乳児であった場合と、小中学生であった場合はぜんぜん違います。乳児の場合は危険であり、有害であることは明らかです。児童相談所の基本的スタンスは、いかなる体罰も容認すべきものではないと考えています。

Bさん　質問「なぜ、日本だけ児童相談所の所長に一時保護をする権限が認められているのか」

回答「児童虐待の防止等に関する法律」が制定施行されたのは平成12年で、それまでは児童福祉法しか虐待対応への根拠法はありませんでした。

敗戦直後のわが国では、巷には戦災孤児や浮浪児があふれていました。そのような状況の中、児童福祉法が昭和23年1月施行されました。児童福祉法の立法趣旨は、戦災孤児、浮浪児対策にあったのです。その実施機関として児童相談所や養護施設が次々に設立されました。この時代、児童相談所長に戦災孤児や浮浪児を一時保護するための権限（職権）が与えられたというのは時代の要請です。親がどこに生きているかも定かでないという戦後の混乱期に、保護者の同意を取り付けて一時保護をするということは、現実的にできなかったからです。

ですから、当時想定していた保護の対象の大半は戦災孤児や浮浪児、一部の労働酷使下にある児童であり、現代の養護児童や被虐待児ではなかったのです。

設立当初の児童相談所併設の一時保護所には常時、50～60人の保護児がいたそうです。

児童相談所長の一時保護に係る職権は、特に不都合がなかったためそのまま現代に至っています。しかしながら、平成12年の「児童虐待の防止に関する法律」制定の過程において、児童相談所長の絶大な権限である「職権による一時保護」については司法が関与する仕組みを導入する必要がある旨の議論がなされました。児童相談所が福祉警察になってはならないとの趣旨からです。

虐待の先進国と言われるアメリカでは、州によっていくらか違いますが、虐待の可能性の高い子どもをＣＰＳ「児童保護サービス（わが国の児童相談所）」が一時保護する場合、必ず裁判官の許可状をとった上で、警察官と同行して保護をする仕組みとなっています。裁判官の許可状は申請したその日の内に発行されますし、オフタイムでも当番の裁判官は24時間待機していて、ファックスのやりとりで許可状を発行します。

このような司法関与の仕組みがあれば、児童相談所がひとり厳しい判断を迫られることなく、虐待親から子どもを引き離すことができるのですが、日本の実情からいえば、裁判所が人員的に対応できないという理由で、この司法関与の仕組みの構築は見送られました。

このような経緯の中で、「児童虐待の防止等に関する法律」の制定と併せて、児童福祉法の改正がなされ、一時保護の期間については、児童の人権に配慮した形で、原則2ヵ月以内とする規定が設けられました。しかしながら、わが国が1994年批准した「子どもの権利に関する条約」第9条では、「締約国は、児童がその父母の意思に反してその父母から分離されないことを確保する。ただし、権限のある当局が司法の審査に従うことを条件として適用のある法律及び手続きに従い、その分離が児童の最善の利益のために必要であると決定する場合は、この限りでない。（後文略）」と謳われており、条約は国内法より優先することから、わが国特有の司法関与のない児相所長の職権による一時保護はこの条文に抵触する可能性は非常に高いと考えています。

付け加えて申しますと、一時保護の後、家庭には帰すべきではないと判断した場合、一般には、保護者の同意を得て施設入所や里親委託の措置を行います。この措置に保護者の同意が得られない場合は、はじめて司法関与の仕組みとして、児童福祉法第28条の規定に基づき、家庭裁判所の承認（審判）を得て、施設措置を行うことになります。

Cさん　質問「泣き声通告が誤報であった場合、親への対応は」

回答　泣き声通告は、元々誤報である可能性が高いということを児童相談所は、わかった上で、万が一のことがないよう確認のため、家庭訪問します。講義の中で「赤ん坊は泣くのが仕事」とお話したと思います。私が児童福祉司をしていた頃は、泣き声通告による訪問はありませんでしたので、現に家庭訪問をしているベテランの係長にどう親に切り出すのか聞いてみました。児童福祉司は家庭訪問の際、正直に電話による泣き声通告があったことを伝えるそうです。そして、このような時代だから、児童相談所は、通告を受けたら、全てのケースで安全確認をとることが義務付けられていると話すそうです。親と話しながら、部屋は整頓されているか、子どもの身辺は清潔に保たれているか、子どもの皮膚などから健康状態はどうか、発育状況はどうか、怪我はないかなどを目視で確認します。親には、子育てで困っていることはないか、児童相談所では子育て支援のための育児相談を行っている旨を話し、子育てで困ったことがあれば、いつでも相談して頂くよう電話番号を伝えて引き上げるとのことです。誤報（実際に虐待がない）であっても児童相談所は保護者にあやまったりしません。誤報の場合、ほとんどの保護者は児童相談所の訪問に納得されるのですが、虐待が疑われるケースは、親が児童相談所の職員に対して、非常に攻撃的な対応をとるようです。

Dさん　質問　「親から虐待を受けているのにもかかわらず、親と離れることを嫌がるというケースはありますか、またそれはなぜですか」

回答　あります。本来、人は乳幼児期においては、母親を通して社会と繋がっています。特に幼児期においては、母親は生きていくための生命線であり、母親に見捨てられれば生きていくことはできないということを幼児は本能的にわかっています。この愛着の形成については、皆さん方は児童心理学等で学ばれたのではないかと思います。このため、母親から繰り返し虐待されても母親にまとわりついて離れようとしないのです。これを「見捨てられ不安」といいます。「見捨てられ不安」の強い幼児は、虐待を受けていても母親から引き離されることをひどくいやがります。それから、もうひとつは、母子共依存というパターンです。講義で虐待の親の最大の特徴は、社会から孤立化していることをお話ししました。母子共依存型は、母親だけではなく子どもも学校や地域で孤立し、疎外されています。母親は、アル中であったり精神に問題を抱えたりしていて、孤立し、ストレスを溜め込み、子どもを虐待するのですが、学校や児童相談所などの公的機関や近隣に対しては子どもを守るためひどく攻撃的な態度をとります。いわば親子二人で孤立無援の中で世界を相手にして戦っているのと同じです。このようなケースにいくつか出会いましたが、母子分離するのは非常に大変でした。

Eさん　質問　「事例でなぜ子どもは嘘をついたのか、子どもの話には嘘が多いのか」

回答　虐待を受けている子どもは、一般的に虐待の事実を隠したがります。親から虐待を受ければ、基本的な人間に対する信頼関係が育たないからだと思います。人を信頼できなければ、何も話すことはできないでしょう。それと、虐待の事実を話せば、親からもっとひどい目にあうのではないかという不安や、親から見捨てられるのではないかという、見捨てられ不安も働くのだと思います。子どもが嘘をつくには、それなりの理由があります。

あの事例で話した子どもは、学校で誰からも相手にされないため、先生や他生徒の注目を得るために父親からナイフで舌を切られたという嘘をついたのだと思います。その傷跡は何年か前にベランダから落ちて舌を噛んだ時についたものということが、後日、姉達の証言でわかり、結果的には身体的虐待はなかったんですが、ネグレクトという被虐待児であった訳です。親は、人は良いけれど、言葉は悪いが貧乏人の子沢山。子どもたちにかまってやれず、頭一杯に虱《しらみ》を湧かせていました。今の時代に子どもの頭に虱を湧かせるのはネグレクトです。一時保護中に虱をすべて駆除し、親元へ返しました。

Fさん　質問「コインロッカーベイビー事件がなぜこの時期に集中して起きたのか疑問」

回答　嬰児殺しやコインロッカーベイビー事件が頻発した1960年代末から1970年代初頭の社会情勢を見てみますと、わが国は、敗戦の傷も癒え、高度経済成長期の真っ盛りでした。

海外ではアメリカのアポロ11号が有人の月面着陸に成功し、ベトナム反戦デモから平和協定へ、国内では東大紛争が沈静化し、日米安保条約の自動延長、大阪万博の開催、三島由紀夫の自衛隊占拠と割腹自殺、連続女性誘拐殺人事件の大久保清の逮捕、連合赤軍による浅間山荘事件、沖縄の本土復帰、田中角栄の日本列島改造論、日中国交正常化といった国民全体の価値判断が混乱し、性的モラルは荒廃するなど、一種の狂乱時代であったと思います。

このような時代背景の中で、未曾有の高度経済成長に浮かれた国民や箍《たが》の外れた若者達は無軌道な自由恋愛を謳歌し、その結果、妊娠、出産、子捨て、子殺しという事態が頻発したのではないかと思います。余りにも事件が続くことから、コインロッカースペースには監視員が立ち、夜12時になると解錠され、中の荷物は別の一時保管所へ移すということまで行われ、コインロッカーへの子捨ては終息に向かいます。併せて、1973年、第4次中東戦争の勃発に伴う第1次オイルショックにより、未来永劫続くと思われたわが国の高度経済成長は破綻に向かって行くことになります。このような価値観が多様化し、何が本道で正義か分からないというアノミー（無秩序・無規範）状況の中、嬰児殺しやコインロッカーベイビー事件が頻発したのだと考えています。

Gさん　質問「虐待をしてしまった人は、後悔するのでしょうか」

回答　今年、3歳の子どもを叩いて脳死に至らしめた母親の裁判を傍聴しました。母親は後悔し、裁判中ずっと泣き通しでした。判決は、3年間の懲役でした。

虐待する親は鬼のような親と思われがちですが、そうとばかりは言えません。全国197の児童相談所が、2008年4月~6月までの3ヵ月間の虐待通告のあった8108人の児童について調査したところによると、この内、命にかかわるような重篤な怪我や栄養不良による衰弱など「生命の危険あり」の児童は129人でした。この「生命の危険あり」とされた児童を虐待した保護者の内、31%については、児童相談所は「虐待を認めて援助を求めていた」と判断しています。

保護者が「これ以上やったらだめだ」とわかっていながら抑えられずに、子どもに重篤な怪我や死亡させてしまうという事例はたくさんあります。病識のない親ばかりではないのです。

だから、虐待の対応は難しいのです。児童相談所では365日、24時間体制で虐待への電話相談を受け付けています。この電話相談では、「隣の子どもが虐待されているのではないか」「父親から叩かれて、家に帰りたくない」といった近隣、本人からの相談とは別に、虐待する保護者自身から「どうしても子どもにつらく当たってしまう」「子どもを叩いてしまった、いけないことはわかっているけど、止められない」といった相談も寄せられています。

Hさん　質問　「虐待を受け、心配されたことがないため、人の心配する気持ちが理解できない。そのような児童に対して、どういう関わりを持って再教育していくのか知りたい」

回答　平成12年に「児童虐待の防止に関する法律」が施行されたとき、虐待を受けた子どもをいかに虐待親から引き離して保護するかということに主眼点が置かれていました。

しばらく経ってみると、法律を駆使して被虐待児を保護しても、虐待が一向に減らないということがわかってきました。また、保護した子ども達が想像以上に心の傷（トラウマ）を受けており、その後遺症として注意欠陥多動性障害様症状、反応性愛着障害、反抗挑戦性障害、外傷後ストレス障害、うつ病、双極性障害、解離性障害、行為障害など様々な精神症状を呈し、多動性、集中困難、学力の障害、他者との協調困難、衝動的刺激探索行動、大人への選択的対人関係障害、非行といった形で行動化し、そのケアが並大抵ではないということもわかってきました。

さらに、近年では、持続的に虐待環境下にあった者やひどい体罰を受けて育った者の脳において、感情や意欲の働きにかかわる前頭前野内側部や、危険の感知や危険の回避にかかわる前帯状回（前側帯皮質）、認知機能にかかわる前頭前野背外側部が1割から2割程度萎縮しているということまでわかってきました。これは、体罰等で強いストレスに晒された脳が前頭葉の発達を止めたからだと考えられています。ここまで深刻化した被虐待児については、児童精神科への入院による治療が必要ですが、わが国では児童精神医が絶対的に不足しており、専門の医療機関は数多くありません。このような中、わが国において被虐待児の治療教育が確立するには程遠い状況にありますが、虐待を受けた子どもたちの再教育は乳児院、児童養護施設、情緒障害児短期治療施設、児童自立支援施設、里親等が担わざるを得ないということになります。虐待を受けた子どもにとって、施設という安心して生活できる場の確保ができた後、愛着の再形成、育ちなおしということから始めます。施設生活の中、虐待を受けた子どもは、攻撃的な行動噴出をはじめ、様々な問題行動、試し行動を繰り返します。

さらに子ども同士間においても、子どもと職員間においても、虐待的対人関係の再現が繰り返されるということになります。弱い子どもには、いじめという虐待をしかけ、大人の職員に対しては、試し行動として、様々な言動で相手の怒りを引き出そうと試みます。この虐待的対人関係の再現は、もう一度自分を虐待環境に置いて、それを凌駕、克服しようとする試みであると同時に、大人の怒りを引き出し、虐待を再体験することで「やっぱり大人は信頼できないのだ」と自らを納得させようとする被虐待児独特の心理機制ではないかと考えられます。

施設において、ケアワーカーは、心理職員と協働しながら、「何があっても子どもを見捨てない」との覚悟の下に、子どもの攻撃的な行動噴出の度に、根気よく行動の修正を行い、子どもとの信頼関係を築いて行くしかありません。この過程は並大抵のことではありません。

子どもが強いトラウマを抱えている場合、医師の処方によるリスパダールなどの抗精神病薬、抗鬱剤、ＳＳＲＩなどによる薬物療法と平行して、育ちなおしをやっていく必要があります。

Iさん　質問　「警察から迷子で保護した幼児さんが、頭にひどい怪我をしていたケースですが、なぜ怪我をしていることがわかったのですか」

回答　このケースは、早朝、家を抜け出し、近くの商業施設の駐車場で、一人で遊んでいた子ども（5歳女児）を警察が保護し、迷子として身柄付通告を受け一時保護を開始したものでした。その後、保護者が子どもがいなくなったことに気付き、警察に保護願いを出したため、子どもは児童相談所に保護されていることがわかり、母親の男友達が身柄を引き取りに来ていました。

私は、朝出勤後すぐ、職員室で遊んでいる子どもの顔面を見て、ブラックアイ（頭部打撲による顔面の内出血）状態になっていることに気付きました。他の職員は単なる色黒の子どもと思っていたようです。私は、咄嗟に他に怪我はないかと躰を検査すると腕、足に噛み疵《きず》が4～5ヵ所、他に古い小さな痣《あざ》が数か所あるのを見つけました。

私は実の親でないと引き取りはできない旨を職員に伝えさせ、母親の来所を促すとともに、すぐさま嘱託医への受診をさせました。予見通り、頭部レントゲンの結果、頭蓋後頭部の中心に縦に7～8センチの頭骨裂の痕《あと》がはっきりと写っており、顔面のブラックアイもその怪我のせいであることが判明しました。ここまでは、講義の中でお話した通りです。

私は、それまでに、断続的に通算11年、4度の児童相談所の実務経験があり、平成7年、2度目の児相職場で虐待問題に取り組んでいる橋本信男という小児科医師と出会いました。橋本医師の児童虐待に取り組む信念、情熱に強く共感を覚え、一緒に虐待防止ネットワーク「親と子のこころの対話研究会」を立ち上げ、官民一体となった虐待防止活動に取り組みました。

当時は、児童虐待防止法が制定された平成12年より以前ではあり、拠り所とするのは児童福祉法しかなく、有志の子どもを守ろうとする気概と情熱のみを頼りとして活動に取り組んでいました。この時、橋本医師から、虐待を受けて救急センターに入院している多くの子どもたちの治療の臨床現場を目の当たりに体験させてもらいました。虐待によってできた怪我、痣、レントゲンによる骨折の痕など数多くの症例を見聞しました。この臨床体験があったからこそ、迷子で保護した幼児のブラックアイや噛み疵を虐待であると識別できたと思っています。大人が子どもの腕や足、躰を噛むという通常では想像できない身体的虐待があります。噛み痕は子ども同士がふざけ合って噛んだとしか思えない程の極めて小さな疵しか残らないのです。疑義のある方は幼児の手足大のなすびか何かを噛んでみて下さい。大人である自分の噛み痕が信じられない程小さいことに驚くこと請け合いです。このような臨床体験があったからこそ、一時保護した幼児が後頭部に重篤な怪我をしており、被虐待児ではないかということを咄嗟に直感的に感じとれたのではないかと思います。ですから、「経験に基づく気づき・直感」というのがお尋ねの回答です。また、5歳でありながら発語がない、おむつが取れていない、清潔とは言えない身体や服装などから、酷いネグレクト状況にあることは、ほぼ間違いないと社会診断をしました。来所した母親に問い質すも、頭部の怪我については、全くの寝耳に水の状態でした。

その日の内に、隣県の国立大学法医学の権威、恒成教授の来所を受け、頭部頭蓋裂は何かで強く殴打したことによる骨折で、噛み疵は大人が噛んだものであり、他の細かい古い痣と併せて、身体的虐待の疑いが極めて濃厚であるとの診断を受けました。

幼児は、そのまま一時保護を継続し、母親への面接を重ねる内、母親は仕事の都合で、引き取りにきた男友達に1000~2000円の日銭を与え、子どもの世話は、任せっきりだったことが判明しました。幼児は母親のネグレクト下にあり、母親の友達や親戚など複数の養育者の手によってたらい回し的に育てられてきたと考えられ、一時保護中、多動で落ち着きがなく、誰に対しても抱っこをせがむ、無差別的に薄い愛着を示す脱抑制型の反応性愛着障害の典型的な様相を呈しました。5歳児でありながら、発語がなかったのですが、約2ヵ月の保護期間中、みるみる話せるようになりました。このような現象は一時保護した児童にはよくあることです。

親のネグレクトにより、子守りの中心がTVであった場合、子どもはTVから一方的に言語情報を受け取るだけで、自分から発語する必要はありません。しかしながら、普通程度の能力があれば、発語しないだけで、頭の中には聴き取った「ことば」はいっぱい詰まっているのです。一時保護所の保育士さんや職員の、語りかけ、問いかけで、凍り付いていた言語機能が一気に溶け、開花したのではないかと私は思っています。

調査を続ける中、虐待したのは、子どもの世話をしていた男友達ということが判明しました。おしめの取れない、動きの激しい子どもを任せっきりにされていることの腹いせで、子どもの手足を噛んだことや、頭蓋裂傷は突き飛ばしたとき、仰向けに倒れ、床で頭を強打した時の怪我であったことが判明したのです。子どもは、当分の間、母親から離し、児童養護施設への措置を決定しました。私としては、虐待をした男友達を許せず、警察に暴行傷害事件として逮捕して欲しいと申し入れましたが、丁度その時、管内で暴力団の抗争が起きており、どうしても手が割けないという返事があり、仕方なく諦めました。心配した性的虐待がなかっただけでも、せめてもの救いと思っています。

以上が大学で行った講義に対する生徒さん方の質問への回答であり、2ヵ年分を圧縮して記載した。児童相談所の実務や児童虐待に対する基本的スタンスについて、理解頂けたと思う。

6　親権制度との戦い

児童相談所の歴史は、親権を盾に子どもに暴力を振るう保護者から子どもをどうやって守るか、保護者の持つ強大な親権との戦いであったと言っても過言ではない。人への暴力については、刑罰法令によって厳しく詮議・処罰されるわが国の現代社会において、親の子どもに対する体罰は、親権の一形態である懲戒権の行使として、長年、民法規定において容認されてきた。

この懲戒権は、教令権とともに中世から、連綿と日本人の中に受け継がれてきたものであり、第二次世界大戦終戦後の民主化の荒波を潜り抜け、是正されることなく、平成23年の民法改正においても「監護及び教育に必要な範囲内で」という一文を付加され、全く使用されてない条文上の懲戒場を削除しただけで、民法第822条として、また親の子に対する正当な行為として生き続けてきたのである。

わが国において、日常茶飯事に起きている児童虐待、特に身体的虐待事案においては、保護者が子どもに対する行き過ぎた暴力で死に至らしめる、あるいは、ひどい傷害を負わせた場合、十中八九「しつけだった」と答える。民法第822条の規定を十分に知らなくても、そう答えれば自分の子どもに対する暴力・傷害・殺人などの行為が正当化される、刑法上の罪が軽減されるといった思いがあるのではないかと考えられる。しかし、虐待親のそういった思惑は、今日の裁判においては一切考慮されないのは衆知の事実である。多くの保護者が「しつけだった」と答えるのは、恐らく虐待を行った自分の心情を明確に説明できないからではないかと考えられる。

虐待親が虐待した心情を理路整然と説明できるのであれば、子ども虐待の魔のサイクルに陥ったとしても、重篤な事態には至らず、そこから引き返せるのでないかと思う。

そもそも、時には、子どもの生殺与奪の力を持ってきた親権とは何なのか、懲戒権とは何なのかについて考えてみたいと思う。私が児童福祉司をしていた昭和末期から平成の初期においては、虐待親に対して、体罰や暴力について注意すると、親権を振りかざし、体罰や暴力を正当化する親の頑《かたく》なまでの自己中心性に苦慮したことが思い出される。また、子どもを一時保護所や施設に入所させた後の強引な親の家庭引き取りについても同様であった。当時においては、親の親権と児相の措置権はどちらが優先されるのか明確な規定や見解はなかったのである。

1997年（平成9年）6月、当時の厚生省は、相次ぐ一時保護所等からの強引な保護者の児童引き取り要求に対して、都道府県に児童家庭局長通知「児童虐待等に関する児童福祉法の適正な運用について」を初めて発し、これを拒むよう求めた。通知は「保護者等の同意が得られずに行った一時保護等について、保護者等が児童の引き取りを求めてきた場合には、これを拒むこと。（中略）なお、保護者等の強引な引き取りに対しては、必要に応じ、児童又は担当者に対する保護者等の加害行為等に対して迅速な援助が得られるよう、警察に対する事前協議を行い、これに基づく連携をとりつつ、毅然とした対応に努めること」を求めている。

また、保護者等の同意を得ずに児童福祉法第28条の規定に基づき家庭裁判所の承認等を得て行った児童福祉施設等への入所に関する保護者の強引な引き取りに対しては、児童福祉施設長に与えられた監護権が保護者等の監護権に優先するとの解釈を初めて示し、「これを拒む」よう、児童福祉施設を指導するよう求めている。

それまでは保護者の同意を得られず、やむなく法第28条に基づく児童福祉施設措置、あるいは少年審判において児童自立支援施設、養護施設等の児童福祉施設送致が決定しても、保護者が親権を盾に強引に児童を施設から引き取るということを阻止する術はなかったのである。また、家裁が決定した保護観察処分においても同様であった。非行があり、家裁が保護観察に付した少年がその指示に従わず、保護司の指導を忌避しても何ら処罰規定は無く、一定期間が経過すれば、保護観察は解除されていた。この問題は、２００７年（平成19年）11月、実施された少年法の改正において、「保護観察中の少年が遵守事項を守らず、警告にも応じなかった場合、家庭裁判所は少年院送致等の処分をとることができる（少年法第26条の４、更生保護法第67条）」として、改善が図られた。このように、児童、少年を巡る福祉行政、司法の規定は、つい近年まで極めて緩慢で穏やかだったのである。当時は、児童の施設入所を巡る裁判所への提訴などは恐らく皆無で、判例もなかったものと考えられ、親の強引な親権行使に対しては、児相は、法的権限ではなく、ケースワーク力で対応する方法しかなかったのである。

現行の民法第822条においては「親権を行う者は、第820条の規定による監護及び教育の範囲内でその子を懲戒することができる」また、学校教育法第11条においては「校長及び教員は、教育上必要があると認めるときは、文部科学大臣の定めるところにより、児童、生徒及び学生に懲戒を加えることができる。ただし、体罰を加えることはできない」と非常に曖昧な形で規定されている。

一方、国連子どもの権利委員会一般的意見8号9項（2006年）においては、体罰について「有形力が用いられ、かつ、どんなに軽いものであっても何らかの苦痛または不快感を引き起こすことを意図した罰」と定義し、具体的には手または道具＝鞭、棒、ベルト、靴、木さじ等＝で子どもを叩く、蹴ること、子どもを揺さぶったり放り投げたりすること、引っ掻くこと、つねること、噛むこと、髪を引っ張ったり耳を打ったりすること、子どもを不快な姿勢のままでいさせること、薬物などで倦怠感をもよおさせること、やけどさせること、または強制的に口に物をいれること（たとえば子どもの口を石鹸で洗ったり、辛い香辛料を飲み込むよう強制したりすること）を伴う場合もありうる。これに加えて体罰以外の形態をとるその他の罰として、たとえば、子どもをけなし、辱め、侮辱し、身代わりに仕立て上げ、脅迫し、こわがらせ、または笑いものにするような罰も含まれると具体的に例示している。

これらの条文や定義がありながら、わが国の家庭において「監護及び教育の範囲」を逸脱して体罰が繰り返されることによって、毎年、多くの子どもたちが重篤な怪我を負い、尊い子どもの命が失われている。また、学校においても、教師の有形力の行使としての体罰は、以前より減ったとはいうものの、形を変えて、一向になくなってはいない。

7　親権制度の見直し

平成19年「児童虐待の防止に関する法律」及び「児童福祉法」が改正された。この児童福祉法改正において、附則第2条第1項に「政府は、この法律施行後3年以内に、児童虐待の防止を図り、児童の権利利益を擁護する観点から、親権に係る制度の見直しについて検討を行い、その結果に基づいて必要な措置を講ずる」と明記されたことから、児童虐待防止のための親権制度研究会が設けられた。そこで、最大の論点となったのは、医療ネグレクト等への対応である。これまでに、子どもが怪我、病気等になり、手術や治療等の医療行為が必要とされている状況において、医師が医療行為を行うには保護者の同意が必要とされるが、保護者が宗教上や生活信条上の理由等で輸血などの医療行為を拒否し、子どもの生命が危機にさらされるということが度々起きていたのである。そのため、親権を必要に応じて適切に制限するための手立ての創設が子どもの人権や生命に関わる各界の人々から強く求められていたのである。

それまで親権を制限できるのは、民法第834条「親権喪失宣告」の規定しかなく、「父又は母が、親権を濫用し、又は著しく不行跡であるときは、家庭裁判所は、子の親族又は検察官、あるいは児童相談所長の請求によって、その親権の喪失を宣告することができる」とされていた。親権喪失の原因が消滅したときは本人等の請求によって、家庭裁判所が喪失の宣告の取消をすることができるものとされていたが、期限を設けず親権を喪失させるものであることから、その効果は絶大であり、その申し立てが躊躇されがちであるということと、一旦、審判においてこの宣告が行われれば、親子関係の回復が実質的に困難となることなどが懸念され、非常に使い勝手が悪く、例年100件前後ある申し立てにおいて、その多くは親権を濫用する親への牽制行為として行われてきており、途中で取り下げられるなどで、結果的には1~2割程度の宣告実績しかなかったのである。

(1) 民法の親権規定の改正

このような、社会背景の下、平成23年6月、児童の権利利益を擁護する観点から、民法の親権規定において所要の改正が行われ、翌平成24年4月、施行された。

親権とは、未成年の子どもを育てるために親が持つ権利と義務の総称で、「民法」に規定されており、子どもの身の回りの世話をする監護権、子どもの教育や躾をする教育権、子どもの住む場所を決める居所指定権、子どもに懲罰を与える懲戒権、子どもの職業を許可する職業許可権の他、子どもの引き渡しを求める引き渡し請求権、子どもの財産を管理する財産管理権などが認められている。この内、監護及び教育権、懲戒権、親権喪失の審判等の規定がどのように改正されたか、検討したい。

①　親権

民法第８１８条　成年に達しない子は、父母の親権に服する。
２　子が養子であるときは、養親の親権に服する。
３　親権は、父母が婚姻中は、父母が共同して行う。ただし、父母の一方が親権を行うことができないときは、他の一方が行う。

②　監護及び教育の権利義務

第８２０条　親権を行う者は、子の利益のために監護及び教育をする権利を有し、義務を負う。
【改正前の民法第８２０条　親権を行う者は、監護及び教育をする権利を有し、義務を負う）　親権の制限に係る改正　＝傍線部「子の利益のために」を挿入】

③　懲戒

第８２２条　親権を行う者は、第８２０条の規程による監護及び教育に必要な範囲内でその子を懲戒することができる。
【改正前の民法第８２２条　親権を行う者は、必要な範囲内で自らその子を懲戒し、又は家庭裁判所の許可を得て、これを懲戒場に入れることができる。）　親権の制限に係る改正＝傍線部「第８２０条

の規程による監護及び教育に」を挿入。傍線部、「又は以下、懲戒場の規定」を削除】

④　親権喪失の審判

第834条　父又は母による虐待又は悪意の遺棄があるときその他父又は母による親権の行使が著しく困難又は不適当であることにより子の利益を著しく害するときは、家庭裁判所は、子、その親族、未成年後見人、未成年後見監督人又は検察官の請求により、その父又は母について、親権喪失の審判をすることができる。ただし、二年以内にその原因が消滅する見込みがあるときは、この限りでない。

【改正前の民法第834条　父または母が、親権を濫用し、又は著しく不行跡であるときは、家庭裁判所は、子の親族又は検察官の請求によって、その親権の喪失を宣告することができる。

平成23年の改正においては、申立て事由「親権の濫用し、又は著しい不行跡」を傍線部「虐待又は悪意の遺棄～子の利益を著しく害するときは」に改正するとともに申立権者を「子ども本人等」にまで拡大が図られ、「ただし、二年以内」以下の一文が付加された。なお、「親権喪失宣告」という表現が「親権喪失審判」に改められた】

⑤　親権停止の審判

第834条の2（新設）

1　父又は母による親権の行使が困難又は不適当であることにより子の利益を害するときは、家庭裁判所は、子、その親族、未成年後見人、未成年後見監督人又は検察官の請求により、その父又は母について、親権停止の審判をすることができる。

2　家庭裁判所は、親権停止の審判をするときは、その原因が消滅するまでに要すると見込まれる期間、子の心身の状態及び生活の状況その他一切の事情を考慮して、二年を超えない範囲内で、親権を停止する期間を定める。

児童虐待等への対応を弾力的に行うために、民法第834条の2として、新たな条項「親権停止の審判」が新設され、「家庭裁判所の判断で2年を超えない範囲で期間を定めて親権停止を命じることができる」ことが追加された。また、親権喪失の審判請求権は、児童福祉法において児童相談所長にも付与されており、親権停止の条項の新設に伴い、同様に児童福祉法を改正し、親権停止等の審判請求権も付与された。

【児童福祉法第33条の7　児童の親権者に係る民法第834条本文、民法第834条の2第1項、民法第835条又は民法第836条の規定による親権喪失、親権停止若しくは管理権喪失の宣告の請求又はこれらの審判の取消しの請求は、これらの規定に定める者のほか、児童相談所長も、これを行うことができる】

児童相談所長申立による親権の一時停止請求は、平成24年度27件、(内15件が容認)、平成25年度47件、(内37件が容認)、平成26年度 23件、(内17件が容認) であったものが、平成30年度では76件の申立に対して54件の容認と、申立件数、容認件数ともに増加してきている。本改正において第834条の2「親権停止の審判」制度が創設されたことにより、親権喪失及び親権の一部停止の年間申立件数は2倍半～3倍へと増加してきている。

(2) 止まることのない虐待死

東京都目黒区、千葉県野田市、札幌市と相次いで保護者による虐待死事件が起き、国を挙げての虐待対策が強化される中、相も変わらず保護者の体罰等による虐待死や家族を巻き込んだ無理心中により、尊い児童の命が失われ続けている。その中で、特に筆者が生活している福岡県において、20年4月、篠栗町の5歳男児の虐待死事件、20年8月、中間市の継父23歳、実母22歳による3歳男児の虐待死事件、21年2月、飯塚市～鹿児島市における父親による3兄弟虐待・無理心中事件、21年3月、田川市の母子4人無理心中事件など凄惨な虐待死・親子心中事件が不幸にして立て続けに起きた。この中で特に篠栗町で起きた5歳男児の虐待死事件について、元児童相談所職員であった立場から、私見を述べておきたい。

福岡県警は、21年3月、篠栗町において男児5歳に十分な食事を与えず、20年4月18日、餓死させたとして、母親、無職39歳、知人女、無職48歳を保護責任者遺棄致死の容疑で逮捕した。同居もしていない全くの他人が保護責任者遺棄致死の容疑で逮捕されたのは恐らく初めてのことではないだろうか。知人女は、先に母親に対する数件の詐欺罪でも逮捕されている。

餓死した男児の死亡時体重は、５歳児平均体重の半分の10キロしかなかった。19年10月に測定した体重は15キロあり、平均を下回ってはいたが、半年後の体重10キロは、1歳半検診時の体重と同じだった。半年で5キロ痩せたことになる。この激痩せは、幼児の場合、命の危機を意味する。知人女は、幼稚園のママ友で母子の家庭に入り込み、架空の第三者が家の中に監視カメラを設置し、見張っていると家族に信じ込ませ、一家に食事制限を強要したり、生活費を搾取したりしていた。19年9月以降、三男の通っていた幼稚園や兄2人の通う小学校から「やせている」という情報提供もあり、町や児相で構成する要対協は、同年11月から見守りの対象としていたが、知人女の指示で、男児は、その頃から登園しなくなり、20年1月には退園している。兄たちは、学校給食のおかげで命をつないでいたと考えられるが、給食のない三男に対する食事制限は厳しさを極めたと思われ、ついに男児の餓死を防ぐことはできなかった。

知人女は、巧妙な手口で一家を精神的、経済的に支配し、元夫が不倫していると嘘をつき、離婚へ誘導し、虚偽の浮気調査費や離婚裁判費用などの名目で、母親から貯金の取り崩しや車の売却、生活保護費の取り上げなど、１３００万円以上を搾取していた。

私は、今の時代に、県と町の虐待対応の専門機関が関わっておきながら、児童が餓死するという事態がなぜ起きたのか、その根本要因について考えてみた。様々な要因が浮かび上がったが、最大と考えられる二つの要因について、私見を述べたい。

一つ目は、児相の職員の専門性が極めて中途半端であるということである。

第一線でケースを担当する児童福祉司の資格要件は任用資格であり、その専門性は、個人によって大きな差がある。任用資格とは、特定の資格を取得しただけでは、職業、職位として公称できるものではなく、当該任用資格を取得後、公務員として当該職務に従事し、初めてその効力が発揮されるという資格である。児童福祉司の任用資格は、間口が広く、学歴、職歴も幅広く異なっており、学識経験、職務経験等についてはまちまちである。また児童福祉司になってからの職務経験年数によっても、その専門性や職務能力には大きくばらつきがあるのである。

ところが、児相は極めて多忙であり、児童福祉司として3～4年も実務に従事すれば一人前の児童福祉司としての評価や業務も与えられるのが現状であり、児童相談所長の持つ絶大な権限を自分の権限、実力のように勘違いして行使するようになっていく。児童福祉法第27条第1項3号に基づく施設入所措置、同4号に基づく家庭裁判所送致。同法第28条に基づく、家庭裁判所の許可を得て行う施設入所措置。同法第33条に基づく、親権を抑制し、子どもを親から引き離し、一時保護をする権限の行使。同条の7に基づく、家裁に対して行う民法第834条、親権喪失の請求、民法第834条の2、親権停止の請求。児童虐待防止法第9条の3に基づく立入調査に伴う臨検・捜索等々。これらは、児童相談所所長に付与された絶大な権限であるが、その実務を行うのは児童福祉司である。この強大な権限が時として、児童福祉司に大きな勘違いを起こさせるのではないかと考える。

20年1月に次ぐ3月11日、二度目の家庭訪問で、担当児童福祉司は、もう一名の職員同席の下、三男と面接し、目視で痩せてはいるが元気で受け答えをしており、傷やあざなどもなく、虐待の危険度は低いと判断した。しかし、この時点で担当児童福祉司は、大きな間違いを犯している。本ケースは19年9月以降、近隣住民から「子どもを激しく叱責している」「男児がひとりで外にいる」幼稚園から「男児の体重が減っている」警察から「心理的虐待やネグレクトの疑いがある」などの情報や通告を受け、同年11月から町の設置する要対協においては「育児放棄」の疑いがあるケースとして、児相が直接ケース管理するのではなく、町など他機関に見守りを任せるCランクのケースとして対応してきた。

本来、このケースの主訴は「育児放棄＝ネグレクト」なのである。それを、担当児童福祉司は「母親は対人恐怖症、1カ月体調不良で起き上がれない」などの知人女からの情報を得ながら、「母親に子どもを十分に養育する能力はあるのか」「育児放棄の状況は改善可能か」という方向でケース診断をするのではなく、身体的虐待を診断する尺度で面接を進めていったようである。そして、傷やあざなどは無く、元気であったことから「差し迫った危険はない」と社会診断を下し、Cランクの評価はそのまま動かすことはなかった。この社会診断は、担当児童福祉司にとっては、自ら目視し確認したものであり、その時点では、おおよそ絶対的なものであったはずである。

翌12日、祖母からの孫たちが十分な食事を摂っていないことや電気も止められ家族が経済的に困窮していること、孫たちを引き取りたいとの訴えを聴いても、前日に、自ら三男の身の安全を確認しており、その時の「差し迫った危険はない」とする社会診断を墨守し、祖母の訴えを調査することもなく却下もしくは無視してしまったのである。

本ケースは、近隣、小学校、幼稚園、警察、親族から「育児放棄」の疑いありとして通告、情報提供のあったネグレクトケースである。ネグレクトは、身体的虐待に次ぐ、命の危険性が高い虐待であるということは、虐待に携わる職員ならば万人が知悉《ちしつ》していることである。それを、わずか1回の面接に基づいて、しかも保護者である母親と直接会いもしないまま、確定的な社会診断を下す。これが、担当児童福祉司の中途半端な専門性に起因する、最大の誤謬であるとしか言いようがない。

経験の少ない未熟者であれば、祖母からの訴えに不安になり、上司に相談し、再調査のための家庭訪問を実施し、今度は直接母親と面接していたはずである。多くのケースを担当し、多忙さもあったと思うが、どのケースが危機的状況にあり、どのケースを優先させるかは、担当児童福祉司の判断と裁量である。子どもと面接し、痩せているとの評価をしながら、直接、実母との面接もせず、知人の女の言を鵜呑みにし、方向の違った社会診断を下した誤謬、さらに前日に目視で安全を確認したという自信がある故に、肉親である祖母の複数回の訴えを受け止めず、聞き流した誤謬。これらは全て、担当児童福祉司の中途半端な専門性とその裏面にある間違った自信過剰や全能感によるものであると考える。

二つ目の要因として、想像力の問題、想像力の欠如について述べておきたい。ケースは生き物である。特に、被虐待児のケースは、刻一刻動いており、その動きに応じた社会診断、介入を含めた対応・処遇が必要になってくることは、これまで多くの失敗事例が物語っているところである。子ども達3人の健康状況や痩せているかどうかの判断基準を小学生の2人の兄としたのは大きな間違いであった。兄達は小学校から情報が入手できるので、即安全確認ができるのであるが、これを三男に当てはめるのは不能である。三男は19年秋以降、幼稚園には通わなくなっている。給食の提供は断たれ、見守り体制はなく、情報提供もないのである。また、兄弟の中で、特定の子だけが虐待のターゲットになるというケースはいくらでもあるのである。

これらのことを考慮に入れなかったのは、初歩的なミスであり、担当ケースワーカーの専門性の欠如の所以であったと考える。今日、目視で安全確認をしたとしても、明日も安全という保証がないのが虐待ケースである。私は、面接の心構えとして、今現在の家庭状況や子どもを診ると同時に、1週間先、1ヵ月先、3ヵ月先の家庭状況、子どもの姿をイメージしながら、今、現在、どのような対応をすべきかを考えてケースワークをしてきた。非行のある少年については、1年先、3年先、5年先の姿を思い描きながら、今現在、行うべき手当、指導について考えてきた。これが児童相談所の行うべきケースの見立て、社会診断に基づくケースワークであると考えている。

故に、新しい情報の提供、異なった状況の出現に至れば、それまでの社会診断は、即見直すべきだと考える。朝令暮改でも少しもかまわない。子どもの命を守るには、大義名分も面子も関係なく、外部の意見や情報を真摯に傾聴すべきである。忙しいのはわかっているが、新たな、知らない情報があれば、必ず事実確認をすべきである。

児童虐待ケースにおいては、いつ、何が起こるかわからない。固定観念を持たないこと、いつも白紙の状態で情報を受け入れ、考え、判断すること。これが想像力を基とした処遇であると私は考える。本ケースにおいては、これだけ情報交換や親族からの情報提供が行われながらも、母親の体調不良の問題や知人の女のあらゆる面での介入に対して、誰一人不審感を抱かったのは何故なのか。想像力不足としか言いようがない。想像力、柔らかい頭が無ければ、助かる命も助からない。

これが、虐待対応のセオリーだと思っている。児相、要対協、警察、福祉事務所、町といった専門機関や行政機関が関わり、幾多となく情報交換を行いながらも、しかも、この飽食の時代に、5歳児は、飢餓で亡くなった。救える命であったはずである。

私論を述べたが、個人を誹謗したり、攻撃したりするものではない。多くの虐待死事例検証において、担当者個人の問題には触れず、組織の問題として論じられることがほとんどであるが、児童相談所において、ケースを一番知悉しているのは担当児童福祉司のはずであり、児童福祉司がそのケースの虐待リスクを認識していなければ、児相が組織として、ケースに対して、適切な社会診断や対応はできるはずがなく、また、児童福祉司のケースに対しての取り組みのどこに問題があったのかが解明されなければ、真の検証や改善には繋がらないのである。

冒頭に挙げた4件の虐待死事件は、コロナ禍の福岡県内において、不幸にして引き続き起きたものであるが、21年7月、県の第三者委員会、児童虐待検証部会は検証結果をまとめた。

篠栗町で起きた5歳児餓死事件においては、体重減少に関するリスクの過小評価、母と直接面接せず、体重等発育状況の安全未確認、アセスメント体制の不備、児相が主体的な関与をせず、町による見守りであるCランクの位置づけを変えていなかった。共通課題として、児相、市町は、虐待リスクを把握するための家族全体のアセスメントができていない。要対協において、主担当機関が市町となっており、児相は、子どもを虐待から守る専門機関であるにもかかわらず市町任せとなり、主体的に虐待のリスク判断を行っていなかったと厳しく提言している。

22年6月17日、福岡地裁で開かれた篠栗町5歳児保護責任者遺棄致死罪裁判において、地裁は、母親（40歳）に対し、懲役5年（求刑懲役10年）の判決を言渡した。弁護側は、ママ友による精神的、経済的支配下にあり、被告はマインドコントロールを受けており、被害者であるとして、執行猶予付きの判決を求めていたが、筆者としては、重すぎでもない、軽すぎでもない判決であったと評価している。

被告である母親は、子どもの命の危機については認識していたはずであり、被告を除いて、子どもの命を救える者はいなかったのである。被告は、ママ友と喧嘩してでも、あるいは疎遠になっている親族に助けを求めてでも、子どもに食事を与えるべきであった。しかしながら、被告は、その行動を起こさなかった。本児の死の責任の一端は、母親にもある。あらゆる斟酌《しんしゃく》すべき事由を並べても、母親としての責めは、免れないものと思慮する。それ程、母親としての子に対する責任は重いのである。

子どもが亡くなる間際に残した最後の言葉が哀しい。「ママ、ごめんね」。わずか5歳の子どもが、自分の死を予見していたとしか思えない。

22年11月、「早く子どもに会いたい、5年の刑期は長すぎる」とした被告母親側の控訴審判決において、福岡高裁は、一審を支持し、控訴を棄却、一審、懲役5年は確定した。

また、22年9月、本虐待事件の主導的立場にあり、保護責任者遺棄致死などの罪に問われたママ友、赤堀被告の福岡地裁裁判員裁判において、被告は、起訴内容を全面的に否認し、無罪を主張した。

裁判長は、「不合理な弁解や責任転嫁を繰り返した」「母親を支配し、事件を主導した」「巧妙かつ悪質」として、求刑通り懲役15年の判決を下した。また、23年3月9日、福岡高裁控訴審判決においても、高裁は、懲役15年とした一審判決を支持し、控訴を棄却した。

さらに、上告の期限である23年3月23日までに被告ママ友側は上告せず、懲役15年の刑は確定した。他人の人生を弄び、家庭を壊し、財産を私利し、子どもの命までも奪ったママ友の行為は、絶対に許すことはできない。

被告は、亡くなった子どもの命の重さだけの極刑を引き受けて、罪に服するしかないと考える。

8　児童相談所の体制強化と親の体罰禁止の明文化

(1)　児童相談所の体制強化

①　人的体制の強化

2018～2019年にかけて、東京都目黒区や千葉県野田市、札幌市で相次いで起きた子どもの虐待死事件を受け、政府は、緊急に関係閣僚会議や関係省庁連絡会議を開催し、警察との情報共有の強化、児相間の職員の対面引き継ぎの原則化などの緊急対策を打ち出した。また、令和元年6月、第198回通常国会において、児童相談所の機能を強化するとともに親の体罰禁止を明文化するための改正児童虐待防止法、改正児童福祉法を可決、成立させ、令和2年4月1日から施行した。児童相談所の機能強化策としては、児童相談所の児童福祉司を一時保護担当と保護者支援・指導担当とに分けて行う、介入機能と支援機能の分離、児童相談所への弁護士、医師及び保健師の配置等体制強化等のための措置を講ずるとしている。

政府は、2018年末策定した「児童虐待防止対策体制総合強化プラン」において、児童福祉司及びスーパーバイザー、児童心理司等の配置基準の見直しを行い、2022年度を目途として、児童福祉司2020人、児童心理司790人程度を増員し、体制の強化を図るとしていたが、2021年1月、虐待相談件数の増加や新型コロナウイルス感染拡大による外出自粛等の影響により、虐待リスクが高まることが懸念されていることから、計画を1年前倒し、21年度中に全国の児童福祉司を5260人体制、児童心理司を2150人体制とし、相談体制の強化を図ることを公表した。

この強化プランによって、従来の児童福祉司の配置基準、人口4万人当たり1名以上が人口3万に当たり1名以上、スーパーバイザーは、児童福祉司おおむね5人に1人、児童心理司は、児童福祉司2・5人に1人、保健師は、各児相1人を配置することとされた。

さらに、2022年1月、児童福祉司をさらに505人増員し、総員数を5765人とする目標人員を設定した。しかしながら、児相でソーシャルワークや心理判定を担当する児童福祉司、児童心理司には、優れて専門性が求められ、一朝一夕には養成できないのである。国は予算措置をすれば体制が整うとは努々《ゆめゆめ》思わないで頂きたい。この他、医師、弁護士等の人材手当も必要とされているのである。着実な人材養成に基づく増員の実施と体制の強化を進めて頂きたいものである。このような中、2020年4月時点での児童福祉司の勤務年数3年未満の割合が、初めて過半数を超えたことが明らかになった。国は研修の強化やベテラン職員の補佐による、体制強化を打ち出しているが、今日の児童相談所が直面している最大の課題は、虐待相談件数の増大により、それに対応する職員数が追いついていないという職員定数の問題は確かなことではあるが、一番の問題は、職員の質の問題であると考える。率直に述べれば、多忙はさりながら、中堅職員の慣れや自信過剰に伴う、ケースの見立て違いと、3年未満職員の経験不足に伴う状況判断の甘さによるケースの見立て違いではなかろうかと考えている。

国が行った「子ども虐待による死亡事例等の検証結果等について（第17次報告）」においては、平成31年4月1日から令和2年3月31日までに発生し、又は表面化した虐待による死亡事例72事例（78人）の内、心中以外の虐待死（56例・57人）を分析した結果、児相の関与ありが11例（19・6％）、市区町村（虐待対応担当部署）の関与ありが8例（14・3％）、児相と市区町村両者の関与ありが8例（14・3％）、何らかの機関（児相、市区町村、保健センター等）の関与ありが39例（69・6％）あり、児相を初めとして虐待対応の専門機関が関与しながら、虐待死を防げなかった事例が多く見受けられることが明らかになっている。

これらの死亡事例においては、児童福祉司が目視で安全確認した子どもが、1週間後、1ヵ月後に親の虐待で命を落とすということが度々起きているのである。自分が目視で安全確認をしたのだから、虐待は止んでいる、殺されることはないという甘い判断や独善的な社会診断から、子どもが虐待死した事例が後を絶たない。ケースは生き物であり、刻一刻と変貌して行くことを忘れてはならないのである。自己の社会診断に対する自信や多忙さを理由として、状況変化に伴う虐待リスクの再アセスメントを決して怠ってはいけないのである。

また、経験の浅い職員が担当する案件のケース管理の問題も重要であり、若手職員の担当するケースに対するベテラン職員の適格で厳格なＯＪＴ（現任訓練）とスーパービジョンの反復・継続こそが、若手職員の業務への習熟と育成につながるものと考える。国は、新人の児童福祉司研修を強化することは当然のことであるが、その指導者となる所長、中堅職員に対しても、児童虐待の原点に立ち戻った研修、児童相談所が組織としてどう虐待に対応すべきであるかという組織論に係る研修の強化を実施することが重要であると強く感じるのである。ケースが内包する虐待リスクを児相が組織として共有し、認識していなかったがために、児相が関与しながら虐待死を阻止することができなかった事例があまりにも多すぎるのである。

②　警察との連携の在り方

「威圧的、暴力的な保護者」への対応の問題についてである。虐待を繰り返す保護者には、社会に対しても粗暴な言動を繰り返す人たちが一定数含まれている。この人たちは、役人が暴力に弱いということをよく心得ており、犯罪になるかならないかのぎりぎりのところで、児相職員を威嚇し、高圧的な言動で自己の正当性を主張してくる。このような人たちにもケースワーク的な対応を行うのであるが、限界がある。限界とは、このままの対応では適正なケースワークが保たれず、子どもの命を守ることができないと感じる時である。

このような場合は、積極的に警察の援助を仰ぐべきである。児童虐待防止法第10条「警察署長に対する援助要請等」児童相談所運営指針第14節「警察との関係 6．虐待事例における連携」において、詳細にわたり連携の在り方について述べられており、児相と警察は、これらの規定や指針に基づき連携を保ってきた。しかしながら、あるＮＰＯ法人は、虐待死を防止するためには都道府県と警察とが協定を結び、児相と警察の児童虐待に関する全ての情報を全件共有すべきであると喧伝し、各都道府県に対し、繰り返し、要請活動を行ってきている。

某新聞社の調査によると、２０１９年12月時点で、児相を設置している70自治体の４割に当たる27自治体が、当ＮＰＯ法人の要請を受け入れ、この全件共有を導入しているが、ほぼ同数の自治体は、導入には否定的であるとのことである。

そもそも警察と児相との職務上の関係は、児相の設立当初から触法少年の通告、迷子・家出少年の保護などで協力関係を保ちながら仕事をしてきたという歴史がある。しかしながら、「法は家庭に入らず・民事不介入」の言葉の通り、警察は、つい近年まで夫婦間の問題、親子間の問題には意識的に係わりを持たないようにしてきたのである。

２００４年に実施された虐待対応強化のための児童福祉法改正において、全国の市区町村に「要保護児童対策地域協議会」設置の規定が設けられ、地域社会において関係機関等が一堂に会し、管内の要保護児童に関する情報の交換、支援方針の検討、見守り体制の構築等々が実施されるようになった。この要対協にはメンバーとして児相、警察の両機関が参加しており、地域の被虐待児の情報は交換・共有されているはずである。確かに、この要対協が十分に機能しているかという問題はあるとしても、法に基づいて設置されている虐待に関する情報交換・共有の場がありながら、件のＮＰＯ法人が仲介し、公の行政機関である都道府県や市区（児相）と警察が虐待ケースの情報を全件共有する協定を結ぶということは、本来あるべき姿を大きく逸脱した行為であり、賛同することはできない。

警察は、警察法、刑事訴訟法、警察官職務執行法などの法律に基づいて、公共の安全と秩序維持のための行政警察活動と犯罪の捜査及び被疑者の逮捕といった刑事警察活動を主要な業務としている。児相は、児童福祉法や児童虐待防止法、児童相談所運営指針などの法律等に基づいて児童虐待への対応を行っており、相談・支援・介入等が主要な業務であり、相談者に寄り添った対応を基本としており、虐待親を検挙し、処罰することを目的とはしていない。

両機関の、虐待から子どもを守るという最終目的は同じとしても、その方向性・手法は本質的に異なっており、相容れない部分もある。子どもに暴力を振るう保護者を逮捕・送検するまでは情報を共有し、協働して虐待対応を行っても、警察の仕事はそこまでで、その後の虐待を受けた子どもへのケアや親に対する支援、親子の再統合に至るまでが相談所の業務である。

児相には「つい、子どもを叩いて（虐待して）しまう」といった保護者自らの相談や親戚・知人、学校・保育所等からの「虐待されている」「虐待されているかも知れない」といった通告も多く寄せられてくる。全件共有とは、これらの相談ケースも詳らかに警察へ通告するということである。児相の業務は、相談してくる保護者や学校等協力機関との信頼関係の上に成り立っている。クライアントが思い切って相談した内容が警察に伝わっていたということになれば、信頼関係は逸し、誰も児相には相談しなくなる。例え、子どもを保護したとしても、その後の保護者への対応は非常に困難になるものと考える。

警察と情報共有をしないと言うのではない。これまで通り、ケースワーク的な対応に限界を感じ、子どもの命を守ることができないと判断した時は、ケースに関する情報を共有し、積極的に警察の援助を仰ぐべきであると考える。この判断のタイミングが重要である。担当児童福祉司が保護者との関係を優先し、警察への援助要請を躊躇したがために、子どもが虐待死した事例はいくらでもある。これらの事例を検証し、どの時点で警察に援助を要請すべきであったかは自ら学ぶしかないし、担当個人ではなく、児相の組織としての総合的判断が必要だと思う。

平成31年の児童福祉法改正においては、児童への体罰の禁止、2年を目途とする民法の懲戒権の見直し、児相の人員を初めとする体制の強化などに関しての方向性が示され、併せて「児相の関係機関との連携の強化」において、警察との「全件共有」の是非に係る議論もなされたが「警察官を児童虐待の早期発見の努力義務者として明確化する」ことや「児相と警察の連携強化」について言及するに止め、「全件共有」のルール化はなされなかった。

③　児童福祉司の有資格化

同年の児童福祉法改正に伴う検討事項の一つとして、児童福祉司の人的増員に併せて、児童福祉の専門知識、技術を必要とする支援を行う者の資格の在り方、その他資質の向上策について、改正法施行後1年を目途に検討を加え、必要な措置を講ずるとする旨が、附則に明記されていた。

児童福祉司の資格要件の検討である。このため、厚労省は21年1月、「子ども家庭福祉」を専門とする新たな資格の創設について、検討に入った。児童相談所でソーシャルワークを担う児童福祉司は、優れて専門性が求められ、一朝一夕には養成できない人的資源である。

児童福祉司の業務は、子ども家庭福祉に係る幅広い基礎的学問や専門知識の上に、子どもの人権の尊重、子どもの存在そのものに対する深い造詣、愛情がなければ成り立たない分野の仕事である。しかしながら、厳しい職場であることが分かっているため、自ら希望してくる職員は稀で、多くの場合、周辺職種等からの人事異動という形で赴任してくる。在勤年数5～6年ともなると、多くの職員は転出を希望し、二度とは戻らないのが大半という職場である。

こういった問題を解決し、職員を定着化し、専門性を高めるためには、現在の任用資格である児童福祉司の職の在り方を見直すべきであると、私自身は、常々考えてきた。

厚労省の改正案は、児童虐待への対応強化に向けて、子どもや親を支援する新たな資格として「子ども家庭福祉ソーシャルワーカー（仮称）」を設け、社会福祉士や精神保健福祉士、保育士など実務経験のある人材が、外部の認定機関が実施する研修や試験を経て資格を取得するという案である。厚労省は、22年2月、社会保障審議会専門部会の了承を得、閣議決定後、国会へ提出。改正法案は、22年6月、参議院本会議で可決成立し、24年4月、施行されることとなった。今回は見送られたが、施行後2年を目途に国家資格化についても検討するとしている。私は、児童福祉司の国家資格化には大いに賛成である。国家資格化されれば、優れた人材が自らの希望と選択で児童相談所へ集まってくる。このような人事配置が実現され、その専門性が発揮されれば、10年後、20年後、わが国から虐待で死亡する子どもの数を大きく減らすことが期待されるのである。早期な資格化の実施と、さらに、国家資格制度が創設されることを期待したい。この法改正は、将来の児童福祉行政現場の大きな力となるものと歓迎すべきことであり、併せて、その労に報いるだけの処遇改善を、強く要望したい。

(2) 子ども行政の枠組みの見直し

① こども家庭庁構想

菅義偉前総理大臣肝いりの「こども庁」創設の構想が具体化してきた。22年2月25日、政府は「こども家庭庁」を創設する法案を閣議決定した。「こども庁」から「こども家庭庁」への名称変更は、「子どもだけでなく子育て世帯への支援も重要」「子育てに対する家庭の役割を重視した名称にするのが望ましい」「子どもは家庭を基盤として成長する存在である」などといった与党内の意見により、「家庭」の文字が付加修正され「こども家庭庁」とされた。

発想の原点は、省庁間の縦割り行政の弊害を無くし、わが国の未来を担う子どもの成長に応じて切れ目なく支援を行う基幹組織の創設であったと考えられるが、数十年も続いている縦割り行政の象徴とも言える幼保一元化問題については、文科省の強い拒否により、深く議論されることも無く、盛り込まれなかった。

子ども行政に係わる省庁として、厚労省、文科省、法務省、内閣府、警察庁などがあるが、今日の諸々の子ども家庭問題は、単一省庁では解決がつかず、特に、コロナ禍において「止まることのない少子化問題」「親から子へと続く貧困の連鎖の問題」「2020年度、20万件を超えた児童虐待の問題」「小中高校において多発しているいじめの問題」「2020年、最多記録を更新した小中高校生の自殺の問題」など深刻な事態が顕在化し、子どもや子どもを養育する家庭の危機的な状況が山積する中、「こども家庭庁」構想が具現化してきたものと考える。

また、こども家庭庁創設の背景として、わが国が１９９４年に批准した「子どもの権利条約」の実施状況報告に対して、国連子どもの権利委員会から、総括所見において、毎回厳しい勧告を受けてきたという経緯がある。第1回、１９９８年勧告では「子どもに関する包括的な政策を発展させ、かつ条約の実施の効果的な監視及び評価を確保する目的で、子どもの権利に関わっている様々な政府機関間の調整を、全国レベル及び地方レベルのいずれにおいても強化するよう勧告する」第3回、２０１０年勧告においては「子どもの権利を実施する目的で締約国が国、広域行政圏及び地方のレベルで行っているあらゆる活動を効果的に調整するための明確な権限並びに十分な人的資源及び財源を与えられた適切な国家機関を設置するとともに、子どもの権利の実施に携わっている市民社会組織との継続的交流及び協力を確立するよう勧告する」として、子どもに関わる政策の実施及び調整を行う権限ある機関の設置を強く求められてきた。

22年2月、閣議決定後、国会に提出されたこども家庭庁設置法案では、こども家庭庁は内閣府の外局とする。事務に関しては内閣府特命担当大臣や子ども家庭庁長官を置き、内閣府の子ども・子育て本部、厚労省の子ども家庭局等を移管し、職員数４３０人、「こども成育局」と「こども支援局」の2局体制で子ども政策を一元的に担う。移管される主な事務は内閣府の少子化対策、児童手当、認定子ども園、子どもの貧困対策等、厚労省の児童虐待防止、保育所、国立児童自立支援施設、母子保健、ひとり親家庭支援等である。こども家庭庁は、23年4月1日、発足した。専任閣僚は、内閣府設置法第12条に基づき、自らの所掌《しょしょう》事務について関係する各省庁に資料提出や説明を求め、取り組みが不十分である場合、改善を促すことができる「勧告権」を持つとされている。国連子どもの権利委員会は

「明確な権限並びに十分な人的資源及び財源を与えられた適切な国家機関」の設置を求めているのである。

わが国の子ども行政における家族関係社会支出については、ＥＵ先進諸国と比べて、大きく見劣りしているという現状がある。いつまでも安いニッポンでは困る。国の将来を担う、子ども若者のために、十分な財源措置を要望したい。

② こども基本法の制定

この「こども家庭庁」の創設と同時並行的に政府与党内で検討されてきたのが、「こども基本法」の制定、並びに子どもの権利擁護機関「コミッショナー」の創設についてである。

こども基本法創設の背景として、わが国には、子どもに関する法律として福祉、教育、司法の分野で、児童福祉法、児童虐待防止法、教育基本法、学校教育法、少年法などの法律があるが、これまで子どもが権利の主体であることを明記した法律は無く、２０１６年に初めて、児童福祉法に「児童は、適切な養育を受け、健やかな成長・発達や自立等を保障されることや意見の尊重、最善の利益の優先等」が条文として明記されたのは画期的なことであったが、教育や司法分野において及ぶものではなく、理念に止まっており、過去から現在へと繰り返されてきたいじめや教師による指導死、児童生徒の自殺の問題、児童虐待の問題など、場合によっては子どもの生命までも危機に瀕することを強いる著しい人権侵害等を抜本的に解決し、子どもの尊厳、権利を救済するための根拠法として「こども基本法」の制定が強く求められてきたのである。

あわせて、このような重大事態の発生・重大インシデント（出来事・事件）に対して原因究明のための調査を行い、調査結果に基づき関係者に対し必要な施策、措置を求め、あるいは勧告を行い、人権の救済を図る、行政から独立した子どもの権利擁護機関「コミッショナー」の創設について、こども基本法の制定と併せて、国連子どもの権利委員会の総括所見において以下のような厳しい勧告を受けてきたのである。こども基本法の制定に関しては、第3回総括所見「包括的な児童の権利法が存在しないことに引き続き懸念する。児童の権利に関する包括的な法律を制定することを検討し、条約の原則及び規定と国内法制度の完全なる適合に向け対処するよう強く勧告する」第4～5回総括所見「子どもの権利に関する包括的な法律を採択し、かつ国内法を条約の原則及び規定と完全に調和させるための措置をとるよう、強く勧告する」

子どもの権利擁護機関「コミッショナー」の創設に関しては、第1回総括所見「子どもの権利が守られているかチェックする機関である独立した監視機構を設立するよう勧告する」

第3回総括所見「児童のための権利をベースとした包括的な国内行動計画が欠如しており、その採択・実施を行い、成果を監督し、対策を修正する監視メカニズムを提供することを勧告する」としている。このような国際情勢の中、これらの命題は、自民党の「こども・若者輝く未来実現会議」において検討されてきた。22年3月、こども基本法骨子案が示されたが、「コミッショナー」の創設については、保守派を中心に「誤った子ども中心主義になる懸念がある」「強い権限を持つことになる」「左派政策である」といった慎重論・否定論が多く、法案には盛り込まない方針が固まった。これらの法案については、与党による検討の段階から、子どもの権利擁護機関「コミッショナー」の創設を排除するなど画竜点睛を欠いたものになっているが、国会会期末のぎりぎりの22年6月15日、「こども家庭庁設置法案」「こども基本法案」は可決成立し、令和5年4月1日の施行を目指すこととなった。

こども基本法には、子どもの権利条約における4原則である「生命、生存及び発達に対する権利」「子どもの最善の利益」「子どもの意見の尊重」「差別の禁止」が盛り込まれた。

今後の国の組織再編成や制度施行がどのように進められて行くかが待たれるが、理念や建前ばかりの実効性の伴わない組織や制度にならないよう祈念するしかない。

今、現在も、いじめや虐待に苦しみ、命の危機に晒されている子ども達が沢山いる。これらの子ども達に、間違っても死を選ばせない、法の仕組みや制度の構築を第一にお願いしたい。

(3) 親の体罰禁止

2020年4月、施行された親権者等による体罰の禁止にかかる児童虐待防止法及び児童福祉法の改正の概要は、以下の通りである。

「児童の親権を行う者は、児童のしつけに際して体罰を加えることその他民法第820条の規定による監護及び教育に必要な範囲を超える行為により当該児童を懲戒をしてはならないこと（児童虐待の防止等に関する法律第14条第1項）」の規定を設けるとともに、児童福祉法（第33条の2第2項等）において「児童相談所長、児童福祉施設長、里親等は児童に体罰をしてはならないこと」を明記し、親権者等による体罰の禁止を明文化した。

さらに、この改正児童福祉法、附則において、「法施行後2年を目途に、民法第822条、懲戒権の有り方について検討を加え、必要な措置を講じる」との規定が盛り込まれた。

これに伴い、法務大臣は、法制審議会に対して民法第822条における懲戒権の見直しについての諮問を行い、これを受けた法制審議会民法（親子法制）部会は、19年7月、審議を開始し、21年2月、民法（親子法制）等の改正に関する中間試案、3案をとりまとめ、公表した。

部会は、中間試案に対するパブリックコメントを得て審議を重ね、令和4年1月、以下の内容の改正案を法務大臣に答申した。

1　民法第822条を削除し、同法第821条を同法第822条とする。

2　民法第821条に次のような規律を設けるものとする。

「親権を行う者は、第820条の規定による監護及び教育をするに当たっては、子の人格を尊重すると共に、子の年齢及び発達の程度に配慮しなければならず、かつ、体罰その他の心身に有害な影響を及ぼす言動をしてはならない」

このように、児童虐待(体罰)を正当化する口実に使われてきた民法第822条（61頁③懲戒に記載）を削除し、親権者の監護教育権の行使における子の人格を尊重する義務や体罰等心身に有害な影響を及ぼす言動を明確に禁止することによって、児童虐待の防止を図ろうとする改正案である。法務省は、2022年秋の臨時国会以降本案を提出し、民法改正の早期実施を目指す意向である。また、厚労省は、19年12月、保護者等の「しつけ」を名目とした児童虐待を防ぐため、体罰に当てはまる具体的な行為や体罰の範囲や予防策などを明記した指針案をまとめている。

指針案では、「たとえ親がしつけのためだと思っても、子どもの身体に何らかの苦痛または不快感を引き起こす行為（罰）は、どんなに軽くても体罰」と規定し、殴る、尻をたたく、長時間の正座、食事を与えないなどを体罰に当たるとし、暴言なども子どもの心を傷つける行為と位置づけ、パブリックコメントを実施し、20年1月までに63の賛否両論、厳しい意見等が寄せられている。これらの意見を踏まえて、国は、20年2月、「体罰等によらない子育てのために」をとりまとめ、公表している。

(4) 体罰禁止に関する保護者の現状・考え方

児童福祉法等の改正に伴い、20年4月1日から親権者等による体罰の禁止を施行したが、法施行後、1年が経った21年5月、「保護者等の体罰に関する認識やその実態等」について、厚労省が民間の調査会社に委託して実施した調査結果が公表された。

調査会社は、20年の11〜12月の間、子どもの養育者や15歳から79歳までの男女1万人を対象としてインターネット調査を実施し、約8800人からの回答を得、その結果を以下のように報告している。

・18歳未満の子どものいる養育者で、半年以内にしつけ名目の体罰を1回でも加えたことがあると回答した者が33・5％あった。
・体罰の内容には、複数回答で「尻や手の甲を叩くなどの物理的罰を与える」28・4％。「怒鳴ったりダメな子などと否定的な言葉で心理的に追い詰める」28・1％も含まれている。
・体罰が法律で禁止されていることについて「内容を知っている」20・3％、「聞いたことがあるが詳しい内容は知らない」「知らない」と答えた者は計79・7％であった。
・体罰は、場合によって必要だとする容認派は、41・7％であった。

これらの調査結果から、20年4月に施行された体罰禁止に関する規定は、国民の間には十分周知されてはおらず、子育て中の3人にひとりは現に体罰を行っており、約4割は、体罰は必要として容認しているということが明らかになった。法が施行された20年4月には、わが国は、コロナ禍に入っており、その対策に追われ、体罰禁止の周知が十分に果たされていなかった結果と考えられるが、コロナ禍で虐待件数も伸びており、国においては、法の趣旨の周知徹底や体罰防止に向けた対策が、待ったなしで求められているのである。

体罰は、子どもへの人権侵害であり、体罰によって子どもの問題行動は改善されることはなく、体罰がどんどんとエスカレートしていくことは、これまでの多くの事例検証や知見においても明らかになっているにもかかわらず、体罰による死亡事例が後を絶たないのである。

懲戒権の容認は、われわれ日本国民の体質に染みついた歴史的・民族的悪習と考えられるが、もうここらで本気になって考えを改めなければならないと強く思う。子どもへの行き過ぎた懲戒による虐待死や子どもを伴った無理心中、望まない出生による嬰児殺しが絶えない日本。

子どもは、親とは全く別の人格を持った個別の存在であり、親の一部ではないということを、われわれ大人は、本気で自覚しなければならない時がきている。

9　児童相談所における喫緊の課題

児童相談所の子どもに対する処遇、措置等に家庭裁判所が司法的に関与する仕組みによって、十分とは言えないとしても、児相の要保護児童に対する処遇等の中立性、公平性は、一定、担保されていると考えられるが、近年、とみに児童虐待通告の急増に伴い、児童の一時保護の行使において、保護者との対立やトラブルが先鋭化してきているのを感じる。

最近、際立った事例として、「乳幼児揺さぶられ症候群（SBS：Shaken Baby Syndrome）」あるいは「虐待性頭部外傷　ＡＨＴ（Abusive Head Trauma）」の疑いがあると医療的診断を受け、児相が緊急一時保護を行い、保護者の元から引き離したケースにおいて、裁判により、保護者の無罪判決が数多く出されているという問題がある。

厚労省は、２０１３年、児童虐待に対応するガイドライン「子ども虐待対応の手引き」にＳＢＳ理論を盛り込み、乳幼児で硬膜下血腫、眼底出血、脳浮腫の三徴候が見られ、経緯が不明の場合は、第一にSBSを疑うように提示している。このため、児相の現場では、これらの三兆候があれば、SBSによる虐待の可能性が高いとして、乳幼児を親から引き離し、病院や乳児院等の施設に一時保護委託の措置をとることになる。親が虐待を認めれば、当分の間、里親、乳児院、児童養護施設等への入所措置をとり、時間をかけて親子再統合に向けての指導を行う。

親が虐待を否認し、子どもの引き渡しを求める場合、行政不服審査法に基づき、児相に対して異議申し立てをするか、上級官庁に審査請求を行うという方法がある。しかし、この不服申し立ては、児相が児童福祉法に基づいてとった措置であるということと、児相とその上級官庁である地方自治体は同一組織であるということもあり、余程のことがなければ、通らないものと考えられる。私が児相の職員として勤務した十数年間に、この法的手続きは一度もとられたことはなかった。次に一時保護を、2ヵ月を超えて行う場合は、児相は家裁の審判による承認を得なければならないが、保護者が同意できない場合は、この審判に参加して意見を述べることができる。この保護者の主張が受け入れられず、2ヵ月を超える一時保護が承認された場合、保護者は、高裁に対して即日抗告を申し立てることができる。

また、児相は、児童を保護者の意に反して、施設入所等を行う場合、児童福祉法第28条第1項に基づき、家裁の審判において承認を得て、施設入所等の措置を行うことができる。所謂28条審判と言われるが、この場合においても保護者は審判に参加して意見を述べることができるし、決定に不満があれば、高裁に即日抗告を行うことができる。

SBSによって、児童が受傷あるいは死亡した場合、保護者は、警察の取り調べを受け、主に傷害罪あるいは傷害致死罪等で起訴されることになる。このSBSに係る刑事訴訟裁判において、2014年以降、10件以上の無罪判決が出ているのである。2021年6月末には、最高裁において、検察の上告を棄却し、懲役3年執行猶予5年とした一審大阪地裁判決を破棄し、逆転無罪とした大阪高裁判決が確定している。このように無罪判決が相次いでいることから、厚労省には、子ども虐待対応の手引きのSBS理論に対する疑義や批判、意見書等が関係団体、国会議員等から多く寄せられており、今後、全国の児童相談所における対応状況等について、調査を行うとしている。SBSが疑われる事例においては、子どもの命を守るための「躊躇のない保護」と「親と子との人権」とが著しく対立し相反することや、行政判断の透明性の確保が求められることなどから、独立した公正、中立の判断が可能な裁判所による司法関与の仕組みが必要となっているのである。欧米諸国では、既に当然のこととして実施されている取り組みである。制度の構築、導入には児相、裁判所等における相当の人材手当が必要となってくると考えられるが、間違った判断により親子が引き裂かれることのないよう、早期の制度構築が必要とされる喫緊の課題である。

このように、児相の一時保護の在り方に疑義が呈されている中、22年3月、虐待等を受け、親の同意を得られぬ子どもを、親から引き離す一時保護の要否を裁判所が判断する制度の導入などを盛り込んだ児童福祉法改正案が閣議決定された。一時保護に保護者の同意が得られない場合、あるいは、同様な事例において、児相が保護開始前か開始から1週間以内に一時保護状（仮称）を請求し、裁判所が保護状を発行するかどうかを決めるという仕組みである。

国連子どもの権利委員会から繰り返し指摘されてきた、児相の一時保護に伴う司法関与の仕組みがやっと実現されることになるものと考えられる。子どもの権利条約第9条において、「権限のある当局が司法の審査に従うことを条件として適用のある法律及び手続に従いその分離が児童の最善の利益のために必要であると決定する場合を除いて、児童が父母の意に反して父母から分離されない」と規定されていることなどを勘案すれば、子どもの一時保護等において、司法関与の仕組みを着実に導入することが、わが国における子どもを慈しみ、子どもの人権を尊重する社会の在り方造り方の第一歩になるということを信じて疑わない。本法案については、2022年6月8日、国会において可決成立しており、法の公布後3年以内の施行を目指す。

【SBSの三徴候　硬膜下血腫：頭蓋骨の内部にある硬膜内で出血し、脳と硬膜の間に溜まり、ゼリー状になった血の塊が脳を圧迫している状態。　眼底出血（網膜出血）：眼球の内部において、網膜の血管が破れて出血している状態。　脳浮腫：頭部外傷や腫瘍などの頭蓋内の病変に起因して、脳の組織内に水分が異常に溜まった状態】

第二章　子ども虐待と子どもを守る法制の歴史的考察

1　古典的虐待と子どもの救済策

わが国最古の子ども虐待は、神代の昔に遡る。伊邪那岐尊《いざなぎのみこと》、伊邪那美尊《いざなみのみこと》がいよいよ国産みを始めようとしたとき、第一子として生まれた子どもは、蛭子《ひるこ》という障がいのある子であった。蛭子は3歳まで立つことができず、二人は不吉な子と見なし、葦の葉で作った船に乗せて海に流した（子捨て）という神話が古事記に記載されている。幸いなことに、蛭子は摂津国西の浦漁港（兵庫県西宮）に流れ着き、漁師に拾われて大事に育てられ、後に「恵比寿様」の名称で、各地で航海や商売の神様として祀られるようになったと伝えられている。

西暦593年、飛鳥時代、聖徳太子が大阪難波四天王寺に四箇院を設置し、そのひとつ悲田院において孤児、病人、高齢者などの生活困窮者の救済に当たったとされており、その後、悲田院は、鑑真、忍性、周伸らの高僧によって全国各地に設置され、孤児等の救済に当たった。

有史以来、頻発する天災による飢饉の苦しみから、親が子を売るケースは後を絶たず、天武天皇統治下の676年、「日本書紀」に農夫が凶作のために子どもを売ることを認めて欲しいと願い出たのに、朝廷はこれを許さなかったとの記録がある。

「人買い」という商人が平安時代から室町時代にかけて、公然と活動していた。江戸期、特に身分制度で虐げられていた農民階級において、凶作、飢饉の度に「口減らし」として、生まれたばかりの子が間引かれたり、働ける年齢に達すると、商家や遊郭への年季奉公、身売りに出されたりした。当時のわが国は、中国の仏教や儒教の影響を強く受けており、死んだ子は、また生まれ変わって来るという、輪廻・転生の考え方（迷いの世界、六道を生きかわり、死にかわること）が浸透し、間引きや堕胎、子捨て、子殺しへの罪悪感は希薄であったようである。

子殺しを「子返し（神にお返しする）」と呼んだことや、「7歳以下は海川に捨て、7歳以上は下人に売る」の言葉のとおり、「7歳までは神のうち」という再生思想があり、7歳までは神様から預かった子どもであるから、その生死は神の意のままであると、幼子の死について正当化して考えられていたものであり、神の申し子でなくなった7歳以上の子どもについては、労働力として売買も可とされた。子どもが親のために身売り・奉公に出るということは親孝行として当たり前のこととされていた。当時の子捨て、子殺し、子売りの背景にあるものとして、絶対的貧困と儒教的家父長的家族制度に基づく「私物的わが子観」が指摘される。

16世紀末、信長、秀吉の治世下でキリスト教の布教活動を行ったポルトガルの宣教師ルイス・フロイスは、その著『ヨーロッパ文化と日本文化』において、「日本の女性は、育てていくことができないと思うと、みんな喉の上に足をのせて殺してしまう」と述べ、当時、間引き、子殺しが頻繁に行われていたことを表している。

江戸期（1600〜1868年）において、子どもの受難は堕胎、間引き、人身売買、捨て子という形で続いて行くことになる。そのため、江戸幕府による堕胎、間引き、人身売買、棄児禁止令が繰り返し出されることになる。明治期に入っても、1868年（明治元年）には堕胎・間引き禁止令が発布された。生まれてくる子どもは、将来の貴重な労働力と見なされる一方、子どもの地位は認められず、保護者の所有物であり、子どもは労働力として売買された。

2　江戸期の虐待禁止令

江戸時代においては時の将軍によって度々、子どもの人身売買についての禁止令や将来の労働力確保策として、堕胎、間引き、棄児禁止令が出された。

5代将軍徳川綱吉は、生類憐れみの令を発し、人より犬馬を大切に扱ったとして、犬公方とも揶揄される。しかしながら、綱吉は、武断政治から学問や教養（特に儒教）によって民衆を統治するという理念を持って文治政治に当たったとされている。当時は元禄の世ながら、働けなくなった老人や病人、子どもを捨てることへの罪悪感は薄く、死に至るケースも多かったことから、1684年に生類憐れみの令を発したのであり、その真の目的は、犬馬の保護というより、犬馬を弱者の象徴として、自分より弱い命を大切にするよう命じたのであって、捨て子、捨て老人、捨て病人の保護がこの令の真の目的であったとする説もある。1687年（貞享4年）出された生類憐れみの令第1条では、捨て子の養育を命じている。「一、捨子これ有り候は早速届けるに及ばす、其所の者いたわり置き、直に養い候か、又は望みの者これ有り候は遣すべく候。急度付届けるに及ばず候」（一、捨子があればすぐさま届け出ようとはせず、その場所の者がいたわり、みずから養うか、または望む者がいればその養子とせよ。届け出なくてもかまわない）と命じている。また、1690年（元禄3年）には捨子禁止令を発し、実子を捨てた者は流罪、もらい子を捨てた者は獄門、絞殺した者は引き回しの上、磔にするという厳しいものであった。

綱吉は、生涯にわたり、捨子に関する禁令を数回発しており、捨て子は社会の責任であると宣言し、捨て子が見つかれば、地域の者が面倒を見るように定めた。生類憐みの令は、人の命を軽んずる社会を戒め、命の重さを伝えたかったのであるが、犬馬の虐待や魚肉の食を禁じ、その違反者を厳しく処罰したことから、令の真意が民衆には伝わらず、多くの反発を招いたとされる。

その後、江戸時代を通じて、捨て子は、絶えることはなく、捨て子禁止の政策は続いて行くことになる。また、1767年には間引き禁止令が出され、農村人口を確保するため「5人組制度」や出産後の間引きを禁止するため、出産に村役人を立ち会わせるなどの方策をとったとされる。明治期に入っても、1868年（明治元年）には堕胎・間引き禁止令が発布されている。

江戸時代1721年、八代将軍吉宗が実施した全国的な人口調査では2605万人、1846年の調査では2684万人となっている。125年間でわずか80万人の人口増である。このような人口増加が極めてゆるやかだった社会においては、生まれてくる子どもは、将来の貴重な労働力と見なされる一方、地位は認められず、親の私的所有物であり、子どもは労働力として売買された。

3　明治・大正・昭和初期の子ども救済策

1874年（明治7年）明治政府は、救貧対策のため太政官通達、恤救《じゅっきゅう》規則を発し、貧困で一人暮らしの上、70歳以上の高齢者で廃疾者や老衰者、重病者または13歳以下の孤児を「無告の窮民」（全く身寄りがない者）として救済した。救済の対象は極めて限定的なもので、しかもその運用は厳格で、家族、親族、近隣の情などの相互扶助を優先し、「安易な救済は怠け者を増加させる」という考えが根強く、公的な救済対策というより、お恵み的な性格を帯びたものであったとされる。

(1) 労働搾取からの保護

明治・大正期、20万人もの娘が過酷な労働条件や劣悪な環境の下、工場で働き、結核等で命を落とした。あるいは、中国、朝鮮へ娼妓として働きに出され「女工哀史」「唐行きさん」と称された。実質的に娘の身売りがなくなったのは1953年（昭和32年）の買春防止法の制定以降においてであり、家父長的家族制度は、終戦において廃止・解体されたが、私物的わが子観に基づく親子心中や児童虐待等は、令和の現代にまで引き継がれてきているものと考えられる。

1916年（大正5）には「工場法」が施行された。当時、無制限の労働日数、深夜労働、低賃金、工場の不衛生等から疾病や労働災害が頻発し、多くの児童が死亡していたことが工場法制定の背景にあった。工場法には12歳未満の子どもの就業禁止、15歳未満の子ども、女子の深夜労働（午後10時～午前4時）の禁止、15歳未満の子どもの12時間労働の禁止などが謳われている。しかしながら工場法は、小規模の工場には適用されなかったために、法が適用される大規模工場では15歳未満の者を解雇することも多く、解雇された者が法適用外の小規模工場で過酷な条件の下で働くか、浮浪児になるか、また女子の場合は身売りするなど、さらに厳しい生活状況へ追い込まれることも少なくなく、根本的な解決には至らなかった。

１９１８年（大正7年）、現在の民生児童委員制度の前身である方面委員制度が設立され、地域の貧困、浮浪児、不就学児等の実態を把握し、個別援助の実施を行った。

大正末期から昭和初期にかけて起きた１９２３年の関東大震災、１９２９年の世界大恐慌、１９３４年の東北地方の大凶作などで、国民生活は困窮し、欠食児童の増加、親子心中、貰い子殺人事件、労働虐待などの児童に係る深刻な問題が多発した。明治・大正・昭和初期の児童虐待という用語は、家庭内外において児童を保護すべき立場にある者による虐待と児童労働酷使の両者を含めて使用されていた。

しかしながら、わが国においては、当時の社会情勢を背景として、量的に圧倒的に多く、社会問題として顕在化しやすかった児童労働酷使の問題が次第に大きなウエートを占めるようになっていく。このような社会背景の中、１９２９年（昭和4年）、恤救規則に代わり「救護法」が公布され、財政難から１９３２年に施行された。この法律では、家族・親族による扶養を原則としながらも「無告の窮民」という条件は撤廃された。救済の対象は65歳以上の高齢者、13歳以下の児童、妊産婦、傷病者、障がい者の五者に限定され、労働力のある者は除外された。

また、施設保護も行われ、救護院、養老院、孤児院等への保護が行われた。救護法は、戦後、「生活保護法」へと受け継がれていくことになる。

【救護院：現在の「救護施設」の前身。生活保護法に規定された施設で、平成22年現在で全国に１８８箇所あり、１万8千人が生活。入所者は何らかの障がいがある人が大多数】

(2) 貰い子殺人事件

わが国の、実親による子捨て、子殺しは、神代の昔まで遡り、連綿と続いてきたが、もう一つ記憶に止めておくべき出来事として、実親以外による子殺し＝貰い子殺人事件がある。

実親による子殺しは多くの場合、貧しさ故のやむにやまれぬ殺人ではなかったかと思慮されるが、明治・大正・昭和期に起きた貰い子殺人事件は、貧困という人の弱みに付け込んだ犯罪であり、業としてそれが行われており、決して許容されるものではなかった。

当時、堕胎や妊娠中絶は、法的にも社会的にも困難な状況にあった。そのため望まれない子どもが生まれた場合、手数料や養育費を付けて養子に出すということが頻繁に行われていた。

１９０５年（明治38年）に起きた佐賀貰い子殺人事件においては、佐賀市内で、夫婦が養育費目当てに行商人の女と結託して60人を超える乳幼児を引き取り、餓死させるなど殺害して埋めたということが発覚し、夫婦は死刑、行商人の女は、懲役12年の刑に処された。

この他、１９１３年（大正2年）愛知貰い子殺人事件、１９２２年（大正11年）東京浅草お初殺し事件、１９３０年（昭和5年）東京岩の坂貰い子殺し事件、１９３３年（昭和8年）東京川俣初太郎貰い子殺人事件と同様な手口による貰い子殺人事件が立て続けに起きている。

また、戦中戦後にかけた１９４４～１９４８年（昭和23年）、新宿区において寿《ことぶき》産院事件が起きている。不義で生まれた子や家庭で育てられない乳幼児を養子として斡旋する名目で養育費を貰って産院で預かり、ミルクや食べ物を十分に与えないなど必要な世話をせず、病気になっても治療せず、預かった子どもの大半を死なせていた。この事件で亡くなった子どもは１００人以上に及んでいるとされるが、戦後の混乱の中、立件が難しく、院長の女は、懲役8年、夫は、懲役4年、助手の女は、無罪となっている。

(3) 旧児童虐待防止法の制定

これらの事件が契機となって、１９３３年（昭和8年）、わが国で初めて、本格的に被虐待児保護の取り組みを行ったとされるキリスト教徒、原胤昭《たねあき》の強い働きかけによって、児童の権利の観念を社会制度上具体化したわが国最初の児童保護法規として、14歳未満の児童を対象とした旧児童虐待防止法が制定された。

第1条　本法ニ於テ児童ト称スルハ十四歳未満ノ者ヲ謂フ
第2条　児童ヲ保護スベキ責任アル者児童ヲ虐待シ又ハ著シク其ノ監護ヲ怠リ因テ刑罰法令ニ触レ又ハ触ルル虞アル場合ニ於テハ地方長官ハ左ノ処分ヲ為スコトヲ得
一　児童ヲ保護スベキ責任アル者ニ対シ訓戒ヲ加フルコト
二　児童ヲ保護スベキ責任アル者ニ対シ条件ヲ附シテ児童ノ監護ヲ為サシムルコト
三　児童ヲ保護スベキ責任アル者ヨリ児童ヲ引取リ之ヲ其ノ親族其ノ他ノ私人ノ家庭又ハ適当ナル

施設ニ委託スルコト

第7条　地方長官ハ軽業、曲馬又ハ戸々ニ就キ若ハ道路ニ於イテ行フ諸芸ノ演出若ハ物品ノ販売其ノ他ノ業務及行為ニシテ児童ノ虐待ニ渉リ又ハ之ヲ誘発スル虞アルモノニ付必要アリト認ムルトキハ児童ヲ用フルコトヲ禁止シ又ハ制限スルコトヲ得

前項ノ業務及行為ノ種類ハ主務大臣之ヲ定ム

としている。

主務大臣が定める禁止又は制限する業務及び行為については、「児童虐待防止法第7条ニ依ル業務及行為ノ種類指定ノ件」として、以下のように定めている。

一　不具畸形ヲ観覧ニ供スル行為
二　乞食
三　軽業、曲馬其ノ他危険ナル業務ニシテ公衆ノ娯楽ヲ目的トスルモノ
四　戸々ニ就キ又ハ道路ニ於テ物品ヲ販売スル業務
五　戸々ニ就キ又ハ道路ニ於テ歌謡、遊芸其ノ他ノ演技ヲ行フ業務
六　芸奴、酌婦、女給其ノ他酒間ノ斡旋ヲ為ス業務

といった規定を設け、14歳未満の児童に対する家庭内の虐待を初めとし、不具、奇形を観覧に供する行為、乞食、軽業・曲芸その他危険な行為、道路において物品を販売する業務、道路において歌謡、

遊芸その他の演技を行う業務、芸妓、酌婦、女給その他酒間の斡旋を行う業務をさせることを禁止するなど、主として、児童への過重労働を含めた労働搾取や性的搾取を禁じたもので、現代の虐待の概念とは大きく異なっていたが、児童の保護を具現化したわが国最初の児童保護法規として画期的なものであった。しかしながら、旧児童虐待防止法は、これらの労働・性的搾取は、家族のためには仕方がないといった諦観や社会全体がこれら職種への子どもの就労を黙認・容認していたこと、取り締まる吏員の不足、収容保護する施設が無かったことなどから、実効性に乏しく、成果は上がらなかったとされている。

旧児童虐待防止法は、戦後、児童福祉法の制定過程の中で、吸収・廃止されていくことになる。特に、前述の法第7条の規定及び精神は、現行の児童福祉法第34条「禁止行為」として引き継がれている。

4　わが国の児童虐待防止対策の黎明期

(1)　外国人から見た日本の子育て観

幕末から明治にかけてわが国を訪れた欧米人のほとんどが、日本は子どもの天国であるとの見方を示した。初代の駐日英国公使オールコックは、その著「大君の都」において、幕末のわが国の文化や生活を詳細に観察し、日本を「子どもの楽園」と呼んだ。

大森貝塚の発見やダーウィンの進化論を初めて日本に紹介し、わが国の近代考古学の基礎を築いたとされるアメリカ人、エドワード・S・モースは、名著『Japan Day by Day』において「世界中で日本ほど、子どもが親切に取り扱われ、子どものために深い注意が払われている国はない」と記述し、日本国民の親子関係を絶賛している。

彼らは、ヨーロッパ諸都市に比べておもちゃ屋の数がはるかに多いことや、路上で遊んでいる子どもの楽しげな様子を例に挙げる。そして、大人は、子どもを大変かわいがり、よく一緒に遊ぶけれども、ただ甘やかすだけでなく、行儀よくしつけていることを述べて、日本の親子関係が理想的である、しかも貧しい労働者階層に至るまでそれは同じであると評している。本著には至る所に日本の子どもの描写が出てくるし、子どもに対する暖かな視線が注がれている。

明治の初め、日本の各地を旅行し、『日本奥地紀行』を著した英国人旅行家イザベラ・バードは「私はこれほど自分の子どもをかわいがる人々を見たことがない」「旅先の村の大人たちはいつも子どもを抱き、背負い、遊び、連れ歩き、玩具を与えていた」「他人の子も愛情をもって世話する。父も母も、自分の子に誇りを持っている」と述べ、特に男たちが子連れで集まって子ども自慢をする様子や、夜、家の中で親子が睦みあっている姿を見て、親の愛情の細やかさに感心している。これらの子どもを慈しみ、かわいがるという日本の原風景、子宝文化というものは決して作り話しや嘘ではなかったと思う。ある意味では、有史以来続いてきたわが国の「子捨て・子殺しの文化」と子どもを慈しみかわいがる「子宝文化」は二重構造になっていたのではないかと考える。

（2）アメリカにおける児童虐待対応の歴史

アメリカは、「虐待対応先進国」と呼ばれると同時に「虐待大国」でもある。児童虐待を取り扱う専門機関CPS「児童保護サービス」へは、2005年の数値であるが、年間330万件もの虐待通告があり、その内90万件が虐待の事実を認定されている。

2014年のアメリカの児童人口は、約7500万人であるが、この年のCPSへの全相談件数は340万件であり、内62％、210万件を虐待通告として受理し、316万5千人余の18歳未満の児童を調査し、虐待が認められた児童は、約68万6千人に上っている。年齢別では0歳児21・9％、未就学児童（0〜6歳）88・6％と低年齢児が大多数を占めている。虐待の種類では医療ネグレクト2・0％、ネグレクト67・1％、身体的虐待15・7％、性的虐待7・9％、心理的虐待7・3％となっている。加害者は両親19・4％、母親36・6％、父親18・7％、その他12・0％となっている。

虐待による死亡児童数は、年間1640人に上り、0歳児44・4％、未就学児童86・5％と、乳幼児の死亡率が極めて高い。

① 1874年　メアリー・エレン事件

ニューヨークで養父母から殴られ、飢え死にしそうな少女、メアリー・エレン8歳に市民は同情した。当時、アメリカでは、子どもの人権は無視され、虐待や遺棄された子どもを保護する法律はなかった。そこで、市民は、当時活動していた動物虐待防止協会に牛や馬と同様な保護が受けられるよう訴え、少女を保護することができた。この悲惨な事件がきっかけとなって、翌1875年、ニューヨーク市に、世界で初めての児童虐待防止協会が設立された。

② 1961年 ルース・S・ケンプ医師の『Battered Child Syndrome』

ルース・S・ケンプ博士は、アメリカ小児科学会で初めて、怪我や骨折で病院へ入院してくる児童に、明らかに「偶然によらない親による暴力」を疑わせる所見が多く見られるとして、「殴られっ子症候群」または「被殴打児症候群」にかかる研究を発表した。ケンプ博士の研究発表によれば、被殴打児症候群は次のような特徴を持っていた。

- 低年齢の子どもが多く、4歳以下が過半数を占めている。
- 栄養状態が悪く、不衛生な状態に置かれており、親からかまわれていないように見える。
- 問題となる負傷以外に、新旧様々な傷が多く見られる。例えば古い骨折の痕や、痣などといった皮膚所見が多数見られる。
- 子どもの傷の臨床的症状と、子どもがどうして負傷したかの親の説明が大きく矛盾する。
- 子どもを入院させると新たな傷が生じない。

こうした所見から、それまで親による子どもへの暴力はあくまでも例外的な現象、普通では考えられない事態であると捉えられていたが、これらの子どもの怪我が親の暴力による例外的なものではなく、しかもそういった状況が繰り返されていること、併せて、暴力以外にも不適切な養育環境に長い間置かれていたことなどの共通した特徴が明らかにされた。

アメリカにおいてケンプ博士の報告は、医療、保健、福祉の分野に波紋を投じ、各州において、子どもと接する業種の者へ虐待の通告義務を課す「虐待報告義務法」や虐待への調査・介入を行うCPS「児童保護サービス」が設置されることになる。

その後、アメリカでは「バタード・チャイルド・シンドローム」の呼称では概念が狭すぎるということで「チャイルド・アビューズ」(Child Abuse) という呼び名が使われるようになる。

【Abuse：本道から逸脱して用いる。権利・権力を乱用する。子ども・動物を虐待（酷使）する意味】

ケンプ博士が研究発表した被虐待児の特徴・所見は半世紀以上経った現代でも、そのまま、わが国の児童相談所、警察、病院等に保護される被虐待児の所見と全くと言っていい程、同じである。

1974年（昭和49年）、アメリカにおいては児童虐待防止法が成立し、医師、教師、セラピストなど子どもに関わる職業の人達に通告義務が課せられるようになった。

アメリカの虐待対応の歴史は古く、また対応する機関や司法関与の仕組みは充実しているが、「子ども虐待」の定義が曖昧で広すぎることもあり、年間300万件という膨大な通告件数にあえいでいる。これ程、虐待の発生件数が多い背景としては、人種の坩堝と言われる、多民族国家が抱える貧困という根源的な問題が根底にあると考える。また国際連合加盟193カ国の中で、子どもの権利条約に未加盟なのは、唯一アメリカだけである。

(3) わが国における児童虐待防止法制定前夜

このケンプ博士の研究発表に対して、厚生省は、「日本には古来、慈父、慈母、子宝という言葉があるように、子どもを大切にするという国民性があり、親が子どもを虐待するなどあり得ない、あるとすれば例外中の例外だ」として、当時、わが国において、ケンプ博士の研究は、全く顧みられなかった。

また、子どもの家庭内における突然死や事故死については、特に不審な点がない限り、保護者の供述通り事故として処理されており、保護者の子どもへの暴力、折檻についても警察は、家庭内での出来事として、法は家庭に入らず＝民事不介入という立場を墨守していた。

その一方、警察庁犯罪統計書によれば、わが国では1960年代後半から嬰児殺しが増加しつつあった。1969年（昭和44年）132人、1975年（昭和50年）207人、1979年（昭和54年）165人、1983年（昭和58年）146人、1985年（昭和60年）129人に及ぶ0歳児の殺人が確認されている。

1970年（昭和45年）、渋谷駅前のコインロッカーへの嬰児の捨て子事件に始まったコインロッカーベイビー事件は、１９７０～１９７３年（昭和48年）の4年間で59件起きている。このような状況を背景として、当時の厚生省は、児童虐待の実態調査に乗り出さざるを得なくなり、１９７３年（昭和48年）に実施された虐待に関する全国初調査においては、「暴行など身体的危害、長時間の拘禁など、生命に危険を及ぼすような行為がなされたと判断されたもの」26事例、「いわゆる捨て子として受理したもの。（病院、施設、駅構内に置いたまま、父母等が行方不明になったもので、親族に置き去ったものは除く）」１３９事例が、厚生省に対して全国１５３の児童相談所から報告された。

５　懲戒権・親権の歴史的成り立ち

そもそも、時には子どもに対する生殺与奪の力を持ってきた親権、その一形態である懲戒権とは何なのかについて考えてみたいと思う。親権は歴史的に形成されてきたものであって、親であるが故に必然的に認められてきたものではない。親権という概念は、近代市民法の形成過程で生じたものであり、明治民法において、フランス法を参考に、初めて明確に規定された。

懲戒権の成立については、親権概念の成立より遥かに古く、子どもが親の指示に従わない、親の意に反抗する、家の統制がとれない、犯罪、非行を繰り返すといったことへの親の立場に立った、時の施政者の統治姿勢や、長い間培われてきた家、家族の秩序維持やしきたり、慣習の中から生まれてきたものと考えられる。

（1）飛鳥期

古代社会において、国家（朝廷）を支えたものは、血縁集団を基盤とした氏族や部族という社会単位であり、朝廷により氏《うじ》、姓《かばね》を授与され、族長は、その特権的地位を世襲した。氏は、族長が血縁・非血縁を含む構成員を率いてヤマト朝廷に奉仕する政治的な組織であり、朝廷から与えられる姓によって秩序化されていた。しかしながら、大化の改新によって豪族の土地及び人民の私有制を廃止し、公地公民（すべての土地と人民は朝廷に属する）となし、天皇を中心とする律令国家が成立した。やがて、氏・姓より個人の能力を重んずる建て前がとられたことにより、氏姓制度が衰退していくことになる。家という概念が生まれたのは、特権的世襲制度であった氏姓制度が衰退した後の中世社会であり、中世における武家社会においては、家は、社会構成の単位であるとともに、年貢や公事を負担する被支配の基礎単位であり、その維持には戸主たる家父長の権限を強化し、その温存が図られた。また、家は、一組の夫婦を中心として、生活・経営を行う父系的に結合した集合体でもあり、継承者と位置付けられた「嫡子」によって継承された。

8世紀初頭、藤原不比等によって、大宝律令を基として養老律令が編纂され、この律令において、子に対する親の権利が確立され、子は、親の従属物として位置づけられていく。

ここでは親子の権利義務関係において、幼児売買や幼児殺害などは規制の対象とされたが、捨て子の規制はなかったとされている。9世紀中期以降は、天災による飢饉などから捨て子が増加し、太政官符において捨て子禁止令が出されている。

　律令制の成立以降、戸主や直系尊属たる親族には子に対する権利として、家父長は、子弟の特有財産を管理するなどの権利を有した。また、律の規定により、教令権とそれに付随する懲戒権が認められるようになった。祖父母、父母の教令に違反し、または祖父母、父母を告言する者は処罰された。祖父母、父母は、教令違反の子弟を殴打して懲戒することが許された。過酷な体罰によって、誤って死に至らしめた場合においても、故意に殺害しようとしたものでなければ、親の行為は違法とはされず、罪責は追及されなかった。

(2) 鎌倉・室町期

　中世の鎌倉・室町期においても教令権は存続し、子弟の教令違反に対し、義絶・不孝、悔返《くいかえし》といった制裁があり、家父長の教令権に基づく制裁権の発動は幕府の制限を受けなかった。また、鎌倉幕府によって、相続など御家人武士の家の内部問題には干渉しないことが道理であるとの原理原則が打ち立てられた。家父長制原理が明確化され、その家の家長権は、家督と称され、家の自律性が肯定されたことにより、家の内部における家長権は、公権力が介入しない絶対的なものとして、子と対峙することになる。

　1232年、北条泰時は、武士の道理をもととし、先例を取り入れながら武士社会の基本となる習慣に基づく道理を法文化した法典「御成敗式目」を完成させた。「御成敗式目」では一旦贈与した財産を、教令違反を理由として、悔い返すことができるし、親子関係の義絶も認めていた。父母の教令は、その死後までに及び、父母の遺令に背くものは「死骸敵対」として処罰された。当時の親の権利は、教令権を中心とするものであったが、それに付随する懲戒権はさらに強化されていった。

【義絶：親の意に添わない子との親子関係を断絶して追放する行為で、不孝ともいう】

【悔返：一旦行った財産分与、所領の譲与などを取り消す処分】

(3) 江戸期

江戸時代においては、徳川家康は、それまでの戦国諸大名がその領国を支配している形態を存続させたため、幕府法と領主法とが多元的に並立する法体系をとった。

家康は、無用な相続争いを避け、徳川政権をスムーズに継承していく仕組みとして、出生順により、家長が財産や戸主としての地位（戸主権）、権利義務の一切を引き受ける家督相続制度を提唱し、長期政権の基礎を築いた。江戸期の親子関係を規律する法制度は、武士階級と庶民階級では異なっていた。武士階級では世禄と奉公に基づき、婚姻、養子縁組、相続等については、君主の監督干渉を受けた。庶民階級の親子関係に対しては、幕府権力は干渉をすることなく、地域の慣行に任せていたとされる。基本的には、強力な家長権が認められており、行政上も地域慣習法上も家長たる戸主の権限と責任は大きく、戸主や尊属親の子弟に対する権利は、中世に引き続き、教令権と懲戒権がその中心であった。戸主・尊属親の教令違反に対する懲戒としては、子弟を座敷牢に監禁することができた。戸主・尊属親が子弟を打擲《ちょうちゃく》し、その結果、死に至らしめたとしても、法的な制裁は科せられなかった。
また、教令権の行使として、中世の義絶・不孝に相当する久離《きゅうり》・勘当があった。久離も勘当も、幕府の管轄奉行所に届け出て、奉行所の帳面に登録しておくことが必要であり、単に口頭や文書で言渡しただけでは、法律上の効果を発生することはできなかった。
【久離：目上の親族が目下の親族に対して申し渡す、親族関係を断絶する行為であって、不行跡な親族の行為に対する刑法上の連帯責任を避けるためのものであった】
【勘当：懲戒のため、親兄が同居する子弟を放逐する行為である】
【尊属親：明治17年の指令「養実祖父母父母兄姉父母ノ兄弟姉妹ニ限リ候」と規定】

(4) 明治・大正期

明治政府は、ヨーロッパ先進国の諸制度や法律を取り入れて富国強兵、徴兵制度を柱とした近代国家を作り上げていったにもかかわらず、家や家族に関しては江戸時代の家父長的家制度を踏襲し、封建的な家父長制を制度化していった。親の権限は、戸主権に包摂されており、親としての排他的な権限である「親権」が法制度上確立されたのは、１８９８年（明治31年）に制定・施行された明治民法においてであり、明治民法の公布と併せて、同年、戸籍法を改正し、家制度を戸籍の面からの位置づけを行った。それは、強大な戸主権を擁した家父長を中心とした男女不平等、個人の自由や自立の制約を家族に強要する前近代的なシステムであった。

明治民法において規定された親権は、婚姻している夫婦においても、父が行方不明、死亡など親権を行使することができないときに限り、家にある母が行使することができるとされた。

また、成人に達していても、独立していない子どもも親権に服すべき対象者とされた。

【明治民法第877条 子ハ其家ニ在ル父ノ親権ニ服ス但独立ノ生計ヲ立ツル成年者ハ此限ニ在ラス
二項 父カ知レサルトキ、死亡シタルトキ、家ヲ去リタルトキ又ハ親権ヲ行フコト能ハサルトキハ家ニ在ル母之ヲ行フ】

6 非行ある子弟(不良少年)への懲戒権の行使

(1) 出願懲治

明治以降の最初の刑法であり、笞、杖、徒、流、死の五つの正刑で知られる1870年(明治3年)に制定された「新律綱領」においても、戸主や直系尊属たる親族には「教令権」が認められていた。親族の意志に反し、教令に違反する者に対しては、懲戒を為すことができた。こうした懲戒権は絶対的なものであり、行跡の悪い子弟に対して、「勘当」「久離」「義絶」などが行われていた。「凡ソ子弟不行跡ニテ親兄ノ教誡ニ従ハサル者」を奉行所や役人に願い出て、この旨を勘当帳、久離帳に登録し除籍するという制度であり、これは江戸期と同様であった。また、教令権には、子弟が親族の教令に違反し奉養に欠く場合は、杖一百の刑に処することができ、教令に違反した子弟を督責し「邂逅ニ死ニ致シ。及ヒ過失殺スル者ハ。各論スルコト勿レ」として、これも江戸期同様に、直系尊属たる親族が子弟を懲戒によって過失致死させても刑事責任は問われないものとされていた。明治期、街には浮浪児が激増し、特に、これらの者が犯す放火が頻発し、市民生活を脅かすものとなっていた。しかし、少年に対する刑罰法令は無く、１８７２年（明治5年）の「監獄則」第10条、懲治監の規定に基づき、尊属親からの要請があれば、8歳~20歳までの「放恣不良ノ者」を監獄内に併設された懲治監に入れることができる旨、定められていた。この懲治監には、懲役満期後も更生できていない者、満期後復籍できない者などが収容されており、未成年者と成人、刑余者と虞犯、非行少年などが混在して収容されており、「営生ノ業ヲ勉励セシメテ」収容者の社会的自立を目指した。

【監獄則第10条　懲治監：平民其子弟ノ不良ヲ憂フルモノアリ此監ニ入レンコトヲ請フモノハ之ヲ聴ス】

監獄則では、監獄の構内に、未決監、巳決監《いけつかん》、女監、病監から区画して懲治監を設け、刑期を終了した20歳未満の者及び不良行為のある幼年者等を収容するとしていた。その後、１８８０年（明治13年）に旧刑法が制定されたことに伴い、翌年、監獄則の改正において懲治監は、懲治場と改称され、

8〜16歳未満の刑事責任のない幼者、瘖唖者《いんあしゃ》については、刑法上の罪は問わず、監獄内にある懲治場に収容して教育を施した。この懲治場への入所対象となったのは幼者、瘖唖者、乞食遊蕩者、旧刑法79条に基づき懲治場留置の言い渡しを受けた者であった。

監獄内に設置された懲治場での少年の処遇は、農業、工芸などの作業、実業、読み書き算術などの教科が教えられたが、懲罰的処遇の精神や形態は一般の受刑者と大きく変わらなかったことや悪風感染の誹りは免れず、宗教家等の民間篤志家による感化院設置の機運が高まり、各地に民間の感化院が設立・運営されていくことになる。

【刑余者：以前に刑罰を受けたことがある人】

【いん唖者：現在の聾唖者、刑法第40条において「イン唖者ノ行為ハ之ヲ罰セズ又ハ其刑ヲ軽減ス」と瘖唖者に対する教育ができなかった時代の遺物として、刑事責任能力なしと規定されていたが、1995年の刑法改正において障がい者団体の要望により削除された】

【旧刑法第79条：罪ヲ犯ス時12歳ニ満タザル者ハ其罪ヲ論ゼス但満8歳以上ノ者ハ情状ニヨリ満16歳ニ過ギザル時間之ヲ懲治場ニ留置スルコトヲ得】

江戸期から続いてきた教令違反に対する最も重い懲罰であった「勘当」「久離」「義絶」については、明治4年制定の戸籍法において除籍が禁止されたことにより廃止され、明治13年の旧刑法の制定に伴い、直系尊属たる親族が子弟を懲戒によって過失致死させた場合、「2年半の懲役に処す」（改定律例第230条）といった、それまで非常に軽易であった尊属親の特権的条項についても廃止され、「殴打創傷ノ罪」「過失殺傷ノ罪」などが設けられることになるなど、ここに至って、尊属親の懲戒権は、大きく制限が加えられることになる。

【改定律例：1873年（明治6年）、新律綱領を修正増補したもので、儒教倫理に基づき制定された14律318条からなる刑法典。時効制度など新律綱領に比べて新しい面も見られるが、それに代われる法典ではなく、両者相並んで1882年の旧刑法施行前まで使われた】

監獄内に設けられた懲治場で実施されてきた「放恣不良ノ者」に対する出願懲治制度は、1889年（明治22年）の監獄則の改正によって、その規定は削除され、法制度上は一旦消滅することになる。しかしながら、出願懲治に対する国民の要請は高く、その後、明治31年に制定・施行された明治民法第822条第1項において、親権者からの出願懲治の規定が定められ、その対象には未成年の子のみならず「独立ノ生計ヲ立テテイナイ」成年者も含まれていた。

【明治民法822条1項　親権ヲ行フ父又ハ母ハ必要ナル範囲内ニ於イテ自ラ其子ヲ懲戒シ、又ハ裁判所ノ許可ヲ得テ之ヲ懲戒場ニ入ルルコトヲ得　2項　子ヲ懲戒場ニ入ルル期間ハ六箇月以下ノ範囲内ニ於テ裁判所之ヲ定ム但比期間ハ父又母ノ請求ニ因リ何時ニテモ之ヲ短縮スルコトヲ得】

(2) 感化法制定

このように明治民法において、出願懲治の規定が設けられたにもかかわらず、法制定当時、そのための懲戒場に該当する公的施設はなかったのである。また、不良少年に対する監獄内での懲治場留置による刑罰的処遇については、経験的に、明治の早い時期から効果が乏しいことが自覚されるようになってきており、欧米諸国への感化事業視察などから、その処遇に教育保護思想の必要性が叫ばれるようになっていた。このような流れの中で、1900年（明治33年）、非行のある8～16歳未満の子どもを大人とは分離し、拘束を伴わない解放施設である感化院へ入所させ、矯正教育を行うことを目的とした感化法が制定された。

この法整備にともない、府県立の感化院制度が創設され、民間感化院を府県立感化院の代用として、全道府県下に感化院が設置されていった。感化院内には出願懲治に対応すべく、鍵の掛かる施設である懲戒場も設置され、未成年者に対する感化・懲治処分は感化院が担うこととなり、旧来の懲罰主義から社会的自立を促す教育主義を目指すことになる。

1907年（明治40年）旧刑法が現刑法に改正、翌年施行されたことにより、刑事罰適用年齢が14歳以上となり、14歳未満の者の行為はこれを罰しないとされたことにより、14歳未満の者に対する懲治場留置の処分は適用されなくなった。また1908年、感化法が改正され、感化院の対象は8歳以上18歳未満の不良少年に引き上げられるとともに、感化法第5条において、裁判所の許可を得て入所する請願懲治の他に、適当な親権者又は後見人がなく遊蕩等をなし若しくは悪交ありと地方長官（現都道府県知事）が認めた者や親権者又は後見人より入院を出願し、地方長官が入院を必要と認めた者も収容するようにもなった。さらに、改正感化法において、全国各府県に感化院設置が義務づけられることになった。

【感化法第5条　1　満八歳以上十八歳未満ノ者ニシテ不良行為ヲ為シ又ハ不良行為ヲ為スノ虞アリ且適当ニ親権ヲ行フモノナク地方長官ニ於テ入院ヲ必要ト認メタル者　2　十八歳未満ノ者ニシテ親権者又ハ後見人ヨリ入院ヲ出願シ地方長官ニ於テ其ノ必要ヲ認メタル者　3　裁判所ノ許可ヲ得テ懲治場ニ入ルヘキ者】

私は、大学を卒業後、外資系の民間企業に就職したが、社風が合わず退社し、昭和49年、県に再就職を行った。最初に配置された職場が、感化院の後身である教護院であった。

大学では社会福祉学を専攻し、少年非行について学び、卒論のテーマとしたこともあり、教護院の児童指導員（教護）という職は適任であったと思われる。この施設は昭和41年、福岡市内の草香江という場所から那珂川町（現那珂川市）に改築移転してきており、山を切り開いた丘の上に児童の生活の場である5棟の寮舎が建てられていた。また、敷地の最も奥まった場所に、これらとは別に、全く使用されていない朽ちかけた1棟の建物があった。

この建物の中に鉄格子の檻のある部屋があった。明らかに入所児童の処遇を行うための施設であったものと思われたが、長老の職員に聞くと、「昔は子どもの懲戒のための施設であったが、今は使われていない」という返答であった。これが民法第822条に規定されている懲戒場であったと推測される。平成16年に現地改築がなされ、その建物は解体され跡形もなく、今になっては確認のしようはないが、戦後間もなく、児童福祉法の制定や少年法、民法の改正がなされたが、これらの制定・改正等において、関係法を含めて懲戒場廃止の規定や記載はなく、児童・少年の非行に対する再教育の場としてはふさわしくないという理由で、自然消滅的に教護院内に設けられた懲戒場は使われなくなっていったものと解される。明確に懲戒場の規定が取り消されたのは平成23年になってからの民法改正においてであり、昭和41年に実施された施設改築移転の際にも、民法第822条に出願懲治の規定が生きていたため、施設建設の過程において忠実に再現された懲戒場であったものであり、しかも新施設開設後は、正式には一度も出願懲治の場として使われたことはなかったのではないかと推測している。

第三章　「子どもの権利に関する条約」の批准とその後のわが国の動向

1　「子どもの権利に関する条約」の成立と社会背景

「子どもの権利条約」の制定の契機は、第2次世界大戦において200万人もの子どもの犠牲者を出したポーランド（400万人ものユダヤ人を処刑したとされるアウシュビッツの強制収容施設はポーランド南部にある）が1978年、国連人権委員会に「子どもの権利条約」の草案を提出したのが始まりである。この「子どもの権利条約」草案には、100年以上も前にポーランドでユダヤ人児童の施設養護に当たった元小児科医ヤヌシュ・コルチャック（1876〜1942年）の遺志が引継がれている。コルチャック先生は、子どもは尊ばれるべきひとりの人間であるという考えから、「子どもは、自分の必要と利害、そして権利を有する自主的な人間であり、単に保護や配慮の客体であるだけではなく、尊重されて当然の利害や権利を持つ主体なのである。子どもは、その発達の確かな段階において、自らの見解を形成し、表明する力をすでに持っており、その見解は当然考慮されて然るべきものだ」と述べ、「子どもの権利は、当然のことであり、子どもは、人権の主体である」と主張した。

子どもには受動的人権のみならず、能動的人権を有するということの時代において画期的な児童観であり、その精神は、ポーランド政府を介して、現代の「子どもの権利条約」に活かされている。

ナチスのポーランド侵攻により、コルチャック先生は、救命の誘いを断り、200名もの孤児院の子ども達と共に、死を覚悟してトレブリンカ絶滅収容所へ向かう家畜用の貨車へ行進した。その姿は死地へ赴く行進ではなく、ナチスに対する抗議行動のように見えたと伝えられている。

1989年11月20日、「児童権利宣言」（1959年）採択30周年に当たる国連総会において、「子どもの権利条約」は採択され、61カ国が署名し、翌1990年9月2日、条約は発効した。

わが国は、1990年9月21日、「子どもの権利条約」に署名し、他の法律との整合性など当面は様子見の状況であった。1993年、宮沢政権下の通常国会においては条約承認に向けての審議を重ねてはいたが、佐川急便事件、最大派閥の竹下派の分裂などにより野党提出の内閣不信任案が可決され、衆議院解散となり、「子どもの権利条約案」は廃案となった。その後の総選挙においては自民党が惨敗し、非自民連立政権が誕生することになる。非自民連立政権の党首となった細川護熙首相は、国会審議の中で、「子どもの権利条約」が批准承認見送りとなったものを、衆議院本会議での再提出を表明し、翌1994年3月29日、第128回通常国会の承認を得て、1994年4月22日、条約を批准し158番目の締約国となり、同年5月22日、「子どもの権利条約」は、国内で発効した。2019年4月現在においては、196の国・地域が「子どもの権利条約」の締約国となっている。

その後、わが国は、「武力紛争における児童の関与に関する児童の権利に関する条約の選択議定書」を2004年8月に批准（2019年現在、168カ国が批准）、同じく「児童の売春、児童買春及び児童ポルノに関する児童の権利に関する条約の選択議定書」を2005年1月に批准している（2019年現在、178カ国が批准）。3つめの選択議定書である、個人通報制度を定めた「通報手続に関する子どもの権利に関する条約の選択議定書」（2011年12月国連採択）については、現在、44カ国が批准している。個人通報制度とは、人権条約に認められた権利を侵害された個人が人権条約機関（国連子どもの権利委員会）に直接訴え、国際的な場で受けた人権侵害の救済を求めることができる制度で、わが国はこの選択議定書を批准しておらず、「子どもの権利条約」に記載された内容に対する権利侵害が起きた場合も個人通報はできない。
【署名：将来的に条約を批准する意思があることを示す行為】
【批准：署名国が条約の規定に拘束される意思があることを示す行為（同意）】
【選択議定書：条約に新たな内容を追加、補強する際作られる文書で条約と同じ効果を持つ】

これまでのわが国の児童観は、戦前の「私物的わが子観」から、1947年（昭和22年）の児童福祉法や1951年（昭和26年）の児童憲章の制定を経て、「子どもは保護され、育成される存在である」という受動的権利保障の対象と見なす新たな児童観へと進化してきたが、「子どもの権利条約」においては、子どもを家族や社会の中でひとりの権利主体として認め、大人同様の市民的自由権を認めたのである。この視点は、これまでにわが国にはなかった革新的なものであり、躍進的な児童観である。しかしながら、わが国は、本条約の締約国となり20年余経過するが、この条約の精神が、国民や行政、司法等のあらゆる機関に浸透し、児童が一個人として権利の主体となり得ているかと言えば、懐疑的にならざるを得ない。

このことを具体的に検証していくのも、本著のテーマの一つでもある。

「子どもの権利条約」は、前文と54の条文からなり、18歳未満の全ての者を児童とし、第2条差別の禁止、第3条児童の最善の利益の考慮、第6条生命・生存・発達の権利、第12条意見表明権等の一般原則の他、第13条・第14条思想・信条や表現の自由、第16条プライバシーの保護、第23条障がいのある子どもの自立など幅広い権利を保障している。この権利条約の理念の普及伝播に伴い、第3条においては「児童に関するすべての措置をとるに当たっては、公的若しくは私的な社会福祉施設、裁判所、行政当局又は立法機関のいずれによって行われるものであっても、児童の最善の利益が主として考慮されるものとする」と規定している。

第12条においては「締約国は、自己の意見を形成する能力のあるあらゆる児童がその児童に影響を及ぼす全ての事項について自由に自己の意見を表現する権利を確保する。この場合において、児童の意見は、その児童の年齢及び成熟度に従って相応に考慮されるものとする。

2　このため、児童は、特に、自己に影響を及ぼすあらゆる司法上及び行政上の手続きにおいて、国内法の手続規則に合致する方法により、直接又は代理人若しくは適当な団体を通じて聴取される機会を与えられる」と規定している。これらの条文によって、子どもの地位が公に高められると共に、子どもが自分の意見を持ち、その意見を発言できる一人の人格であることが認められ、また、子どもは保護されなければならない権利があると同時に、自分に関わる意思決定に参加する権利、聞いてもらう権利があるということが明示された。子どもの持っている権利は、義務の反作用としての権利ではなく、「〇〇する人権」人権そのものであるということを、ここに明記しておきたい。

2　子どもの意見表明権の実例

事例　未成年姉妹強制わいせつ事件差し戻し審

２０１１年４～６月、富山市において、被告42歳（無職）は、祖母の訴えにより、交際していた女性の娘２人に関して、姉15歳に対する準強姦事件、傷害事件の３件で、また妹10歳11ヵ月に対する強制わいせつ事件２件で起訴された。ところが２０１２年７月、富山地裁は、妹の強制わいせつ事件に関しては「年齢が幼く、告訴能力を有していたことには相当な疑問が残る」として、妹の公訴を棄却し、姉の事件のみで審理し、懲役13年の判決を下した。

この判決を不服とした原告側は控訴し、名古屋高裁金沢支部は、妹の告訴能力を認めず強制わいせつ事件を公訴棄却した一審富山地裁判決を破棄し、審理を富山地裁に差し戻した。

２０１２年11月、差し戻し審においては、富山地検が作成した妹の検察官調書「当時は地獄だった。犯人を死刑にしてほしい。でも、法律上それは無理だと聞いた。だったらできるだけ重い罪をあたえてほしい」との訴えを告訴状と見なし、「当時10歳11ヵ月の女児には告訴能力があった」として、姉への準強姦事件、傷害事件、妹への強制わいせつ事件で、併せて懲役14年の判決を言い渡した。10歳11ヵ月の少女の告訴能力が認められたのは、国内最年少事例ではないかと考えられる。本裁判においては、「子どもの権利条約」第12条の精神「児童の意見表明権」が発動され、わが国で最も保守的であった司法を動かし始めた息吹というものを感じる。

国は、令和元年、親の体罰禁止を明文化し、児童虐待防止法及び児童福祉法を改正し、令和２年４

月から施行した。この法改正に、児童の権利擁護のための措置のひとつとして、児童の意見表明権を保障するための必要な措置として、児童の意見を聴く機会の確保、児童が自ら意見を述べる機会の確保、その機会に児童を支援する仕組みを構築、児童の権利を擁護する仕組みを構築、といった内容を明記した。司法分野に限らず、わが国の子どもに係る、あらゆる分野において、子どもが年齢に応じた意見を表明することが尊重されるとともに、大人が子どもの意見を受け止め、正しく評価していく社会が実現されていくことを強く希望してやまない。

3 国連子どもの権利委員会の総括所見

わが国は「子どもの権利条約」を批准したことによって、国連子どもの権利委員会に対して「日本の子どもの置かれている状況」についての報告の義務を負うことになった。

報告は1998年(第一回)、2004年(第二回)、2010年(第三回)及び2019年(第四〜五回)に実施された。これらの報告に対し、国連子どもの権利委員会から5回にわたり、差別の禁止、子どもの最善の利益、生命・生存・発達に対する権利・子どもの意見の尊重及び家庭環境・代替的養護の分野など多岐にわたるわが国の子どもの現状の改革・改善に関して懸念、提案、勧告などを記した総括所見が提示されている。これらの所見について、児童虐待、少年司法、若者の自殺及び学校における体罰・いじめの問題、その他の分野に分けて、ここに掲げておきたい。

（1）児童虐待

1998年、第一回総括所見　家庭内における、児童の虐待及び不当な取扱いの事案に関する詳細な情報及び統計を収集することを勧告する。これらの虐待等の事案が適切に調査され、加害者に制裁が加えられ、取られた決定が周知されるよう、児童にとって容易に利用でき親しみやすい不服申立手続が確立されるよう勧告する。

2004年、第二回総括所見　児童虐待の防止のための包括的かつ分野横断的な戦略が存在しないこと。訴追された事件数がまだ極めて少ないこと。被害者を回復及びカウンセリングのためのサービスが不十分であり、需要を満たせていないことなどを懸念する。

児童虐待の防止のための分野横断的な国家戦略を策定すること。家庭で虐待を受けた子どもを対象とした保護措置を改善するために法律を見直すこと。児童相談所において被害者に心理カウンセリングその他の回復サービスを提供する訓練を受けた専門家を増員すること。苦情を受理、監視、調査及び訴追する方法について法執行官、児童相談所職員及び検察官等に提供される研修を増加させることなどを勧告する。

2010年、第三回総括所見　民法上の「親権」概念によって「包括的支配」を行う権利が与えられていること及び親が過大な期待を持つことにより、子どもが家庭で暴力を受ける恐れが生じていることを懸念する。児童虐待の発生件数が増え続けていることに、懸念とともに留意する。虐待及びネグレクトの否定的影響に関する公衆教育プログラム、ならびに家族発達プログラムを含む防止プログラムを実施し、積極的な、非暴力的形態のしつけを促進すること。家庭及び学校で虐待の被害を受けた子どもに十分な保護を提供し、児童虐待の問題に対応する現在の努力を強化するよう勧告する。

2019年、第四~五回総括所見 子どもの暴力、性的な虐待及び搾取が高い水準で発生していることを懸念する。子どもに対するあらゆる形態の暴力の撤廃に優先的に取り組み、虐待(学校におけるものも含む)及び性的搾取の被害を受けた子どもを対象とし、被害を受けた子ども特有のニーズに関する訓練を受けたスタッフによる通報、苦情申立及び付託のための子どもに優しい機構の設置を速やかに進めること。このような事件を捜査し、かつ加害者を裁判にかけるための努力をすること。性的な搾取及び虐待の被害を受けた子どもにスティグマ(烙印)が付与されることと闘うための意識啓発活動を実施すること。子どもの虐待を防止し、被害を受けた子どもの回復及び社会的再統合のための政策を策定する目的で、教育プログラムを強化するなどの措置をとるよう勧告する。

(2) 少年司法

1998年、第一回総括所見 国連最低基準規則(北京ルールズ)、国連非行防止のための国連ガイドライン（リヤド・ガイドライン）、自由を奪われた少年の保護に関する国連規則の原則及び規定に照らして、少年司法制度の見直しを行うことを考慮することを勧告する。

2004年、第二回総括所見　少年法改正において、多くが条約の原則や規定、少年司法の国連最低基準規則（北京ルールズ）、国連非行防止のための国連ガイドライン（リヤド・ガイドライン）、の精神に則しておらず、刑事責任年齢を16歳から14歳に引き下げたこと、司法前勾留が4週間から8週間に延長されたこと、裁判で懲役が宣告された未成年者が増えつつあること、未成年が終身刑を宣告されうること、虞犯《ぐはん》児童が少年犯罪者として扱われることなどについて懸念する。未成年者の終身刑禁止への法改正、勾留措置の代替措置の強化・増加、16歳以上少年の成人裁判所送致の廃止、法令違反の児童への法的支援の提供、虞犯少年を犯罪者として扱わないこと、リハビリ及び再統合プログラムの強化などを勧告する。

2010年、第三回総括所見　2000年の少年法改正が処罰的なアプローチをとり、少年犯罪者の権利や司法上の保障を制限している旨の2004年に表明した委員会の懸念を改めて表明する。特に、刑事責任年齢が16歳から14歳に引き下げられたことは、教育的措置の可能性を減らし、16歳から14歳の間の多くの児童を矯正施設への収容にさらすことになる。重大な罪を犯した16歳以上の児童が刑事裁判所に送致され得ること。観護措置期間が4週間から8週間に延長されたこと。新たな裁判員制度は専門の少年裁判所による少年犯罪者の取り扱いの支障となっていること。

２０１９年、第四～五回総括所見

a 刑事処罰に関する最低年齢が16歳から14歳に引き下げられたこと。
b 弁護人選任権が組織的に実施されていないこと。
c 重罪を犯した16歳の子どもが成人刑事裁判所に送致されうること。
d 14～16歳の子どもが矯正施設に拘禁されうること。
e 罪を犯すおそれがあるとされた子どもが自由を剥奪される場合があること。
f 子どもが無期刑を科されており、かつ、仮釈放までに必要な最低期間よりも相当長く拘禁されるのが一般的であることなどを強く懸念する。いかなる子どもも成人刑事裁判所による審理の対象とされないこと。刑法罪に問われた子どもへの非司法的措置（ダイバージョン、保護観察、調停、カウンセリングまたは地域奉仕活動など）の利用を増やし、可能な場合には拘禁を伴わない刑を用いること。子どもの犯罪について無期刑および不定期刑を用いることを再検討し、拘禁が最も短い適切な期間で用いられるために特別な仮釈放制度を適用することなどの措置をとるよう促す。

このように、これまでの総括所見の繰り返しではあるが、わが国の少年司法に関して、強い懸念が示され、再検討、特別な適用措置などを促されている。

(3) 若者の自殺

1998年、第一回総括所見　青少年の間における自殺の発生を防止するために、情報の収集及び分析、啓発キャンペーンの実施、リプロダクティブ・ヘルスに関する教育及びカウンセリング・サービスの確立を含め、全ての必要な措置をとることを勧告する。また、高度に競争的な学校環境が、就学年齢にある児童の間で、いじめ、精神障がい、不登校、中途退学、自殺を助長している可能性があることを懸念する。

2004年、第二回総括所見　若者の自殺率が高く、かつ上昇していること。自殺及び自殺未遂ならびにその原因に関する質的及び量的データーが存在しないこと。若者の自殺の問題に対応する主要機関のひとつに警察が指定されていることについて、極めて懸念する。締約国が、児童相談所、ソーシャルワーカー、教職員、その他関連の専門家と協力しながら、若者の自殺及びその原因について詳細な研修を実施し、かつ、その情報を活用して若者の自殺に関する国家的行動計画を策定及び実施するよう勧告する。

2010年、第三回総括所見　委員会は、子ども及び思春期の青少年が自殺していること、自殺及び自殺未遂に関連したリスク要因に関する調査研究が行われていないことを依然として懸念する。締約国が、子どもの自殺リスク要因について調査研究を行い、防止措置を実施し、学校にソーシャルワーカー及び心理相談サービスを配置し、かつ、困難な状況にある子どもに児童相談所システムがさらなるストレスを課さないことを確保するよう勧告する。

2019年、第四〜五回総括所見　委員会は、前回の勧告を想起し、締約国に対し、以下の措置をとるよう促す。子どもが、社会の競争的性質によって子ども時代及び発達を害されることなく子ども時代を享受できることを確保するための措置をとること。子どもの自殺の根本的原因に関する調査研究を行い、防止措置を実施し、かつ、学校にソーシャルワーカー及び心理相談サービスを配置すること。子ども施設が適切な最低安全基準を遵守することを確保するとともに、子どもに関わる不慮の死亡又は重症の事案が自動的に、独立した立場から、かつ公的に検証される制度を導入すること。交通事故、学校事故及び家庭内の事故を防止するための的を絞った措置を強化するとともに、道路の安全及び応急手当の提供ならびに小児救急ケアの拡大を確保するための措置を含む適切な対応を確保すること。

（4）学校における体罰・いじめ

1998年、第一回総括所見　体罰が家庭、その他の施設において法律によって禁止されるよう勧告する。懲戒が条約に適合する方法で行われるよう、啓発キャンペーンの実施を勧告する。

2004年、第二回総括所見　学校、施設及び家庭において体罰が広く実践されていることに懸念とともに留意する。施設及び家庭における体罰の禁止、子どもの不当な取扱いの悪影響について教育キャンペーンの実施、学校、施設及び家庭における積極的かつ非暴力的な形態の規律及びしつけの促進、施設及び学校における苦情申立のしくみを強化し、苦情が効果的に、かつ子どもに配慮した方法で対応されることを確保することなどを勧告する。

2010年、第三回総括所見　家庭、養護現場における体罰が法律で明示的に禁じられていないこと、民法及び児童虐待防止法が適切なしつけの行使を認めており、体罰の許容可能性について不透明であることを懸念する。家庭、養護現場を含むあらゆる場面で、子どもを対象とした体罰及びあらゆる形態の品位を傷つける取り扱いを法律により明示的に禁止すること。体罰等に代わる非暴力的な形態である躾及び規律について、家族、教職員、子どものために活動しているその他の専門家を教育するため、キャンペーンを含む伝達プログラムを実施することを強く勧告する。

2019年、第四〜五回総括所見　家庭及び養護の現場で、体罰が全面的に禁じられていないこと。民法及び児童虐待防止法が適切な懲戒の使用を認めており、かつ体罰の許容性について明確でないことに深刻な懸念を有する。家庭、養護及び保育の現場ならびに刑事施設を含むあらゆる現場で、あらゆる体罰を法律（特に児童虐待防止法及び民法）において明示的かつ全面的に禁止すること。意識啓発キャンペーンを強化し、かつ肯定的で非暴力による参加型の形態の子育て、しつけと規律を推進する等の手段により、あらゆる現場で実際に体罰を解消するための措置をとるよう強く促す。

(5) その他の事項

各回の総括所見に対するわが国の対応、現状等については、児童虐待に関しては、第一章及び第二章で既に論じているが、少年司法については第四章で、若者の自殺及び学校における体罰・いじめの問題については第五章及び第六章で論ずることとして、本章においては、子どもに係るその他の主な事項にかかる懸念、留意、提案、勧告等について取り上げることとしたい。

1998年、第一回総括所見

a 嫡子でない子に対して存在する差別是正のための立法措置の導入を勧告する。

b 民法上の婚姻年齢の規定が男子18歳、女子16歳と性差によって異なっており、同一にするよう勧告する。

c 子どものポルノグラフィ、子ども売春を防止し、行動計画を策定し、メディア等における暴力、ポルノグラフイーから子どもを保護するためのすべての措置の導入を勧告する。

d ハーグ条約への批准を検討することを勧告する。

2004年、第二回総括所見

a　女子の最低婚姻年齢を男子のそれまで引き上げること。

b　性的同意に関する最低年齢（13歳）を引き上げること。

c　子どもの意見の尊重及び子どもの参加を促進すること、また、子どもがこの権利を知ることを確保できることなどを勧告する。

d　日本人の父及び外国人の母の子が、出生前に父の認知を受けていない限り、日本国籍を取得できないことを懸念する。日本で生まれた子どもがひとりも無国籍にならないよう、条約第7条との一致を確保するために国籍法及びその他あらゆる関連の法令を改正するよう勧告する。

e　いかなる婚外子差別も無くなるために法律を改正し、法律から「嫡出でない」といった差別的用語を根絶するよう勧告する。

f　ハーグ条約の批准及び実施。

g　「子どもの権利条約」の両選択議定書を批准するよう勧告する。

2010年、第三回総括所見

a　全ての法的規定及び児童に影響を与える司法・行政における決定等において、児童の最善の利益の理念が実現、監視されることが確保されるよう、努力を継続・強化することを勧告する。

b　ハーグ条約（1996年）を締結すること。

c　両性の婚姻適齢を18歳にすることを勧告する。

２０１９年、第四〜五回総括所見

a　性的活動に従事する子どもの画像、表現、性的目的で子どもの性的部位を描いたあらゆる表現の製造、流通、配布、提供、販売、これらの表現へのアクセス、閲覧、所持を犯罪化すること。

b　ＪＫビジネス、児童エロチカなど、児童買春、子どもの性的搾取を促進する商業的活動を禁止すること。

c　生徒、親、教員及びケアに従事する者を対象とした、新技術に関連するリスク、安全なインターネット利用に関する意識啓発プログラムを強化すること。

d　通報手続に関する選択的議定書を批准するよう勧告する。

e　両親の国籍を取得できない子どもに対して、出生時に自動的に国籍を付与する目的で国籍法第2条3の運用範囲を拡大することを検討し、非正規移住者を含む全ての子どもが適正に登録され、法律上の無国籍からの保護を確保する目的で国籍、市民権に関わる他の法律を見直すよう勧告する。

4　わが国の是正勧告等への対応及び現状

これまで、国連子どもの権利委員会から多岐にわたる是正の勧告等を受けて、近年、わが国は「子どもの権利条約」規定に即した対応が図られるよう、国内法の整備・改正、制度の構築を行うなど、改善を重ねてきた。これまでに是正された事項として「非嫡出子（婚外子）の相続差別」「児童買春、児童ポルノ禁止法の成立」「性差による婚姻適齢」「ハーグ条約の批准及び実施」などが挙げられる。法律の制定や見直しによって、状況が改善された事項もあれば、一部実施途上で不完全な状況にあるものもあり、今後時間をかけながらより良い方向に改善されていくものと考えている。

ここでは、特に、繰り返し改善勧告を受けている「性的（性交）同意年齢の是正」「出生登録（無国籍・無戸籍）の問題」の2点について、これまでのわが国の取り組みや施策の展開、国内における議論、これらの経緯、現状等について論ずることとしたい。

(1) 性的（性交）同意年齢の是正

2004年、国連子どもの権利委員会、第二回総括所見において「性的（交）同意に関する最低年齢（13歳）を引き上げること」の勧告を受けた。

わが国における、性行為がどのような行為かを理解し、自分が性行為をしたいかしたくないかを判断し、性行為に関して同意能力があると見なされる年齢の下限とされる性的（交）同意年齢は、現行刑法上では13歳とされており、先進諸外国と比較すれば、最も低い年齢設定となっている。13歳と言えば中学1年生である。小中学校において、性教育が十分に行われているとは言い難いわが国の教育現場の現状を鑑みれば、中学1年生の多くが、性行為が何たるかを理解し、そのことへの同意能力があるとは到底考えられないのである。

わが国においては、性的同意年齢13歳に満たない児童との性行為やわいせつ行為は、児童の合意の如何に関わらず、刑法第176条及び第177条によって、犯罪行為として処罰される。

隣国である韓国においては、つい最近まで性的同意年齢は、わが国と同様13歳とされていたが、20年5月、性犯罪にかかわる法律が改正され、未成年者擬制強姦罪の基準年齢が既存の13歳から16歳に引き上げられ、16歳未満の未成年者との性的行為は、相手方の同意の如何にかかわらず処罰の対象となった。先進諸国の性的（交）同意年齢は、ドイツ・イタリア・中国・台湾＝14歳、フランス・スウェーデン＝15歳、オーストラリア・カナダ・イギリス・フィンランド・シンガポール・ロシア・オランダ＝16歳、ニューヨーク州＝17歳、カリフォルニア州＝18歳となっており、わが国の13歳は、その低さが際立っている。

明治13年に制定された旧刑法においては、性的同意年齢は、12歳とされていた。この規定は、明治40年に旧刑法が現行刑法に改正された折「女子発育ノ程度ヲ探求シタル結果改正ヲ加ヘタルモノナリ」として、性的同意年齢12歳は、13歳に引き上げられた。

【旧刑法第349条：十二歳ニ満サル幼女ヲ姦淫シタル者ハ軽懲役ニ処ス若シ強姦シタル者ハ重懲役ニ処ス】

【改正前刑法第176条：十三歳以上ノ男女ニ対シ暴行又ハ脅迫ヲ以テ猥褻ノ行為ヲ為シタル者ハ六月以上七年以下ノ懲役ニ処ス十三歳ニ満タサル男女ニ対シ猥褻ノ行為ヲ為シタル者亦同シ　改正前刑

法第177条：暴行又ハ脅迫ヲ以テ十三歳以上ノ婦女ヲ姦淫シタル者ハ強姦ノ罪ト為シ二年以上ノ有期懲役ニ処ス十三歳ニ満タサル婦女ヲ姦淫シタル者亦同シ（明治40年に制定された現行刑法は、平成29年に改正されており、改正前の第176条、第177条を表示している）

明治40年に制定された現行刑法における性犯罪処罰規定については、法制定後100年余が経過し、必ずしも時代の性犯罪の実態に即したものになっていないといった観点から、適宜法改正が実施されてきたものであるが、強姦罪・強制わいせつ罪などの構成要件は、法制定時のまま維持されてきた。

2017年6月に実施された性犯罪処罰規定に関する法改正においては、保護者による性的虐待の顕在化に対処するため、新たに刑法第179条第1項～第2項「監護者わいせつ罪及び監護者性交等罪」が新設され、親など「監護者」としての支配的立場を利用した18歳未満の子どもに対する性的行為については、暴行や脅迫がなくても、強制性交等罪や強制わいせつ罪が成立するとして、監護者による子どもへの性加害に対する罰則が強化された。その背景として、暴力や脅迫を伴わない監護者によるわいせつ行為や性交においては、対象である子どもの年齢が13歳以上18歳未満である場合は、刑法第176条、第177条で裁くことは、法律の構成要件に合致せず、処罰規定が一等軽い児童福祉法違反、あるいは地方公共団体が定める青少年健全育成条例等違反としてしか処罰できなかったからである。

次に、被害者を女性に限っていた「強姦罪」を廃止し、男女共を対象として「強制性交等罪」が新設された。さらに、性犯罪に係る法定刑の引き上げ、これまで親告罪であった強姦事件（強制性交等事件）、強制わいせつ事件は、被害者の心理的負担の軽減を図るため、非親告罪に改められたのである。

【刑法第１７６条、強制わいせつ罪　十三歳以上の者に対し、暴行又は脅迫を用いてわいせつな行為をした者は、六月以上十年以下の懲役に処する。十三歳未満の者に対し、わいせつな行為をした者も、同様とする】

【刑法第１７７条、強制性交等罪　十三歳以上の者に対し、暴行又は脅迫を用いて性交、肛門性交又は口腔性交（以下「性交等」という）をした者は、強制性交等の罪とし、五年以上の有期懲役に処する。十三歳未満の者に対し、性交等をした者も、同様とする】

【刑法第１７９条、監護者わいせつ及び監護者性交等罪（新設）　十八歳未満の者に対し、その者を現に監護する者であることによる影響力があることに乗じてわいせつな行為をした者は、第１７６条の例による。　２　十八歳未満の者に対し、その者を現に監護する者であることによる影響力があることに乗じて性交等をした者は、第１７７条の例による。（刑法第１７９条　監護者わいせつ及び監護者性交等罪を新たに設け、暴行又は脅迫を伴わなくとも、その監護者としての影響力に乗じたわいせつ行為や性交等を行った場合、刑法第１７６条、刑法第１７７条と同等の処罰を科すことができるようにした）】

これらの法改正は、２０１４年10月から9カ月にわたり、刑事法研究者、法曹三者、被害者支援団体関係者等12名（内８名は女性）からなる「性犯罪の罰則に関する検討会」の検討結果を踏まえて、

２０１５年10月の法制審議会への諮問、２０１６年9月、同審議会からの答申、これを踏まえての２０１７年、第１９３回通常国会における衆参両院議決によって成立したものであるが、検討会の議論においては、「性的同意年齢の引き上げ」も検討すべき論点のひとつとして掲げられており、検討されたものの、結局は引き上げ改正には至らなかったという経緯がある。

「性的同意年齢の引き上げ」が検討課題のひとつとされた背景には、国連子どもの権利委員会からの勧告の他に、国際的には、２００３年、２００９年に国連の人権委員会である女性差別撤廃委員会から、また、２００８年、２０１４年に国連自由権規約委員会から同内容の勧告を受けたことなどがある。また国内では、２００４年「性的自由の侵害に係る罰則の在り方については、被害の重大性に鑑み、さらに検討すること」２０１０年「性犯罪については、被害者等の声を十分に踏まえつつ、罰則の在り方及び公訴時効期間についてさらに検討すること」といった参議院法務委員会の付帯決議がなされていたことや、同年12月に策定された第３次男女共同参画基本計画において、性犯罪への対策の推進として、強姦罪の見直し（非親告罪化、性交同意年齢の引き上げ、構成要件の見直し）など、２０１５年度末までに、性犯罪に関する罰則の在り方を検討するとされていたことなどが、２０１７年の刑法改正の契機となったものと考えられる。

性犯罪の罰則に関する検討会における「性交同意年齢の引き上げ」に関しての賛成意見としては、同報告書によれば、「中学生の性交体験は４％前後であり、（中略）14歳は最も判断がぐらつきやすい年齢である一方、15歳になるとある程度大人と同様の判断ができるという感覚があるので、（中略）15歳未満とするのが相当」「現行法が13歳未満というのは、諸外国と比べて低きに失する。日本の子ども達がヨーロッパと比較して成熟度が高いとは言えないことからも疑問がある」「義務教育が終わる15歳までで線を引き、16歳未満とするべき。（中略）『私は望まないんだ』ということを大人に対してはっきり言えて、それを貫くことのできる能力まで含めて考えるべき」「地位又は関係性を利用した性的行為に関する規定の対象を同居の親子関係に限定するのであれば、その他の地位又は関係性があるような場合が賄えていないないし、年長の無関係の大人からの被害も想定されるので、性交同意年齢の引き上げをすべき」というような多岐にわたる意見が出されている。

これに対して、引き上げに反対意見としては、「現行法が定める13歳未満、あるいは刑事責任能力が否定される14歳未満であれば、一律に同意能力を否定するという考え方には賛同できるが、それ以上の年齢については、本当に一律に同意能力がないと言えるか、あるいはないと擬制できるか疑問。15歳未満、16歳未満に引き上げるとすれば、児童の性的な保護、安全というものを、刑法の性犯罪の保護法益に導入することになるが、それでよいのか。むしろ、児童福祉法などの問題として検討すべきではないか」「中学生同士や中学生と高校生などの間で性交が行われたような場合に、これを犯罪だとしてしまうことには抵抗を感じる。しかも、少年法により家裁に全件送致されるため、不利益が大きい。真に有効な同意がある場合も犯罪として扱われることになり、（中略）問題がある」「国際的に、わが国では、13歳以上の者は、自由意思で性交に同意できるとされているかのような誤解があるのではないか。刑法の現行規定以外にも、児童福祉の観点から、児童福祉法や各都道府県の条例などにより、13歳以上18歳未満の者に対する性的な行為については、同意の有無に関わらず処罰する規定が置かれており、国の法体系全体を見れば、18歳未満の児童についても保護が図られている」などの慎重な意見も数多く述べられ、いずれかの意見が大勢を占めるには至らず、性犯罪の罰則というのは、刑法だけではなく、特別法等を含めた法体系全体として考える必要があるとして、現行の「性的同意年齢13歳」は触ることなく、そのまま維持され、継続審議とされた。

その後、改正法が施行される過程において、2017年に改正された刑法第176条強制わいせつ罪、第177条強制性交等罪、第178条準強制わいせつ及び準強制性交等罪の構成要件である「暴行又は脅迫」「心神喪失」「抗拒不能」については、規定が曖昧・抽象的であり、犯罪の立証が困難であり、当該裁判において無罪判決が相次ぐなど、被害者支援団体、法曹界・有識者等から、性犯罪の実態に即したさらなる法改正に向けての要望が高まっていた。

また、前回の法改正時の施行後3年をめどとした見直しの規定もあり、法制審議会は、21年10月から見直しの議論を重ね、性犯罪の構成要件に係る法改正、併せて、性犯罪の広範にわたる新たな法整備についての検討がなされてきたが、23年1月末、刑法改正要綱案のとりまとめを行い、公表した。

要綱改正案では、強制性交等罪と準強制性交等罪を統合し、罪名を「不同意性交罪」に、強制わいせつ罪と準強制わいせつ罪を統合し、罪名を「不同意わいせつ罪」とする。性犯罪の構成要件の見直しとしては、従来の「暴行脅迫」に加え、「アルコールや薬物の摂取」「心身の障がい」「恐怖・驚愕《きょうがく》させる行為」「地位に基づく影響力の行使」など具体的に8項目を規定し、これらの影響により、被害者が「同意しない意思を形成、表明、全うすることが困難」な場合、犯罪が成立するとしている。

また、性的同意年齢を現行の13歳から16歳に引き上げること、強制性交等罪などの時効の延長、盗撮の防止等のための「撮影罪」の創設、「わいせつ目的の16歳未満の若年者への面会要求」に対する処罰規定の制定などが盛り込まれており、近く、法務大臣に答申を行い、23年通常国会への法案の提出と成立を目指すとしている。

本改正要綱案が可決されれば、近年増加している性犯罪加害者への処罰が厳格化・強化されるとともに、性犯罪の発生防止や被害者救済に大きく寄与するものと期待される。

また、これまで幾度も繰り返し、議論され、先延ばしにされてきた、性的同意年齢の改正についても実施されることになり、国連子どもの権利委員会の長年にわたる勧告に応えることができると安堵しているところである。

【刑法第178条 準強制わいせつ及び準強制性交等罪 1 人の心身喪失若しくは抗拒不能に乗じ、又は心神を喪失させ、若しくは抗拒不能にさせて、わいせつな行為をした者は、第176条の例による。 2 人の心身喪失若しくは抗拒不能に乗じ、又は心神を喪失させ、若しくは抗拒不能にさせて、性交等をした者は、前条の例による】

(2) 出生登録（無国籍児童・無戸籍児童）の問題

第二回総括所見における「日本で生まれた子どもがひとりも無国籍にならないよう、条約第7条との一致を確保するため、国籍法及び関連法令を改正する」よう勧告を受けていることである。これは、現代の日本社会において、出生しても国籍が与えられず、戸籍にも記載されない子ども達が存在しているという由々しき問題である。

子どもの権利委員会の勧告は、国際結婚における無国籍児童発生の問題と、国内婚において、DVを始めとする諸般の事情により、妻が出生届を出さなかった場合に生じる無戸籍児童の問題が考えられる。この二点について、わが国の歴史的経緯や現状、課題等について論じたい。

① 無国籍児童の問題

1979年の国際児童年において、沖縄における無国籍児童の問題は、大きな反響を起こした。当時、沖縄米軍基地に駐留する米兵や軍属の男性と日本人女性との間に生まれた児童で、出生届を出しても、就籍できず、日本国籍を取得することができないという問題が数多く起きた。

第二次世界大戦後、昭和21年に制定された日本国憲法第10条において、「日本国民たる要件は、法律でこれを定める」と規定しており、これを受けて、昭和25年7月1日施行されたわが国の国籍法は、1899年制定の明治国籍法を踏襲し、父系優先血統主義を採り、日本人男性と外国人女性の間で産まれた子は、日本国籍を取得できるが、外国人男性と日本人女性の間で産まれた子は、日本国籍を取得することができないとされていた。そのため、沖縄において、米兵が兵役を終え、妻子を置き去りにして、アメリカに帰国した場合など、父の所在の分からない子どもは、一様に無国籍児となり、義務教育を受けられないなど、多くの不利益や差別の対象となった。アメリカの国籍法は、生地主義を採り、日本の父系優先血統主義と相容れなかったことが、沖縄における無国籍児発生の最大の要因になったものと考えられる。

無国籍者の国際的な定義は、1954年制定の無国籍者条約、1961年制定の無国籍削減条約においで、「無国籍者とは、その国の法律の適用により、いずれの国によっても国民と認められないものをいう」と明記されているが、わが国は、これら両条約のいずれについても締結しておらず、無国籍者の定義についても明確にしていない。在留外国人統計、国勢調査、出入国管理統計等各種統計において無国籍者の項目があるも、それぞれの統計の趣旨においての無国籍者であり、員数もまちまちである。このような背景の中、沖縄における無国籍児童の多数発生により、わが国においては、国籍法の改正に向けた気運は高まっていった。併せて、男女平等を求める国内世論の高まりや父母両性主義の普遍化、1984年に批准した男女差別撤廃条約などの影響もあって、1985年1月、改正国籍法が施行され、国籍における、男女の差別の問題を解消し、外国人と日本人の間に生まれた子どもは日本国籍を取得できるようになり、沖縄を初めとする無国籍児の数は減少していった。

もう一つの無国籍児童の問題としてあるのが、日本人男性とフィリピン女性との間に生まれたJFC（Japanese-Filipino Children)問題である。マルコス政権下のフィリピンにおいて、1975年以降、海外への出稼ぎが頻繁に行われた。その目的は、国際収支赤字の穴埋めのための外貨獲得と失業者対策であったとされている。マルコス以後のコラソン・アキノ、ベニグノ・アキノ政権下でも出稼ぎはさらに奨励され、国民生活は、海外出稼ぎ者の送金に依存するという状況にあった。特に、女性の出稼ぎ者が多く、歌手やダンサー向けの興行ビザで来日し、多くは接客業として働くというのが出稼ぎの実態であった。在日生活において、日本の男性と結婚し、あるいは未婚のまま出産するということが相次ぎ、男性が認知しなければ、出生した子どもは、無国籍児となった。フィリピン人の大半はカトリック教徒であり、中絶は宗教上禁止されており、闇で行う中絶は、非常に高額のため手が出せず、妊娠すれば、出産せざるを得ないというのが実状であったようである。そのためか、フィリピン女性の妊娠出産において、日本人の父親が認知せず、また認知しても婚姻しなかった場合、日本国籍が取得できないという事態が数多く生じていたのである。

当時の国籍法第3条第1項の規定では、日本人である父の非嫡出子について、父母の婚姻により、嫡出子たる身分を取得した者に限り、日本国籍の取得を認めており、日本国民である父から認知された子でありながら、父母が法律上の婚姻をしていない非嫡出子は、日本国籍を取得できないとされていた。

このような状況の中、日本国籍男性とフィリピン国籍女性の間で、日本で出生し、出生後父から認知を受けていた原告9人（非嫡出子）が、平成17年、法務大臣宛に国籍取得届を提出したところ、国籍取得の条件を備えておらず、認めないとされたことに対して、国籍法第3条第1項の規定は、法の下の平等を保障する憲法第14条第1項に違反するとして、違憲訴訟を提起した。第一審東京地裁、違憲判決、控訴審東京高裁、棄却。最終的に、平成20年6月、最高裁において違憲判決が出され、原告の国籍取得は認められた。また、この判決に基づき、国籍法第3条第1項の規定は、以下の通り改正された。また、現在、わが国における出生児の国籍取得に関しては、国籍法に規定されている。

【憲法第14条第1項　すべて国民は、法の下に平等であって、人種、信条、性別、社会的身分又は門地により、政治的、経済的又は社会的関係において、差別されない】

【国籍法第2条（出生による国籍の取得） 子は、次の場合には、日本国民とする。

一 出生の時父又は母が日本国民であるとき。

二 出生前に死亡した父が死亡の時に日本国民であったとき。

三 日本で生まれた場合において、父母がともに知れないとき、又は国籍を有しないとき。

【国籍法第3条（認知された子の国籍の取得） 父又は母が認知した子で十八歳未満のもの（日本国民であった者を除く）は、認知をした父又は母が現に日本国民であるとき、又はその死亡の時に日本国民であったときは、法務大臣に届け出ることによって、日本の国籍を取得することができる。2 前項の規定による届け出をした者は、その届け出の時に日本国籍を取得する】

【国籍法第4条（帰化） 日本国民でない者（以下「外国人」という）は、帰化によって日本の国籍を取得することができる。2 帰化をするには、法務大臣の許可を得なければならない】

【旧国籍法第3条（準正による国籍の取得） 父母の婚姻及びその認知により嫡出子たる身分を取得した子で二十歳未満のもの（日本国民であったものを除く）は、認知した父又は母が子の出生の時に日本国民であった場合において、その父又は母が現に日本国民であるとき、又はその死亡の時に日本国民であったときは、法務大臣に届け出ることによって、日本の国籍を取得することができる。2 前項の規定による届出をした者は、その届出の時に日本の国籍を取得する】


出生により、法第2条第1項1号～3号に該当する場合は、出生届けを行うことで、国籍は自動取得となる。わが国は、明治以来、国籍の取得に関しては、一貫して血統主義を採ってきたが、1985

年の国籍法改正以来、法第2条3号の規定において、生地主義を採り入れている。

また、第3条においては、法務大臣への届出により、国籍取得が可能としている。第4条「帰化」については、法務大臣の許可が必要で、第5条の条件を備える外国人でなければ、その帰化を認めることはできないとされている。

【準正　非嫡出子が嫡出子の身分を取得することをいい、父が認知した子は、その父母の婚姻によって嫡出子の身分を取得するとする婚姻準正（民法第789条第1項）と、婚姻中、父母が認知した子は、その認知の時から、嫡出子の身分を取得するとする認知準正（民法第789条第2項）がある】

法務省の在留外国人統計によると、0～19歳までの無国籍者数は、2017年6月時点では149人、3年後の2020年6月には267人へと1・9倍に増加している。また、全国の乳児院、児童養護施設等において、近年、日本人と外国人の間に生まれた国際児が増加しており、その中には無国籍児も数多く含まれているという民間機関の調査報告もあっている。その背景としては、社会のグローバル化に伴う外国人労働者や留学生など在留外国人の増加が考えられる。無国籍児であることは、就学の機会の喪失や将来的には就労等の経済活動、結婚を含むあらゆる社会生活等において不利益を被る可能性が高いということが予見されるため、国はこの実態を把握するための全国調査を行い、現状改善のための措置を講じる必要があると考える。

② 無戸籍児童の問題

わが国における、戸籍の取得は、国籍取得と同様、父母等による出生届けに基づいて行われる。1984年の国籍法改正に伴い、翌1985年1月以降、父又は母が日本人の場合、出生届を出せば、子は日本国籍が与えられると同時に戸籍に記載されることになっている。

同様にして、国籍法第3条、第4条(帰化)による場合も、法務大臣への届出、許可によって、国籍と同時に戸籍が取得されることになる。

婚姻して夫の戸籍に入った妻が、婚姻中に他の男性の子を懐胎し、離婚に至ったが、婚姻成立から200日経過後、離婚から300日以内に子を出産した場合、特段の手続きがなされなければ、嫡出推定が及び、出生届が出された場合、離婚した前夫の子として戸籍に記載されることになる。そのため、前夫の子として記載されることを希望せず、前夫以外の男性の子として戸籍記載を希望し、就籍を申請しても受け付けてはもらえない。この嫡出推定を覆すには、現行法では、民法第774条に規定されるように、前夫にしか否認の申立権はなく、前夫が子の出生を知った日から1年以内に、子又は親権を行う母を相手方として、家庭裁判所に嫡出否認の手続きを申し立てるしかない。

前夫からDVを受けていたケースなどにおいては、怖くて、あるいはその子の存在を知られたくないために、前夫との嫡出否認の申立てについての協議ができないまま、出生届を行わなかった場合に戸籍に記載されない子が生じることとなる。無戸籍の子の出現である。

また、別居中の妻が別の男性と親しくなり、ようやく離婚が成立し、この男性と再婚し、子が離婚から300日以内に生まれた場合において、再婚相手の子であることがわかっていても、民法第772条の規程に基づき嫡出推定が及び、子の法律上の父親は前夫となる。やはり、この子に対する嫡出否認の訴えを提起できるのは前夫のみであるため、同様にして、妻側が出生届けを出さなければ、生まれた子どもは無戸籍となる。この嫡出否認を前夫が提訴した場合、嫡出否認訴訟は、家事法第277条事件として、同法第257条第1項、調停前置主義がとられ、前夫が子又は親権を行う母を相手方として、家庭裁判所に嫡出否認の調停の申立てを行うことになる。この調停が不成立となった場合は、家庭裁判所に対して、嫡出否認訴訟を提起するという手順になっている。

この嫡出推定の仕組みは、家父長的家族制度を安定・維持するために制定された明治民法において、扶養義務を負う父子関係を早期に安定的に確定することで、子どもの利益を守ろうとする意図をもって定められた規程であり、戦後の民法改正においても改正されることなく、明治民法の規定がそのまま受け継がれてきたものであり、現代社会においては、無戸籍者を生ずる主要因となっているとされている。

【民法第772条　嫡出推定　妻が婚姻中に懐胎した子は、夫の子と推定する。2　婚姻の成立の日から二百日を経過した後又は婚姻の解消若しくは取消しの日から三百日以内に生まれた子は、婚姻中に懐胎したものと推定する。

【民法第774条　第772条の場合において、夫は、子が嫡出であることを否認することができる】

【民法第775条　前条の規定による否認権は、子又は親権を行う母に対する嫡出否認の訴えによって行う（後略）】

【民法第776条　夫は、子の出生後において、その嫡出であることを承認したときは、その否認権を失う】

【民法第777条 嫡出否認の訴えは、夫が子の出生を知った時から1年以内に提起しなければならない】

女性の再婚禁止期間を定めた民法第733条第1項において、子の父の重複を避けるためであれば、再婚禁止期間は百日で十分と指摘されており、1996年、法制審議会は、法務大臣の諮問を受け、女性の再婚禁止期間を百日に短縮する改正案要綱を決定していた。しかしながら、法改正はなされないままであったため、2011年、岡山県に住む女性が「1996年に法制審議会の女性の再婚禁止期間を百日に短縮する答申を放置してきた国会は、立法不作為の責任がある」民法第733条は「法の下の平等」を定めた憲法第24条に違反しているとして、国に対して損害賠償を求めて提訴を行った。一審岡山地裁は、「立法趣旨には合理性がある」として請求を棄却、二審広島高裁岡山支部も控訴棄却としたため、原告側は上告していた。

2015年12月、最高裁は「本件規定のうち100日超過部分については、民法第772条の定める父性の重複を回避するために必要な期間ということはできず、婚姻及び家族に関する事項について国会に認められる合理的な立法裁量の範囲を超えるもの」として憲法第14条第1項、第24条第2項に違反するとして、一部違憲判断を示し、民法第733条、女性の再婚禁止期間は、2016年の民法改正で6カ月から100日に短縮されたという経緯がある。

【民法第733条 再婚禁止期間 女は、前婚の解消又は取り消しの日から起算して百日を経過した後でなければ、再婚をすることはできない。2 前項の規定は、次に掲げる場合には、適用しない。

一　女が前婚の解消又は取り消しの時に懐胎していなかった場合。　二　女が前婚の解消又は取り消しの後に出産した場合。

改正前の民法第733条　再婚禁止期間　女は、前婚の解消又は取り消しの日から6カ月を経過した後でなければ、再婚をすることはできない　2　女が前婚の解消又は取り消しの前から懐胎していた場合には、その出産の日から、前項の規定を適用しない】

2017年11月、嫡出否認の権利を夫のみに認めた民法第774条から第776条までの規定は、法の下の平等を認めた憲法第14条第1項及び第24条第2項等に抵触し、違憲であるとして、神戸市の女性と娘、孫2人が国に対して合計220万円の損害賠償請求を求めた神戸地裁損害賠償訴訟において、判決は、民法規定の「合理性」を肯定し、「規定は、憲法に違反しない」として、原告の請求を棄却した。また、この控訴審、大阪高裁判決（2018年8月30日）においても「一応の合理性はある」として、女性側の控訴を棄却している。判決の要旨は、以下の通りである。

1　父（夫）のみに嫡出否認の訴えの提訴権を認める区別には一応の合理性はあり、民法第774条から第776条までの規定は、憲法第14条第1項、第24条第2項に違反しない。

2　無戸籍児の問題は、戸籍、婚姻、嫡出推定及び嫡出否認等の家族制度をめぐる制度全体の中で解決を図るべき問題であって、無戸籍児の存在を理由に、父（夫）のみに嫡出否認権を認める本件各規程を憲法第14条第1項、第24条第2項に違反するということはできない。

また、嫡出否認の規定に関しては、国会の立法裁量に委ねられるべき問題であり、家族を巡る制度全体の中で解決を図るべきであると指摘し、大阪高裁は、立法府の対応を求めた。
【憲法第14条第1項 すべて国民は、法の下に平等であって、人種、信条、性別、社会的身分又は門地により、政治的、経済的又は社会的関係において、差別されない】
【憲法第24条第2項 配偶者の選択、財産権、相続、住居の選定、離婚並びに婚姻及び家族に関するその他の事項に関しては、法律は、個人の尊厳と両性の本質的平等に立脚して、制定されなければならない】

前掲裁判と類似した「嫡出推定」に係る最高裁判決が2014年7月にも出されている。

科学や医学の発達が著しい現代社会において、人間の遺伝子の構造が解明されてくるに応じて、その知見が様々な分野で応用されるようになってきた。その一つとしてDNA鑑定がある。

近年、DNA鑑定は、犯罪の捜査の分野で活用され、その精度も限りなく100%に近く、多くの過去の冤罪事件で無実が証明されるようになってきている。2014年の最高裁判決の3つの原審は札幌高裁、大阪高裁、高松高裁の事案で、札幌・大阪事案はいずれも、婚姻中に妻が子を懐胎・出産し、札幌は離婚、大阪は離婚係争中であるが子どものDNA鑑定の結果、法律上の父と子の間に生物学的な父子関係が認められないという事実関係の中で、それぞれ母が子の法定代理人として、法律上の父に対して親子関係不存在確認の訴えを起こし、一、二審判決は、鑑定結果を重視して母子側の訴えを認めたのに対し、父側が上告した事案である。また高松事案は、DNA鑑定の結果、血縁関係がないと証明されたとして、父側が親子関係の取り消しを求めたのであるが、一、二審とも嫡出推定に基づいて訴えを退けており、父側が上告したという事案である。札幌・大阪事案に対する最高裁判決の論旨は、民法第772条により嫡出の推定を受ける子につき、その嫡出であることを否認するためには、夫からの嫡出否認の訴えによるべきものとし、同訴えにつき1年の出訴期間を定めたことは、身分関係の法的安定をする上から合理性を有する。夫と子の間に生物学上の父子関係が認められないことが科学的証拠により明らかであり、かつ夫と妻が既に離婚して別居し、子が親権者である妻の下で監護されている事情があっても、子の身分関係の法的安定を保持する必要が当然になくなるものでないから、上記の事情が存在するからといって、同条による嫡出の推定が及ばなくなるものとは言えず、親子関係不存在の訴えをもって、当該父子関係の存在を争うことはできないものと解するのが相当であり、本件訴えは不適法なものと言わざるをえないとして、原審第二審判決を破棄、第一審判決を取り消し、本件訴えを却下した。要約すれば、DNA鑑定の結果の如何にかかわらず、本事案は親子関係不存在確認の訴訟には該当せず、1年の出訴期間を定め、父子関係を早期に安定的に確定することで、子どもの利益を守ろうとする意図をもって定められた民法第772条に基づいて夫の子とした推定は、民法第774条、嫡出否認の訴えでしか争えない事案であり、不適法と判じたものである。また、高松事案に対する最高裁判決においては、子の利益のために確定した父子関係をDNA鑑定の結果で覆すことは許されないとして、上告棄却、原審支持の立場をとった。

この判決は、民法第772条、嫡出推定の規定は、DNA鑑定の結果より優先されると判じたものである。

このように無戸籍者を生むと言われる、120年前に作られた第772条〜第777条にわたる嫡出推定の規定は、多くの議論・反論もありながら、子の利益や立場の安定を守る仕組みとして、現代社会においても機能してきたものと考える。

法務省が把握した無戸籍者の数は、2019年9月現在、累計2548人で、この内1727人は親子関係不存在確認の裁判等を経て無戸籍状態が解消されており、残りの821人は無戸籍のままである。この内639人、約78%が、嫡出推定が無戸籍となった原因と回答している。

無戸籍の者への救済措置として、法務省や一部の地方自治体では特例措置を設け、住民登録、国民健康保険証の取得、児童手当の受給、保育所・幼稚園への入所・入園、小中学校への入学などの救済措置を受けているものもいるが、パスポートの申請、選挙権の行使、銀行口座の開設ができないなどの支障があるだけでなく、進学、就職、結婚といった社会生活の場面でも多くの不利益を被っているという実態がある。

国においては、無戸籍者をなくすため、2018年夏に、有識者による「嫡出推定制度を中心とした親子法制の在り方に関する研究会」を立ち上げ、2019年7月、その研究報告を受け、法制審議会民法（親子法制）部会は「嫡出推定制度の見直し」の検討に入り、2021年2月、民法（親子法制）等の改正に関する中間報告試案をまとめ、パブリックコメントを得た後、2022年2月、民法改正の要綱案として、法務大臣に答申した。その内容は、下記の通りである。

③ 嫡出推定に係る民法改正要綱案

a 妻が婚姻中に懐胎した子は、当該婚姻における夫の子と推定する。女が婚姻前に懐胎した子であって、婚姻が成立した後に生まれたものも、同様とする。

b　aの場合において、婚姻の成立した日から200日以内に生まれた子は、婚姻前に懐胎したものと推定し、婚姻の成立した日から200日を経過した後又は婚姻の解消若しくは取消しの日から300日以内に生まれた子は、婚姻中に懐胎したものと推定する。

c　aの場合において、女が子を懐胎した時から子の出生の時までの間に二以上の婚姻をしていたときは、その子は、その出生の直近の婚姻における夫の子と推定する。

d　a～cにおいて子の父が定められた子について、嫡出否認の訴えによりその父であることが否認された場合におけるcの運用において、cの「直近の婚姻」とあるのは、「第774条の規定により子がその嫡出であることが否認された夫との間の婚姻を除く」とする。

改正案a～bの規定は、現行法とほぼ同じであるが、c～dの規定を設けることで、母が出生届を出さず、無戸籍者を生む大きな要因の一つ（戸籍に前夫の子と記載されることを忌避する）を排除しようとするものと思慮される。aにおいて「妻が婚姻中に出産した子は、夫の子と推定する」と規定し、「女性が出産の時点で再婚していれば現夫の子とする」ことによって、出生届を出さないケースを可能な限り排除し、子が無戸籍となるのを回避しているものと考えられる。さらに、婚姻中の出産を一律に現夫の子とした上で、夫が自分の子と認めたくない場合は、民法第774条による嫡出否認の訴えを起こすということになるものと考えられる。

しかしながら、bとして「婚姻の解消若しくは取消しの日から300日以内に生まれた子は、婚姻中に懐胎したもの（前夫の子）と推定する」の規定を残したことにより、本改正案では、離婚後、婚姻していない女性やDVなどで夫から逃れており、離婚できていない女性のケースなどは賄えておらず、出産した女性が子どもを前夫の子として出生届を出すことを忌避した場合、現行法と同様に無戸籍児が生じるということになる。これら不十分な点については、国会における審議に委ねたい。

④　女性の再婚禁止期間に係る改正案

わが国は、国連女性差別撤廃委員会より、繰り返し民法規定において、女性に限って再婚禁止期間を設けていることについて、撤廃するよう勧告を受けてきた。今回の民法改正要綱案において、嫡出推定制度の見直しと併せて、女性の再婚禁止期間に関する民法第７３３条を削除する旨、法務大臣に答申された。また、夫のみにしか認められていなかった民法第７７４条による嫡出否認権の行使を夫と併せて、母、子（法定代理人）、前夫に拡大し、嫡出否認の提起を、出生の時、あるいは出生を知った時から3年以内にしなければならないとしている。

現行の民法第７３３条に規定する女性の再婚禁止期間は、離婚後百日と定めているが、二つの例外規定として、離婚時に懐胎していない場合と離婚後に出産した場合を挙げている。

離婚時に懐胎していなければ、子どもの父親はどちらかという問題は生じ得ない。ところが、離婚後に出産した場合は、子どもの父親は前夫、現夫どちらかという問題は生じる可能性がでてくる。この離婚後に出産した場合に限り、訴訟において父を定める旨の規定を設ければ、現行の再婚禁止期間百日とする規定は不要となるため、民法第７３３条を撤廃するという案であると思慮される。

⑤　嫡出否認制度に係る改正案

(a)　夫の否認権の見直し

民法第777条における、提起期間「夫が子の出生を知った時から一年以内」を3年以内に改めるという案。

(b)　子及び母の否認権の新設

民法第774条において認められている夫のみの否認権を見直し、母及び未成年の子、前夫にも否認権を認めるものとし、未成年の子に代わって、母親か未成年後見人が権利を行使する規定を設けるという案。

現行の嫡出否認の訴訟は、夫しか提起できず、1年以内という厳しい条件が課されている。特に、家庭内暴力から母子が逃げているような場合、夫の協力を得るのは困難である。そのため現行の規定を緩和し、嫡出否認の訴えを、必要な人（母、子・前夫）が提起できるように改正しようというものである。男女差別撤廃や子どもの意見表明の視点からも、子及び母に否認権を認める規定は、時代の要請として、当然設けられるべきと考える。

以上、法制審議会、親子法制部会の民法（親子法制）等の改正に関する主な改正要綱案を掲げたが、法務省は、近く、国会への改正法案提出を目指す方針であり、そう遠くない将来、無戸籍者が出ないための適切な措置が講じられるものと期待する次第である。

第四章　少年司法の動向

1　少年法の制定

敗戦後の混乱の中、戦災孤児などが生きていくために窃盗や強盗を犯す事件が激増し、ＧＨＱの指導の下、米国シカゴの少年犯罪法を模範として１９４８年（昭和23年）、20歳に満たない少年への保護処分や再教育、少年の刑事事件処理手続きについて特別の措置を講ずることを目的とした法律として（旧）少年法を改訂し（現）少年法が制定され、翌昭和24年1月から施行された。

１９２２年（大正11年）に制定された旧少年法においては、18歳に満たない「犯罪少年」「触法少年」「虞犯少年」を対象として、保護処分や少年審判所の手続きなどが規定されており、訓戒、学校長の訓戒、誓約、条件を付して保護者引き渡し、寺院・教会・保護団体等への委託、少年保護司の観察に付すこと、感化院送致、矯正院送致、病院送致又は委託などの9種類の保護処分があった。虞犯少年に対するこれらの処分の内、保護者以外の者による継続的保護処分については、保護者の承諾の下で実施された。保護者の承諾が必要であった背景には、子どもへの処置や処分に関して、保護者には強力な親権が認められていたためと考えられる。

現少年法への主な改正点は、①少年法の適用年齢を旧少年法規定の18歳未満から20歳未満に引き上げたこと。②新たに司法機関である家庭裁判所を設け、少年事件を全て（14歳未満の触法少年も含む）家庭裁判所に送致する「裁判所先議」に転換し、保護処分にするか、刑事処分にするかを決定するとともに、保護処分の種類を保護観察、教護院又は養護施設送致、少年院送致の3種類としたこと。③少年の福祉を害する成人の刑事事件を家庭裁判所の管轄としたこと。④保護処分に対し、少年の側からの高等裁判所への抗告を認めたこと。⑤刑事処分を16歳以上の少年に残し、死刑と無期刑の言い渡しの制限を、犯行時16歳未満であったものを18歳未満に引き上げたことなどである。

また、改正少年法施行と同時に、矯正院法が少年院法に改正・施行され、少年院として、初等、中等、特別及び医療の4種別の少年院が設置された。教護院は不良行為をなし、又はなすおそれのある児童、環境上の理由により生活指導を要する児童等を収容処遇する児童福祉施設となり、一方、少年院は、少年法による保護処分を受けた少年の教育施設とされたことから、民法第822条に規定されていた親権者の懲戒権行使の場である、教護院内、少年院内に設けられていた懲戒場は少年らの処遇に適切ではないとされ、使用されなくなっていった。

改正少年法の適用年齢が20歳未満の少年とされたことから、当初、14歳未満の触法少年も裁判所先議とされたが、昭和22年には児童福祉法が制定されていたことにより、触法少年の処遇に関しては児童福祉法先議が適切として、昭和24年に少年法の改正が行われ、14歳未満の触法少年に関しては、基本的には児童福祉法の保護処分に付されることとなった。

2　少年法改正の経緯と改正点

戦前、戦後を通じて、わが国における犯罪に陥った少年に対する取り扱いは、平成の初期までは比較的穏便で緩やかな処遇が行われてきた。

平成5年1月に起きた「山形明倫中マット圧死事件」においては、中学校の体育館用具室のマットの中で1年生の男子生徒13歳が逆さの状態で窒息死しており、当時12～14歳だった1～2年の男子生徒7人が傷害と監禁致死の疑いで逮捕・補導された。捜査段階で7人は事件への関与を認めたがその後否認。1人を除く6人の審判で、山形家裁は、2人を初等少年院送致、1人を教護院送致の保護処分、残りの上級生3人を不処分とした。その後保護処分となった3人が、高裁、最高裁に特別抗告し、棄却とされた。

原告である被害生徒の両親は、家裁等の処分を不服として、今度は1億9400万円の民事賠償訴訟を新庄市と加害生徒7人に対して起こし、一審山形地裁では「事件性なし」として、棄却。仙台高裁、最高裁では7人全員の事件への関与を認め、5760万円の支払いを命じるという、判決が二転三転したいじめ死事件であった。少年らは上告するも、平成17年、最高裁は棄却し、7人の有罪と約5760万円の賠償を命じた2審判決が確定した。その後も、賠償金の支払いを巡って民事訴訟が続いてきた。

このように、少年審判、民事訴訟裁判において、司法判断が二転三転した事件であったが、当時、本件裁判において問題視されたのは自白の偏重ということと、自白によって得られた証拠の信憑性、少年審判における事実認定の甘さということであり、2001年の少年法改正において、少年の重大犯罪における検察官関与（第22条の2第1項）の仕組み創設の契機ともなっている。また、加害者の人権を重視すぎることによる被害者・遺族の心情軽視ということも大きな問題とされた。

平成9年2～5月に起きた神戸連続児童殺傷事件（加害少年14歳　男子）以降、平成9年10月、佐

賀県江北町ゲームソフト店経営者殺人事件（加害少年15歳　男子）、平成10年1月、栃木県黒磯市女性教諭刺殺事件（加害少年13歳　男子）、平成12年8月、大分県臼杵市一家6人殺傷事件（加害少年15歳　男子）と相次ぐ16歳未満少年の凶悪事件の発生や、平成11年4月に起きた山口県光市母子強姦殺害事件（加害少年18歳1カ月　男子）、平成12年5月の佐賀バスジャック事件（加害少年17歳　男子）、平成12年5月の愛知県豊川市体験殺人事件（加害少年17歳　男子）など、17～18歳の少年による凶悪殺人事件も立て続けに起きた。

また、時を同じくした1999年（平成11年）4月には、アメリカ合衆国コロラド州の州立高校の敷地内において、17歳、18歳の同校の生徒が銃を乱射し、13人を殺害、24人を負傷させるという事件を起こし、加害少年2人はその場で自殺するというコロンバインハイスクール銃乱射事件が起きている。

これら少年による凶悪事件の背景はそれぞれ違うが、共通して言えることは、大半の事件は、特に目立った非行歴のある子どもではなく、一見、普通の子どもが犯した凶悪事件であること、それから凶悪な事件を犯すに至った原因、犯行の動機と殺人という重大な結果との間に余りにも乖離がありすぎて、繋がらないということであった。なぜ10代の年端もいかない少年達が、いとも簡単に、殺人や自殺という絶対に超えてはならない一線を超えてしまうのか、大人の常識では理解の及ばない事件が起きる度に、マスコミは「少年の心の闇」と喧伝し、少年司法の専門家や識者の誰一人、解決策や新たな処方箋・指針を示すことができない状況の中、体感治安は悪化の一途をたどり、国民全体が、次に何が起こるかわからないといった混沌とした不安に陥るとともに、少年犯罪が多発し、安全ではない社会の出現に恐怖感すら持ち始めたのである。これらの少年犯罪の低年齢化と凶悪化、多発化に社会全体が震撼し、国民は、思考停止の状態に陥っていった。

このような社会背景の下、拙速で、十分な国民的議論も尽くされぬまま、平成12年11月、議員立法により、少年法が改正され、翌平成13年4月より施行された。

この少年法改正は、昭和23年に現行の少年法が制定されて以来、50年ぶりの最初で最大の法改正であった。以後、この法改正の流れは出来上がり、少年の凶悪事件が起きるたびに、少年法の強化=厳罰化・必罰化が繰り返され、今日に至っている。

(1) 2000年(平成12年)少年法等の主な改正点

- 刑事罰対象年齢を16歳以上から14歳以上に引き下げる(第20条第1項)
- 16歳以上の故意の犯罪行為により被害者を死亡させた事件は、原則検察官送致とする(第20条第2項)
- 観護措置期間を最大4週間から最大8週間に延長することを可能とする(第17条第4項)
- 18歳未満の少年に対し無期刑をもって処断すべきときは、現行法は必ず有期刑に軽減するとしているが、無期刑を科すか有期刑を科すか、裁判所が選択する(第51条第2項)
- 少年院における懲役又は禁錮の執行を、少年が16歳に達するまで可能とする(第56条第3項)

・少年審判に裁定合議制度（裁判官3人による合議制）を導入する（裁判所法第31条の4第2項）

以上のような改正内容で、非常に厳しいものになっており、少年司法から教育・福祉的な取り扱いを後退させ、警察・司法の視点を強く打ち出し、少年への監視、取り締まりを強化し、厳罰化することによって凶悪な少年犯罪を抑止、封じ込めようとする姿勢が見て取れる。

この法改正以前は、14歳及び15歳の少年の取り扱いは、少年法第20条（検察官への送致）において、「家庭裁判所は、死刑、懲役又は禁固にあたる罪の事件について、調査の結果、その罪質及び情状に照らして刑事処分を相当と認めるときは、決定をもって、これを管轄地方裁判所に対応する検察庁の検察官に送致しなければならない。但し、送致のとき16歳に満たない少年の事件については、これを検察官に送致することはできない」とされていた。一方、刑法第41条「責任年齢」においては「14歳に満たない者の行為は、罰しない」としており、14歳以上で16歳未満の少年は、刑事責任能力はあっても刑事訴追されず、結果的に刑事罰は科せられないという微妙な年齢であった。

この平成12年の少年法改正を初めとして、その後も続く、わが国の少年法の改悪化、厳罰化、必罰化に対して、国連子どもの権利委員会は、厳しい懸念を示し、これまで5回にわたる全ての総括所見において、強く改善を勧告しているのである。しかしながら、世界基準に違背し、大きく乖離したわが国の平成12年の少年法改正は、ほんの一時的にしか効果がなかったようである。同年8月の大分県臼杵市一家6人殺傷事件を最後に、法が施行された翌平成13年4月以後の当面の期間においては、少年によるこれといった凶悪事件は見当たらないのであるが、それ以降は、さらに深刻な少年犯罪が立て続けに起きることになる。
まずは、平成12年の少年法改正の背景となった、法改正前の少年による主な凶悪事件の概要について挙げてみたい。

・平成9年（1997年）2〜5月、神戸連続児童殺傷事件（加害少年　14歳　男子）

5月27日、神戸市の中学校正門前で小学6年生の切断された頭部が見つかる。6月28日、児童殺害容疑で14歳、中学3年生が逮捕される。この間、少年は酒鬼薔薇聖斗《さかきばらせいと》と名乗り、マスコミ、警察に挑発的な犯行声明を送りつけていた。逮捕された少年は、2〜3月には、市内で小学生女児4名に対し、金槌で殴り、1名を殺害するという通り魔事件を起こしており、再逮捕された。普通の子どもが犯した凶悪事件であり、国民全体に少年犯罪が激増し、凶悪化しているというイメージを定着させるとともに、14歳の少年が起こした猟奇的事件ということで、大きな社会問題となった。

少年は、平成9年（1997年）10月、神戸家裁が関東医療少年院送致を決定。処遇の途中、1年間の中等少年院での職業訓練を受け、医療少年院に戻る。平成16年（2004年）3月、医療少年院を仮退院。平成17年（2005年）1月1日、本退院。以後、民間のサポートチームの支援を受けながら、社会生活を送っていたが、そこからも離脱し、平成27年（2015年）6月、事件に関する手記「絶歌」を発表し、遺族感情を顧みないと社会の強い批判を浴びた。

・平成10年（1998年）1月、栃木県黒磯市女性教諭刺殺事件（加害少年　13歳　男子）
教室前の廊下で自分を注意した女性教諭をバタフライナイフで刺殺した事件。ナイフを見ても教諭が全く動揺しなかったから、少年は、キレた。この事件を機に「キレる」という言葉が子どもの間で使われ始めた。バタフライナイフは、テレビ番組で若手俳優が使っていたもの。この事件の後、バタフライナイフを使った傷害事件が続き、バタフライナイフの未成年者への販売が禁止された。少年は、児相から家裁送致となり、家裁決定により教護院送致となった。

・平成11年（1999年）4月、光市母子強姦殺害事件（加害少年　18歳1ヵ月　男子）
光市の団地で、18歳になったばかりの少年が、主婦23歳の首を絞め殺害、泣き叫ぶ長女11ヵ月を床に叩きつけた上に首を紐で絞め殺害。殺人、強姦致死、窃盗の容疑で逮捕。

2000年一審山口地裁、2002年二審広島高裁は、無期懲役の判決。検察側は上告し、2006年最高裁は、二審無期懲役を破棄し、「被告人の罪責は誠に重大であって、特に酌量すべき事情が無い限り、死刑を選択するしかない」として、審理を広島高裁に差し戻した。

2008年4月22日、広島高裁差し戻し審では、「一審判決を破棄し、被告人を死刑に処する」という厳しいものであった。さらに2012年最高裁においても、上告を棄却し、死刑が確定された。その後、2019年11月、広島高裁に出された再審請求も退けられ、弁護団は、最高裁に特別抗告を行ったが、2020年12月7日、最高裁は、弁護団の主張は単なる法令違反、事実誤認の主張で、抗告理由に当たらないとして、特別抗告を棄却し、再審請求が認められないことが確定した。これまで少年事件では、最高裁に記録の残る1966年以降、18歳以上20歳未満の少年で、死刑判決が確定したのは12事件、14人である。この内、犯行時19歳は10人、18歳は4人となっており、決して少ない数値ではない。昭和43年（1968年）～44年にかけて起きた連続4人射殺事件（米軍基地から拳銃を盗み、タクシー運転手ら4人を殺害した事件）の永山則夫（当時19歳）事件において、一審、死刑、二審、無期懲役と揺れ、昭和58年、最高裁は、二審高裁判決を破棄、差し戻しの判決を下した。この時、最高裁は殺人事件での死刑適用基準（永山基準）を示している。犯行の性質、犯行の動機、犯行の態様（執拗、残忍さ）、結果の重大さ（殺害被害者数）、被害者感情、社会的影響、犯人の年齢、前科、犯行以後の情状など、9つの項目を考察し、やむを得ない場合に、死刑もあり得るとした。差し戻し審、東京高裁では、控訴審無期判決を破棄し、改めて死刑判決を下した。永山則夫死刑囚は、刑務所の中で、『無知の涙』など多数の執筆活動を行ったが、1997年、死刑執行された。

・平成12年（2000年）5月、佐賀バスジャック事件（加害少年　17歳　男子）

ゴールデンウイーク中、病院から外泊中の17歳の少年が、佐賀発福岡行きの高速バスを乗っ取り、乗客の1人を殺害、5人に重傷を負わせ、15時間後、広島で逮捕された事件。

少年は、不登校、ひきこもりの生活の中で、インターネットで殺人や死体の残虐な画像を見て反社会的な価値観を増幅させたとされる。心因反応、境界性人格障害、行為障害、反社会性人格障害、解離性障害の診断を受け、5年以上の期間勧告付きで医療少年院送致。2006年3月、退院。

・平成12年（2000年）5月、愛知県体験殺人事件（加害少年　17歳　男子）
豊川市在住の65歳の主婦が高校3年生の少年に金槌で殴られた上、顔など40数カ所を刺されて死亡。少年は、帰宅した夫にも軽傷を負わせて逃走。逮捕後、少年は、その動機として「人を殺す体験をしたかった」「将来のある若い人はいけないと思った」と述べる。少年は、成績の良い真面目な生徒。両親、祖父は、教師。殺人願望による「純粋殺人」と呼ばれた。人格障害、アスペルガー症候群の診断。名古屋家裁は、医療少年院送致とした。

・平成12年（2000年）8月、大分県一家6人殺傷事件（加害少年　15歳　男子）
大分県臼杵市で、風呂場を覗いたと咎められた高校1年生、15歳が、近所の一家を襲い、3人を殺害、3人に重傷を負わせた事件。気が弱く、不登校が続いていた。事件を起こす前に隣家に侵入し、下着を切り裂くという行為をしており、これが発覚し、父親に叱られるくらいなら、一家を皆殺しにしようと思い犯行を決意した。重症の行為障害と診断。家裁決定で医療少年院送致となり、後に特別少年院に転院となった。

平成12年の少年法改正により、しばらくはなりを潜めていた少年による凶悪事件は、平成14年になると再発の兆しを見せ始め、さらに低年齢化が進んだ態様を呈した。
平成14年1月の13歳、14歳、17歳の少年による、東京都東村山市ホームレス集団暴行殺人事件をかわきりに、平成15年7月には、12歳男子児童による長崎市幼児誘拐突き落とし殺害事件、翌平成16年

6月の11歳女子児童による佐世保市同級生女児殺害事件が立て続けに起きている。

・平成15年（2003年）年7月、長崎市幼児誘拐突き落とし殺害事件（加害児童　12歳　男子）

長崎市で中学1年生12歳が、幼稚園児4歳を、両親と来ていた大型電気店から誘い出し、4キロ離れた立体駐車場ビルで幼児の性器に対し悪戯をし、そのことが発覚しないよう、同ビルの屋上から突き落とし、殺害した事件。長崎中央児相は、長崎家裁へ送致。12歳としては異例の鑑定留置を受け、アスペルガー症候群の診断。平成15年9月、長崎家裁審判において児童自立支援施設武蔵野学園、強制的措置決定。強制的措置は延長を重ね4年間続き、平成19年9月解除。その後、別の施設に移り、平成20年9月、県職員2名と里親の元で更生支援を受けるため、九州へ向かう途中、ホテルから行方不明になり、2日後、長崎市内で保護。失踪後、自殺の恐れがあったため、長崎家裁へ強制的措置が申請され、家裁は、少年の保護の必要性を判断し、強制的措置を許可した。

・平成16年（2004年）6月、佐世保市同級生女児殺害事件（加害児童　11歳　女子）

佐世保市の市立小学校で、小学6年生11才の女子児童が、同級生の12歳女子児童から交換日記を巡るトラブルやインターネットの掲示板のやりとりの中で、容姿に関することや「いい子ぶっている」などと書き込まれたことに腹を立て、カッターナイフで首など数カ所を斬りつけ、出血多量で死亡させた事件。加害児童は、給食の準備が始まった直後、被害児童に声をかけ、学習ルームに呼び出し、いすに座らせ、タオルで目隠しをしようとしたが、嫌がられたので、後ろから手で顔を覆った状態で、首筋に斬りつけたとされている。

児相から送致を受けた長崎家裁佐世保支部は、観護措置後、鑑定留置を行い、女子児童は、対人関係能力やコミュニケーション能力など、社会生活を送るのに必要な能力が同世代の子どもに比べて不足しており、他者への共感性の乏しさも指摘されるが、広汎性発達障害の特性は軽度であり、精神面の明確な障がいは確定できないと診断した。長崎家裁佐世保支部は、審判の結果、強制的措置2年間を付して、児童自立支援施設送致を決定し、国立きぬがわ学園入所となった。

【強制的措置：児童自立支援施設は不良行為をなした児童や、そのおそれのある18歳未満の児童の社会福祉を図る児童福祉施設。全国58ヵ所設置されているが、行動の自由を制限することのできる施設は、男女それぞれ1ヵ所しかない。男子＝国立武蔵野学園、女子＝国立きぬがわ学園である。強制的措置は、一定の期間児童の行動の自由を制限するため、家庭裁判所の審判において、逃走や自傷他害の虞《おそれ》のある児童に対して、裁判官が児童自立支援施設送致の決定をもって強制措置の期限を付して指示するとされている。延長する場合は、さらに審判による決定が必要となる。この強制的措置の期間においては、一般の開放施設から隔離された鍵のかかる個室で、施設の職員から児童の特性に応じた個別処遇を受ける】

長崎県において平成15年の「長崎市幼児誘拐突き落とし殺害事件」に次ぎ平成16年の「佐世保市同級生女児殺害事件」が起きるなど、相次ぐ年少少年による痛ましい事件が続いたこともあって、平成17年3月、政府は、新たな「少年法等の一部を改正する法案」を国会に提出した。提案理由は「少年非行の凶悪化、低年齢化」であった。この改正法案は、平成17年8月の衆議院の郵政解散に伴い、一旦は廃案となったが、翌平成18年2月に再上程され、継続審議となり、紆余曲折を経て、平成19年4月、修正案が強行採決により衆議院で可決、5月参議院で可決され、成立に至っている。この少年法改正は、長崎市、佐世保市で相次いで起きた年少少年による重大事件を背景に、触法少年を中心に、さらに厳罰化が進み、少年司法の処遇体制強化に向けた以下のような改正内容となっている。

(2) 2007年(平成19年)少年法等の主な改正点

・少年院への送致年齢の下限を「14歳以上」から「おおむね12歳以上」へと引き下げる(法第3条第1項2号、少年院法第4条第1項1号の改正)
・14歳未満で法令に触れる行為を行った「触法少年」について、警察は押収、捜索、検証といった調査を行う権限を明記(法第6条の2~第6条の5)
・重大触法事件の児童相談所から家庭裁判所への原則送致の義務化(法第6条の7第1項)(児童相談所運営指針第4章第7節1の改正)
・重大事件で拘束された少年に対して、家庭裁判所は公費で付添人として弁護士を付けることができる(法第22条の3第2項)
・保護観察中の少年が遵守事項を守らず、警告にも従わなかった場合、家庭裁判所は少年院送致等の

処分をとることができる（法第26条の4、犯罪者予防更生法第67条1～2項）

これらの少年法の改正に伴い、少年警察活動規則を改正し、触法調査に関する規定を新設するとともに、虞犯少年への警察の任意調査を明記した（平成19年11月1日施行）

少年院送致年齢の下限をおおむね12歳以上としたが、おおむねの意味は11歳も含まれると解釈されている。この法改正に伴い、全国で8カ所の少年院を指定して育て直しの機能を強化し、個別指導の体制を整備するなど年少少年（おおむね12歳）の受け入れ体制を整備した。

この法改正以降、少年矯正統計によれば、11歳の少年院送致は皆無であるが、12歳については、平成25年1名、平成26年1名、平成29年2名の計4名であり、以下のいずれかの少年院で保護処分を受けている。

【指定施設：男子初等＝群馬・赤城少年院、大阪・和泉学園、女子初等＝宮城・青葉女子学園、広島・貴船原女子学園、医療＝東京・関東医療少年院、京都医療少年院、特別支援教育＝神奈川医療少年院、三重・宮川医療少年院（平成26年の少年法等の改正で、初等少年院は、第1種少年院へ、医療少年院は、第3種少年院へと改称されている）】

（3）2008年（平成20年）少年法等の主な改正点

平成16年の「犯罪被害者等基本法」の成立、平成17年の「犯罪被害者等基本計画」の閣議決定などを背景として、少年審判における犯罪被害者等の権利利益の一層の保護を図るため、主に以下のような少年法の改正が行われた。

・被害者等の事件記録の閲覧、謄写の範囲の拡大（法第5条の2第1項）・意見聴取の対象者の範囲の拡大（法第9条の2）・審判を傍聴できる制度の創設（法第22条の4）・被害者等への審判状況を説明する制度の創設（法第22条の6）・少年の福祉を害する成人の刑事事件の管轄を家庭裁判所から地方裁判所へ移管（法第37条～第38条の削除）

（4）2014年（平成26年）少年法等の主な改正点

平成26年2月、政府は、少年事件に関する有期刑の上限の引き上げ等、さらに厳罰化に向けた少年法改正案を閣議決定し、平成26年4月、参議院本会議で可決成立した。

併せて平成26年6月には少年院法も改正され、これまで少年院の種類を「初等、中等、特別及び医療」としていたものを、法第4条第1項第1号～第4号を改正し、「少年院の種類は次の各号に掲げる通りとし、それぞれの当該各号に定める者を収容する」ものとした。

これまで4回にわたる少年法の改正によって、少年保護司法が刑事司法化し、厳罰化してきていることが指摘されている。

【少年院法第4条一　第一種　保護処分の執行を受ける者であって、心身に著しい障がいがないおおむね12歳以上23歳未満のもの（旧初等少年院）二　第二種　保護処分の執行を受ける者であって、心身に著しい障がいがない犯罪傾向が進んだおおむね16歳以上23歳未満のもの（旧中等・特別等少年院）三　第三種　保護処分の執行を受ける者であって、心身に著しい障がいがあるおおむね12歳以上26歳未満のもの（旧医療少年院）四　第四種　少年院において刑の執行を受けるもの】

このように、わが国においては、2000年の少年法改正以来、少年法の処罰的な強化が繰り返し行われてきた。わが国の少年司法の刑事司法化、厳罰化、必罰化の流れの中で、国連子どもの権利委員会からは、わが国の少年司法の在り方について、5回にわたる総括所見において、毎回、厳しい提言や勧告を受けてきた。国連最低基準規則や国連非行防止のための国連ガイドラインなどの国際基準から大きく乖離していること、刑事責任年齢の引き下げ、司法前勾留の延長、未成年に対する懲役や終身刑の宣告、虞犯児童の少年犯罪者扱い、14～16歳の子どもの矯正施設への拘禁、リハビリ及び再統合プログラムの強化などについて、再三にわたり、改善を促す内容である。

これら5回にわたる総括所見の詳細については、第三章「子どもの権利に関する条約」の批准とその後のわが国の動向　3　国連子どもの権利委員会の総括所見（2）少年司法、に記載しているので参照頂きたい。

3　少年非行の低年齢化・凶悪化の虚構

(1) 刑法犯認知件数の動向

成人・少年を含めた刑法犯の認知件数は、平成14年には戦後最悪の２８５万４０６１件に達したが、翌平成15年以降は減少に転じ、平成29年、91万５０４２件、平成30年、81万７３３８件、令和元年、74万８５５９件、令和2年、61万４２３１件と戦後最少記録を更新し続けている。その減少の要因として考えられるのは、窃盗を除く犯罪では、若干の増加が見られるものの、刑法犯の7割を占めるといわれる窃盗犯の認知件数が大幅に減少したことによるものである。

その社会背景として考えられるのは、経済状況の好転、雇用の改善、生活保護受給の拡大、社会の防犯意識や防犯活動の高揚といった社会的要因と、犯罪抑止ツール要因として防犯カメラの整備・普及、住宅セキュリティーの強化や自動車盗難防止装置（イモビライザー）の普及などが考えられる。

特に、令和2年の刑法犯認知件数、前年比17・9％の激減は、コロナウイルス感染拡大に伴う、人とひとの接触機会の減少や外出の抑制が大きく寄与しているものと考えられる。

(2) 少年刑法犯の動向

刑法犯認知件数の減少と呼応する形で、少年による刑法犯、危険運転致死傷及び過失運転致死傷の検挙人員（触法少年の補導人員を含む）は、昭和26年の16万6433人を第1のピーク、昭和39年の23万8830人を第2のピーク、昭和58年の31万7438人を第3のピークとして、平成8～15年にかけて一時的増加はあったものの、以後、全体的には漸減傾向にあり、平成29年、前年比11・5％減の5万209人、平成30年、前年比11・6％減の4万4361人、令和元年、前年比16・1％減の3万7193人、令和2年には前年比13・5％減の2万2552人と戦後最少記録を更新し続けている。また、少年の刑法犯の刑務所における受刑者の数は、昭和41年には1000人を超えていたが、その後大幅に減少し、昭和63年以降は100人未満で推移し、平成29年19人、平成30年15人、令和元年16人、令和2年は19人と、少数、横這い傾向が続いている。

(3) 触法少年の刑法犯による補導件数の動向

14歳に満たない触法少年の刑法犯による補導件数は、昭和26年の3万2777人を戦後第1のピークとして、昭和37年の5万7808人を第2のピーク、昭和56年の6万7906人と第3のピークを迎え、以後、減少傾向にあり、平成11年以降2万～2万2千人台で推移してきた。

平成18年には2万人を割り1万8787人、平成27年には、さらに1万人を割り9759人、平成29年、8311人、平成30年、6969人、令和元年、6162人、令和2年、5086人と、最多であった昭和56年の約1／13へと少年全体の刑法犯等の検挙人員数と同様に最少記録を更新している。

また、触法少年による放火、強盗、強姦、殺人などの凶悪事件による補導件数は、最も多かった昭和37年の750人をピークに減少し、昭和48年から増加に転じ、昭和57年には465人という第2のピークを迎えるも、以後減少。平成15年、212人、平成25年、106人、平成29年、74人、平成30年、61人、令和元年、72人、令和2年、55人と、ここ数年、ピーク時の1割以下となっている。

少年による刑法犯や触法少年の刑法犯による補導件数の推移を見る限り、少年による凶悪事件の増加及び体感治安の悪化は、見当はずれで、大幅に激減しているのは明らかであり、一般によく言われている少年非行の低年齢化・凶悪化は、現実とは大きくかけ離れた虚構である。

4　少年法適用年齢引き下げの議論

2007年（平成19年）5月、憲法改正の手続きを定めた国民投票法が国会において制定され、3年後の2010年（平成22年）5月施行された。また、国民投票法附則第3条に、「国は、この法律が施行されるまでの間に、年齢満18歳以上満20歳未満の者が国政選挙に参加することができること等となるよう、選挙権を有する者の年齢を定める公職選挙法、成年年齢を定める民法その他の法令について検討を加え、必要な法制上の措置を講ずるものとする」と規定されており、それまでの間、国民投票の投票権者は、暫定的に20歳以上の国民とされた。

郵便はがき

料金受取人払郵便

福岡中央局
承　認

117

差出有効期間
2024年2月29
日まで

810-8790

157

(受取人)
福岡市中央区渡辺通二—三—二四
ダイレイ第5ビル5階

石風社

読者カード係行

注文書◆ このハガキでご注文下されば、小社出版物が迅速に入手できます。(送料は不要です)

書名	定価	部数

＊郵便振替用紙を同封しますので、送金手数料は不要です。

ご愛読ありがとうございます

＊お書き戴いたご意見は今後の出版の参考に致します。

子どもを大切にしない国 ニッポン

ふりがな ご氏名	（　　歳） （お仕事　　　　）
〒 ご住所 	☎　（　　　）

●お求めの書店名　　●お求めのきっかけ

●本書についてのご感想、今後の小社出版物についてのご希望、その他

月　　日

その後、２０１４年6月、国民投票法の一部を改正する法律が公布・施行され、２０１８年6月20日以降の国民投票においては、18歳以上の国民が投票権を有するようになった。

この附則第3条を受け、２０１５年6月、国会において選挙権年齢を20歳以上から18歳以上に引き下げる公職選挙法改正案が可決され、翌２０１６年6月19日から施行され、国政選挙では、同年7月の第24回参議院議員選挙から適用され、18～19歳、約２００万人が選挙権を得た。

また、２０１８年、第１９６回通常国会において、成人年齢引き下げに関する民法改正法が成立し、２０２２年（令和4年）4月1日より、成人年齢が20歳から18歳に引き下げられることが決まった。成人年齢を20歳と定めた明治9年の太政官布告以来、１４６年ぶりの改正である。

このような流れの中で、２０１５年9月、自民党の特命委員会が、選挙権年齢を18歳以上に引き下げる公選法改正を受けて、「少年法の適用年齢も現行の20歳未満から18歳未満に引き下げるのが適当」と政府に対して提言を行ったことを契機として、法務省内に「若年者に対する刑事法制の在り方に関する勉強会」が設置され、少年法の適用年齢引き下げの検討が始まったのである。また、この年の2月、川崎市の多摩川河川敷において18歳の少年らが13歳、中1の少年の首をカッターナイフで切りつけ殺害するという凄惨な事件が起きていたことも、引き下げ議論に拍車をかけたものと思われる。

検討を重ねてきた勉強会においては、被害者遺族等が引き下げに賛成する一方、少年の更生に携わる実務者等からは反対の意見が述べられ、賛否は分かれていたが、２０１７年2月9日、法務大臣より、法制審議会に対して、「少年法の『少年』の年齢を18歳未満とすること」及び「非行少年を含む犯罪者に対する処遇を一層充実させるための刑事の実体法及び手続法の整備の在り方等」についての諮問がなされた。

【民法の成年年齢を20歳とした経緯等　大宝律令（天武天皇により701年に制定されたわが国最初の刑法・行政法）において、数え年21歳（満年齢20歳）以上60歳までの男子を正丁（大人）とし、租庸調の賦課基準としたことから、以来、この考え方が踏襲された。

明治9年の太政官布告第41号：「自今満弐拾年ヲ以テ丁年ト相定候」と布告あり。（明治初期、一般国民に対して太政官が公布した公文書で、明治憲法下の法律又は勅令事項）

明治31年制定施行の明治民法第三条：満二十年ヲ以テ成年トスと規定している】

少年法適用年齢の在り方については、国際社会における成人年齢は、18歳以上、少年法適用年齢は、18歳未満というのが大勢を占めているが、わが国においては、少年法は、18～19歳の若者の更生に大きな成果を上げてきたという実績もあり、現行法の20歳未満を維持すべきであるという考え方と、国法上の統一性や分かりやすさといった観点から18歳未満に引き下げるのが適当であるという考え方が拮抗し、引き下げの是非をめぐり、意見が割れ、集約の目途も立っていなかった。そこで、法務省は、平成27年から翌28年にかけて、省幹部職員、学識経験者等17人からなる「若年者に対する刑事法制の在り方に関する勉強会」を立ち上げ、法律、社会学、社会福祉、医療等の実務経験者や研究者等40名からの意見聴取を行い、18歳未満に引き下げることへの反対、賛成両論について意見の取りまとめを行った。

① 少年法の適用年齢引き下げに反対する意見

a 国法上の統一は、引き下げ理由にはならないこと。

b 少年事件の増加・凶悪化の事実はないこと。

c 現行少年法は、十分に機能しており、引き下げは再犯防止の観点から問題があること。

d 少年のコミュニケーション能力の不足、発達障害、精神的未熟といった特徴を踏まえれば、適用年齢は、引き下げるべきではないこと。

e 引き下げによって18～19歳の虞犯少年への働きかけができなくなること。

f 現行少年法で18～19歳の少年への対応は、十分にできていること。

② 少年法の適用年齢を引き下げるべきだという意見

a 法律上、大人として取り扱われる年齢は、少なくとも民法や少年法といった主要な法律については、国民の混乱を招かないためにも、統一した方が良いのではないか。

b 民法改正において成人として扱われる18歳以上の者に対して、少年法で未成年者と同様、保護処分の対象とすることは、過度な介入である。

c 各種の世論調査によれば、国民は、少年犯罪は増加・凶悪化していると認識しており、少年法適用年齢引き下げについては、賛成が反対を大きく上回っている。

d 被害者遺族は、少年法の基本的精神には賛同するが、殺人等の重大な罪を犯した少年が成人よりはるかに軽い罰となることに、悔しく惨めな思いをさせられるものであり、少年法の適用年齢を引き下げて欲しいと願っている。

e　諸外国では、刑事手続きにおいて少年として扱われる年齢を18歳未満と定めているところが多く、適用年齢を18歳未満とすることは、国際的な観点から、特別なことではない。

このように引き下げるべきであるという理由には、厳罰化を求める犯罪抑止論的なものや、形式的なもの、感情論的なものなども多く、わかりやすさや民法など他法との整合性を根拠として、明確な理由もないまま、これまで青少年の更生、立ち直りに大きな役割を果たしてきた少年法の対象年齢を引き下げようとする考え方には容認できないものがある。

民法改正において成人年齢を18歳以上に引き下げる決定をした折には、18〜19歳の飲酒、喫煙については難なく、未成年者飲酒禁止法、未成年者喫煙禁止法が、2022年4月1日の改正民法の施行と併せて、それぞれ、「二十歳未満の者の飲酒の禁止に関する法律」、「二十歳未満の者の喫煙の禁止に関する法律」として改正・施行されることになっていた。これらの改正においては、18〜19歳の少年に禁酒、禁煙を課すことによって大人とは一線を隔し、子ども扱いにしておきながら、少年法の改正においては、大人同等の扱いにすべしというのは、正に整合性がとれない話ではないのか。また、先に見てきたように、少年法の改正、厳罰化・必罰化は2000年（平成12年）の法改正以降、繰り返し行われてきており、少年等の非行・犯罪が激減傾向にある今日、さらに法改正までして、18〜19歳の少年に対する、刑事罰的処遇の強化を図る必要がどこにあるのだろうか。一歩譲って、少年法の対象年齢を18歳未満に改正し、現行少年法対象の約3割を占めている18〜19歳の刑法犯少年を大人と同様の刑事罰的処遇を行うとした場合、ここ10年の成人刑法犯事件の起訴率は、30％台で推移してきており、平成30年においては、起訴32・8％、起訴猶予等不起訴64・8％となっており、犯罪に至っても、3人に2人は不起訴となり、何の法的処分も受けていないというのが現状である。改正によって、18～19歳で起訴猶予等になるであろうと考えられる半数以上の少年たちは、何の手当も受けず、社会に放置されるであろうということは、現在、行われている少年への保護処分の後退であるとしか考えられない。

敗戦後の混乱の中、米国シカゴの少年犯罪法を模範として1949年（昭和24年）1月、20歳に満たない少年への保護処分や再教育、少年の刑事事件処理手続きについて特別の措置を講ずることを目的とした法律として現行の少年法が施行された。爾来、70年余が経過するが、単に非行を理由として処罰を科し、非行を抑制しようとするのではなく、非行の程度を問わず、全ての少年事件を家庭裁判所へ送致し、教育、治療、環境調整等に重点を置いたソーシャルワークに基づいた保護処分によって、更生・社会適応を図ってきたという少年処遇の評価は高く、ここ数年の刑務所退所者の再入率が3割であるのに対し、18歳以上の少年院出院者の再入率は12％と低く、少年法は、青少年の更生に大きく寄与し、成果を上げてきたのである。

この間、繰り返し、4回もの少年法改正が行われ、厳罰化、必罰化の流れができあがってはきており、今回の改正は、戦後5回目の改正となる。

俯瞰すれば、近年の刑法犯の認知件数や少年刑法犯の激減については、厳罰化がその減少の要因として機能してきたとは決して思えないのである。成人、少年の犯罪減少の要因として最たるものは、窃盗事犯の激減であり、国が少年犯罪を減らすために行ってきた刑事罰の強化等による刑事司法的施策とは全く別の次元・要素によってもたらされた事象であると考える。

5　少年犯罪減少の背景

少年による刑法犯検挙人員において、昭和40年代、少年の刑法犯に占める窃盗犯の比率は、70％台後半を推移していたが、平成3年には60％台へ、平成14年には50％台へと減少を続け、以後、このアベレージは維持されている。

また、同じく、少年の窃盗事犯の検挙人員数も戦後最大のピークであった昭和58年の20万２０２８人から、最少となった令和元年の１万８１３人へと５・４％にまで激減してきている。

さらに、成人、少年を合わせた全ての刑法犯認知件数は、最多であった平成14年と同じく最少となった令和元年を比較すると、２８５万４０６１件から74万８５５９件へと１／４近くにまで減少してきており、その内の窃盗事犯の認知件数も２３７万７４８８件から53万２５６５件へと１／４以下にまで減少してきている。このことから、刑法犯認知件数の減少には窃盗事犯の激減が大きく寄与しているのがわかる。

刑法に規定される窃盗罪の罰則は「十年以下の懲役又は五十万円以下の罰金」とされており、決して軽いものではない。この刑法第２３５条は、平成18年に改正されるまでは、罰金刑の規定はなく、軽易な窃盗に対して刑を科すことは、刑罰の均衡上相当ではないと考えられており、実務上も適用されず、多くの微罪は不起訴処分となっていた。この改正で罰金刑が導入されたことにより、軽易な窃盗にも刑を科すことができるようになり、幅広い処罰が可能となったのであるが、罰則が強化された訳ではない。それなのに、窃盗事犯がこれほどまでに減少してきたのは、厳罰化や罰金刑の導入によるものではなく、別の要素に起因するものと考えられる。

そもそも、犯罪に至る者の心理として、刑罰があるから、刑罰が強化されたから犯罪に手を染めないという者は、まずいない。最も考えられるのは、犯罪が発覚し、逮捕されるリスクが高いという場合、そんな危ないことには手を出さないと考えるのが、犯罪者の心理としては最も順当なものとして考えられる。かつて、子どもを狙った犯罪として、身代金目的の誘拐事件が多発した時代があったが、そのことごとくが検挙されてきたため、現代では、子どもの誘拐で身代金目的のものは皆無に近く、そのほとんどが、わいせつ行為を目的とした衝動的なものにかかわってきている。

警視庁調べによる未成年者略取誘拐・人身売買件数は2014年159件、2015年148件、2016年183件起きているが、その内、身代金目的の略取誘拐件数は、それぞれ1件、2件、2件であり、5件全てにおいて犯人は検挙されており、身代金目的の誘拐がいかにリスクの高い、割に合わない犯罪であるかがわかる。これらを除いた残りのほとんどは、抑制し難い性的衝動に基づく、いたずらやわいせつ目的の誘拐事件である。

これと同様、窃盗事犯の減少は、先にも挙げたように、社会経済環境の好転によって雇用や賃金が安定し、生活困窮者が減少したことや、防犯カメラ、イモビライザーの普及、住宅セキュリティーの強化など防犯ツールの開発・進歩により、犯罪が露見し易く、逮捕されることへのリスクが高まったことによって、窃盗が割の合わない犯罪行為として認識されるようになり、激減し、高齢者等を狙った特殊詐欺やネットを使った犯罪など、顔の見えない、発覚し難い経済事犯へと移行してきているものと考える。

かつては、万引きの多発により、書店が倒産や閉店の危機に追い込まれたという話が報じられたが、現在では、人工知能が本棚の前を行き来する人の姿を捉えた防犯カメラの映像を解析し、万引行為を予見・探知し、警告音を鳴らすという実証実験やその導入も行われており、万引きによる書店等の倒産の話は聞かれなくなった。この他、AIがエレベーター内の異常状態について、防犯カメラの映像をリアルタイムで解析して探知するなど、瞬時に犯罪を捕捉するシステムは、日進月歩のごとく新技術の開発が進められている。また、顔認証システムにおいては、眼鏡やマスクをしていても識別可能で、チケットの転売防止、イベント会場での本人確認、空港の出入国管理、セキュリティ環境が必要な部屋の入退室、スマホのロック解除、商品購入の際の支払い決済など様々な場面で、本人確認システムや防犯システムとして機能しており、AIやITテクノロジーの発達進歩が、犯罪の抑止に大きく寄与するようになってきたのである。

この傾向は今後も益々進み、顔認証のみならず手のひらや指の静脈、指紋による認証、目の虹彩の模様で識別する虹彩認証の他、歩く姿などで個人を識別するなど、コロナ禍で広く導入された体温の検測やその他の生体認証システムについても開発が進められており、今後ますます、窃盗に限らず、可視化可能な犯罪は淘汰されていくものと考える。

そもそも、少年の非行は、少年とその周囲にいる、人、モノ等との摩擦の大きさや関係性の深さ、在り方などによって起きるものであると考えられるが、2年以上にも続くコロナ禍の影響により、子ども達がネットに集い、依存傾向になっていることで、刺激を求めて市街地を歩き回らなくなったことやゲームセンター等の特定の場所にたむろしなくなったことによる機会犯・街頭犯罪の減少が、少年の刑法犯件数の激減の背景にあるというのが私の仮説である。

平成9年の神戸連続児童殺傷事件以降、数々の少年犯罪が起きるたびに、国民が一番不安に感じたのは事件内容の凶悪さにもよるが、事件のきっかけや動機が結果の余りにも重大さに繋がらないということではなかったであろうかと考える。人と人との関係性が希薄化する一方、それでも非行、犯罪は起きてきたのである。しかしながら、近年、この関係性の希薄化がさらに進んでおり、機会犯や街頭犯罪の減少が、犯罪の発覚リスクの高まりと相まって刑法犯全体の7～8割を占めていた窃盗事犯の減少と併せて、ここ数年来の少年の刑法犯件数の激減につながっているものと考える。また、2020年春に始まったコロナ感染症の蔓延も、この傾向に拍車をかけていることは間違いない。

6　子ども世界の縮小化・希薄化

話は、平成2年1月に遡る。当時の厚生省の主催する「これからの家庭と子育てに関する懇談会」は、止まることを知らないわが国の少子化によって起こるであろう子どもの様々な問題について、警鐘とも言える提言を行った。「わが国においては、子どもを取り巻く環境の『縮小化と希薄化』が進行している。昭和63年の合計特殊出生率は1・66となり、子どものいる世帯の8割が一人っ子か二人っ子となり、『社会でもまれる機会』や『人と人との間で育つ機会』が減少し、子どもが様々な人間関係の中で学ぶ多様な価値観、我慢する機会が減少し、社会性に欠け、人の心の痛みを感ずることができなくなるなど、子どもの健やかな成長に大きな影響をもたらすことが憂慮される」と述べている。ちなみに、この年の出生数は131・4万人である。

この提言から、30年余が経過し、時節も令和に入り、子どもの出生数・出生率の低下は止まることなく、コロナ禍の2020年の出生数は84万835人(前年比マイナス2万4404人)合計特殊出生率は1・33にまで低下した。2021年は、出生数は81万1604人(前年比マイナス2万9231人)、合計特殊出生率1・30、2022年は、さらに少子化が進み、出生数79万9728人(速報値・前年比5・1%減)と統計開始以来、初の80万人割れとなり、最低記録を更新し続けている。

少子化の進行に伴う、子どもを取り巻く社会環境の「縮小化と希薄化」による影響や弊害など様々な要因によって、一時期は対教師暴力を含めた校内暴力によって小中高校が荒れ、凶悪な少年非行の嵐が吹き荒れた季節があったものの、平成末期からのここ数年の少年非行の激減を見ると、子どもや若者の行動は、何事もなかったかの如く、温和で賢明で、善良になり、社会のルールに則って生活しているかのごとく見えるようになったが、本当にそうであろうか。

このように非暴力化した子ども若者社会において、年々増幅してきたのは陰湿ないじめ問題である。今日、わが国で起きているいじめのほとんどは、犯罪行為や非行には該当しないのである。いじめで一番多いのは「悪口」や「陰口」であるが、これらをもって、処罰されたといういじめ事例は皆無に等しいと考えられる。いじめ問題の詳細については、次章以下で述べることとしたい。

今日の「縮小化と希薄化」について考えると、子ども若者の多くが家庭と学校、塾や習い事の3起点、4起点をルーティンとする生活圏の中で生活するようになり、生活のほとんどがその中で完結できるようになってきているというのが子ども若者社会の「縮小化と希薄化」であり、今日的現象ではなかろうかと考える。子ども若者社会の「縮小化と希薄化」が進み、街中での人と人、人とモノとの摩擦や軋轢《あつれき》の生ずる機会が減少したことにより、対人、対物のトラブルとしての犯罪や非行が減少しているのは当然の結果であると考えられる。

このような子ども若者の生活に、ドラスティックに変化を与えたのがインターネットの普及である。人は、社会的動物であると言われるごとく、人とひととの繋がりがなければ生きていけない。どちらがたまごでどちらがひよこなのかわからないが、ネット社会の出現によって、子ども、若者たちが集う場所は、一昔前の友達の家でもなく、ゲームセンターや深夜レストラン、コンビニの駐車場でもなく、若者、個々人は家庭にいながら、SNSやネトゲ（ネットゲーム）に集合しているというのが、実態と言っても過言ではなかろうかと思う。

そして、コロナ禍によってこの傾向は、さらに加速化された。30年余前の「これからの家庭と子育てに関する懇談会」も、今日の子ども若者社会において、ここまでの劇的な変化が起きることは予測できなかったと思える。

平成の初期、若者の出会いは、学校、塾・習い事、街角、ゲームセンター、そして少年・少女雑誌の文通相手募集コーナーなどであった。２０００年代に入ると、インターネットの爆発的利用が高まり、出会いの場が雑誌からネット上の3次元空間に広がるとともに携帯電話の普及や多機能化が進み、その場にいなくとも、人はひとと知り合い、繋がり、遊んだり、コミュニケーションを交わしたりすることができるようになった。この傾向はさらに進み、様々なインターネット機器の普及に伴い、インターネットは大人のみならず、子ども若者にとって日常生活に欠かせないツールとなっている。

内閣府が平成31年2月公表した「青少年のインターネット利用環境調査」によれば、高校生の99・0%、中学生の95・1%、小学生の85・6%、子ども若者の93・2%がインターネットを利用しており、そのための機器として、62・8%の者がスマートフォン、30・3%の者が携帯ゲーム機、30・2%の者がタブレット、17・1%の者がノートパソコンを使用している。利用内容の内訳は、高校生では「コミュニケーション」89・7%、「動画視聴」87・4%、「音楽視聴」80・6%、「ゲーム」74・6%、「勉強等」48・4%。中学生では「動画視聴」80・9%、「ゲーム」74・1%、「コミュニケーション」68・2%、「勉強等」36・0%。小学生では「ゲーム」81・5%、「動画視聴」66・1%、「勉強等」28・0%となっている。コミュニケーションの方法としては、ＳＮＳの広がりにより、ツイッターやフェイスブック、ライン等が主流であるが、他の人と協力して遊ぶオンラインゲームにも音声会話機能やＧＰＳ機能で近くのプレーヤーを探し、参加を呼びかけるなどコミュニケーション機能を有しているものも多く、人との交流や遊びには事欠かない。

昭和30年代に普及した白黒テレビにつぎ、カラーテレビは昭和40年代に入り急速に普及し、昭和50年代における世帯普及率は90%台となり、今日では、ほぼ１００%の普及率となっている。テレビの普及は国民の余暇活動を大きく変えたが、テレビは情報の伝達が一方通行であるのに対し、ネットでの交流は相互コミュニケーションであるため、子ども若者にとって遥かに面白く、またネット交流の輪の中に居ること自体が自己の存在を確認したり主張したりするものとなっているのである。

２０１９年10月、時事通信社が実施した18歳以上２０００人を対象とした「テレビに関する世論調査」によれば、若い世代を中心にテレビ離れが進んでいることが明らかになった。その理由として、複数回答で、「動画投稿サイト・配信サービスの方が魅力的」が60・５％、「スマートフォンやゲーム機の方が楽しめる」が57・４％、「ネットが普及し、テレビを見なくても困らない」が56・５％で、若者を中心として、娯楽のアイテムがテレビからインターネットへ移行してきているのがわかる。２００５年の統計では、日本国民は世界的に、最も長時間テレビを見る国民と言われており、日本人一人当たりの平均テレビ視聴時間は４時間、一世帯当たりのテレビ視聴時間の平均は８時間にも及んでいた。これはテレビを何となく付ける、見るといったテレビ映像に対する「定位反応」と呼ばれる生理的反応が誘発され、嗜癖《しへき》傾向に陥っていたからである。

現代社会では、この「定位反応」がスマホに対して起きているのである。スマホを見ながら街中を歩く、自転車に乗りながらスマホを扱うというのは迷惑行為だが、朝の電車やバスの中で、乗客の大半が一斉にスマホを見ているという、わが国独特の通勤通学風景は壮観でもあり、不気味でもある。現代の大人も若者もスマホに対して嗜癖し、依存状況に陥っているものと考えられる。これと同様なことは、幼い子どもの世界でも起きており、２０１３年11月、日本小児科医会は、乳幼児にスマホを使わせてはならないという勧告も行っている。メディア監視団体の行った調査によると、幼い子ども達の中で、モバイル機器の使用が驚くほど増加してきていることがわかった。2歳以下の幼児の4割近くが、タブレットやスマホなどモバイル機器を使っている。日本小児科医会は「乳幼児期は脳や体が発達する大切な時期。子どもがグズルとスマホを与えて静かにさせる親がよくいるが、子どもにスマホを見せることによって、親が子どもの反応を見ながらあやす心の交流が減ってしまう」と警鐘を鳴らした。

日本小児科医会は、今日に至っても「スマホに子守りをさせないで」のポスター、リーフレットを作成・配布し、メディアとの総接触時間を2時間以内（目安）にと提言し、「見直しましょうメディア漬けの子育て」といった息の長い啓発活動に取り組んでいる。

令和2年に入り、突如出現したコロナ禍はさらに子ども若者のネットへの耽溺《たんでき》に拍車をかけた。3月初旬からの小中高校、大学までも含めた全国一斉休校は、子ども若者を家庭に閉じ込めてしまった。学校が休みになりSNSやネトゲに耽溺、依存することによって、自分だけの世界に閉じこもっている子どもたちも間違いなく増加してきている。

ネットを通じたいじめや、自画撮りの要求、援助交際、妊娠といった性暴力被害の相談を受け、産婦人科診察やカウンセリング、警察・弁護士への連絡など総合的な支援を1ヵ所で提供できる性犯罪・性暴力被害者のためのワンストップ支援センターが、平成3年11月1日現在、全国51ヵ所で運営されている。内閣府は、性暴力対策強化方針の一環として、被害者相談の利便性を考え、平成2年10月、全国共通短縮ダイヤル（#8891）の導入を図った。短縮ダイヤルを回せば最寄りのワンストップ支援センターへつながる仕組みである。この導入が功を奏し、令和3年度には、5万8千件余の相談が寄せられている。不安や心配のある方は、遠慮なく#８８９１に相談して欲しい。

７　少年司法の今後の行方

２０２０年1月、少年法の適用年齢引き下げに関して議論を重ねてきた法制審議会においては、引き下げに根強い異論もあり、意見が割れ、賛否が伯仲する中、法務省事務局が引き下げ反対派に配慮した案を提示するもまとまらず、また与党内でも公明党の反発が強く、調整がつかなかったことなどから、政府・与党は、現段階での法改正は困難とし、国会（第２０１回通常国会：20年1月20日～6月17日）への改正案の提出を見送った。20年7月、改正案を検討してきた自民・公明両党の実務者協議において、改正案における18～19歳の位置づけ、取り扱い等、基本的な部分の合意を見たことから、20年8月、法制審議会少年法・刑事法（少年年齢・犯罪者処遇関係）部会が開催され、以下の通り、取りまとめ案が作成された。

a　罪を犯した18～19歳の者は、事件を家庭裁判所に送致しなければならないものとする。

b　少年法の適用年齢において、18～19歳の年齢区分の在り方、呼称は、国民意識、社会通念等を踏まえたものが求められることから、今後の国会における立法プロセスの検討に委ねる。

c　18～19歳を含めた少年事件の全件家裁送致の仕組みを維持しつつも、家庭裁判所の検察官送致（逆送）

は、従前の16歳以上で故意により被害者を死亡させた罪に加え、罰則が1年以上の懲役又は禁錮にあたる罪（強盗、強制性交、放火等）を犯した事件も対象とする。

d　18～19歳の少年を審判において保護処分に付す場合は、①～③いずれかの決定をしなければならない。

①　6月の保護観察

②　2年の保護観察

③　3年以下の少年院送致

e　18～19歳の虞犯少年については、民法上の大人に対する過剰な権利制約にならないよう、処分は犯情の軽重を考慮して、相当な限度を超えない範囲内において行わなければならないものであるから、将来罪を犯す恐れがあると判断されたとしても、現行の家裁送致できる仕組みの対象外とする。

f　18～19歳の少年の刑事裁判の判決において言渡される、量刑に幅を持たせている不定期刑については、これを廃止する。

g　少年法第61条に定める本名や顔写真など容疑者本人が推定される推知報道を禁止する規定を見直し、重大な罪を犯した18～19歳の少年については、起訴された段階で報道を容認する。

以上のような概略内容の18～19歳を別枠とする少年法改正に係る法制審議会の部会案が提示された。3年半という長期にわたる審議の結果であったが、この部会案は総会を経て少年法改正要綱案として、20年10月、法務大臣に答申された。改正要綱案は、1948年に制定された現行少年法の全件家裁送致の仕組みを維持した上で、18～19歳の処遇を成人に近づけるという折衷案であり、事実上の厳罰化となっている。また、少年法の適用年齢を17歳以下にするという少年法改正については見送られ、少年法の適用年齢を20歳未満とする枠組みは維持されたが、適用年齢の在り方については、今後も議論が続くこととなった。

21年2月、政府は、18歳及び19歳を「特定少年」と規定し、17歳以下の少年と区別する前記内容の少年法改正案を閣議決定した。さらに21年5月、第204回通常国会、参議院本会議において改正少年法は可決、成立し、22年4月1日、18歳以上を成年とする改正民法の施行と併せて同時施行された。

戦後、5度目の少年法改正であり、民法との整合を図り、18～19歳を特定少年として、少年法の対象に残しながらも、大人扱いとするための改正であったと評価する。これまでは、風俗で働く18～19歳の少女や同年齢で暴力団に出入りする少年などは虞犯少年として、家庭裁判所がその少年の家庭環境に配慮しながら処遇を検討し、保護処分等を実施してきたが、改正少年法施行後は、成人として扱われ、全て自己責任として、司法は関与しなくなる。

また、18～19歳の特定少年については、起訴された時点から実名報道が可能となる。

この二点に関して今後、これらの少年たちの立ち直りをどう図っていくのかが最も気になっているところである。

特定少年の実名報道に関しては、22年4月8日、21年10月に起きた甲府市夫婦殺害放火事件において、19歳の被告少年を起訴した甲府地検は、記者会見の席で、起訴内容の説明に併せて被告が特定少年に当たることに改めて言及し、重大事態であるとして、法に則り氏名を明らかにした旨、経緯を説明した。その後の報道機関の対応はまちまちであるが、某週刊誌は事件が起きた21年10月末には実名、写真を報道している。これは、少年が起訴される前の報道であり、少年法第61条及び今回の法改正で新設された法第68条は、有名無実な法規定とされた。法務省の法改正の趣旨が何であったのかが分からなくなる。

大正11年に制定された旧少年法においては、18歳未満の少年に関する推知報道は、明確に規制されており、違反した場合、厳しい罰則が科せられていた。しかしながら、戦後の日本国憲法の制定において、法第21条（思想表現の自由）が規定されたことにより、現少年法の制定においては、罰則規定は削除された。

戦後から今日に至るまで、報道機関は、実名についても報道内容の重要な構成要件の一つとして、原則実名報道という基本的スタンスをとってきた。そのため、少年による社会を震撼させる凶悪事件が起きる度に、新聞社、出版社等が実名にするか匿名にするかの自主的判断に基づき、報道を行ってきた。実名報道を行う主な事由として、「事件の重大性」「死刑判決の確定」などが挙げられるが、「事件の重大性」によるものが１９６０年「浅沼稲次郎暗殺事件（17歳）」、１９６８年「永山則夫連続射殺事件（19歳）」、１９７２年「あさま山荘事件（16歳、19歳）」、１９８８年「名古屋アベック殺人事件（男19歳2名、17歳、女18歳、17歳）」、１９８９年「女子高生コンクリート詰め殺人事件（18歳、17歳、16歳、15歳）」、１９９２年「市川一家４人殺害事件（19歳）」、１９９８年「堺市通り魔事件（19歳）」などがある。また、裁判により死刑が確定し、更生や社会復帰の可能性が無くなり、それまで抑制してきた実名報道を解禁した事案として、１９９４年「大阪・愛知・岐阜連続リンチ殺人事件（19歳2名、18歳）」、１９９９年「光市母子殺害事件（18歳）」、２０１０年「石巻3人殺傷事件（18歳）」などがある。この他、事件発生後、逃走し、自傷他害の恐れがあり、緊急事態として実名・写真報道に至った事案として、２００６年「山口女子高専生殺害事件（19歳）」、２０１８年「彦根市交番警察官射殺事件（19歳巡査、拳銃所持）」などがある。

これらの少年事件で、実名や写真報道された少年等が新聞社や出版社に対して、少年法第61条違反及び名誉棄損、人権侵害として提訴した事案は、「大阪・愛知・岐阜連続リンチ殺人事件」「堺市通り魔事件」「光市母子殺害事件」の3件であるが、いずれの裁判においても、最終的には提訴した少年側が敗訴している。これらの判例は、実名報道そのものにおいては、違法性は阻却《そきゃく》されており、報道の自由、知る権利などの社会的利益が少年の成長発達権より優先されることを明示しているものと考える。しかしながら、今日のマスコミの動向を見るに、商業主義的報道は一部あるとしても、国の動きにステレオタイプに追随するのではなく、マスコミ各社が独自の判断基準に基づいて推知報道の是非を判断しており、この点に関しては、業界の健全性というものを強く感じる。今回の少年法改正は、これまでにない大きな改正であり、注意を持って今後の経緯、結果を見守って行きたいと考える。

【少年法第61条（記事等の掲載禁止）　家庭裁判所の審判に付された少年又は少年の時に犯した罪により公訴を提起された者については、氏名、年齢、職業、住所、容貌等によりその者が当該事件の本人であることを推知することができるような記事又は写真を新聞紙その他の出版物に掲載してはならない。

【少年法第68条（記事等の掲載禁止の特例）第61条の規定は、特定少年のとき犯した罪により公訴を提起された場合における同条の記事又は写真については、適用しない（後略）】

【旧少年法第74条　少年審判所ノ審判ニ付セラレタル事実又ハ少年ニ対スル刑事事件ニ付予審又ハ公判ニ付セラレタル事項ハ之ヲ新聞紙其ノ他ノ出版物ニ掲載スルコトヲ得ス　前項ノ規定ニ違反シタルトキハ新聞紙ニ在リテハ編集人及発行人、其ノ他ノ出版物ニ在リテハ著作者及発行者ヲ一年以下ノ禁錮又ハ千円以下ノ罰金ニ処ス】

コロナ禍の20年8月、少年院を仮退院して更生保護施設で生活し始めたばかりの15歳の少年が、施設を抜け出し、福岡市内の商業施設において、買い物客の女性21歳に襲いかかり、包丁で刺殺するという凶悪事件が起きた。少年は3カ月間の鑑定留置を経て、親族のいる鹿児島県の家庭裁判所において4週間の観護措置決定後、少年審判に付されたが、少年院では改善困難として、検察官送致（逆送）された。事件の送致を受けた福岡地検は、21年1月、少年を殺人、暴力行為等処罰法違反、窃盗等の罪で起訴し、福岡地裁において、成人と同様な裁判員裁判が実施されることとなった。国会で、少年法改正案の審議中の出来事であり、これまで以上に厳罰化が進むことが予測されている中での本件少年事件に係る家裁、地検の決定は、今後の少年事件の厳罰化を先取するかのような早々の対応であり、識者の間では疑問視する声も上がっていた。２０００年の少年法改正において、重大事件を起こした14～15歳の少年についても、家庭裁判所は事件を検察官に送致（逆送）し、大人同様の刑事裁判を受けさせることができるようになった。改正法が施行された２００１年４月以降、14〜15歳で検察官送致後、起訴され刑事罰に処せられた少年は、道交法等の特別法違反を除いた刑法犯では２名しかいない。いずれも犯行時の年齢は15歳で、14歳は皆無であった。一件は、２００２年９月に福島県郡山市で起きた成人（35歳）を含む16歳、15歳の３人で起こした強盗強姦監禁事件で、15歳の少年は懲役３年６カ月〜６年の不定期刑に処されている。本件は、16歳未満で刑事罰の判決が出た最初の事件である。もう一件は、２００５年６月、東京都板橋区建設会社社員寮管理人夫婦殺害事件で、両親を殺害した15歳長男に対し、一審東京地裁は、懲役14年の判決。減刑を求めた東京高裁控訴審においては一審判決を破棄し、改めて懲役12年の判決を下し、二審判決が確定している。確かに、二件とも犯状は悪いが、その後、数々の16歳未満の少年による殺人事件等凶悪事件は起きているが、成人同様の刑事裁判ではなく、家庭裁判所の審判によって、少年院送致の保護処分決定がなされ、少年院における手厚い再教育が行われてきた。

22年７月、福岡家裁において福岡市の商業施設で起きた本件女性刺殺事件に係る裁判員裁判が実施された。

少年の心理鑑定を行った大学教授によると、少年は、父、母、兄から想像を絶するあらゆる形の虐待行為を受けるなど、極めて不適切な養育環境の中で育ち、幼少期から暴言、暴力、性化行動などの深刻な問題行動が噴出し、小３の頃から成人を対象とした精神科病院、児童心理治療施設、児童自立支援施設などを転々とし、14歳で少年院送致となっている。

その少年院からの仮退院において、当初、帰住先を母親の元としていたところ、直前で母親に引き取り拒否をされ、絶望感、無力感を抱き、自暴自棄になり本件を起こしたと証言している。

弁護側は「虐待下で育ったことにより共感性、罪悪感は見受けられず、第3種（医療）少年院での治療教育が必要である」として、少年法第55条の規定に基づく家庭裁判所移送を求めた。

一方、検察側は「残忍性の高い犯行、刑事処分を科すのが相当」と証言。被害者の母親は「ずっと苦しみ続けている。許せません。一生刑務所に入れて下さい」と極刑を求めた。

原告側の弁護士から更生の意思を聞かれると、少年は「クズはクズのまま、変われない」と語った。同月25日、裁判官は、「犯行は通り魔的で、極めて残忍。保護処分は、社会的に許容し難い」として、求刑通りの懲役10年以上15年以下の不定期刑を言い渡した。本件は、原告、被告双方が控訴せず、刑は確定している。

しかしながら、23年3月10日、被害者遺族は、少年とその母親に対して７８２０万円の損害賠償を求めて民事訴訟を起こすとともに、国に対しても、「なぜ、退院を許したのか」「少年院が適切な対応をとらなかったこと、適切な矯正教育を受けさせなかったこと」「関係機関を含めた処遇検討会議を開催しないまま仮退院を決定したこと」「少年が入所した更生保護施設など関係機関との情報共有が不十分だったこと」「仮退院後の投薬を怠ったこと」などが事件につながったとして、６１７０万円の損害賠償を求めて福岡地裁に提訴した。

国は、これまで罰則の強化を繰り返すことによって、少年の非行・犯罪の抑制を図ろうとしてきたが、少年院の教育、処遇の在り方については、旧態依然として、おざなりにしてきたのではないか。

遺族としては、少年院仮退院後わずかで2日で殺人という重大事件を起こした少年に対する少年院の教育や仮退院の在り方に強い問題提起を行ったものであり、今後の少年司法に一石を投じるものになるのではないかと、国の対応・動向に注視して行きたいと思う。

17歳になった少年は、現在、全国に6ヵ所ある少年刑務所のいずれかに服役しているものと思われるが、少年刑務所の処遇は、少年であることの配慮として、成人とは異なる教育的処遇も行われているとは言え、刑罰としての刑務作業が中心であり、真に少年の育ち直し・更生に資することが可能なのか大きな不安も残る。少年を変えられるのは、教育しかないと思う。社会に出るまでには、10年以上の歳月がある。少年への思いとしては、勉強に勉強を重ね、自分を磨き、善悪の判断や社会規範を身につけ、自らを変えて欲しい。今は、このことを強く祈念するしかない。

【少年法第55条　裁判所は事実審理の結果、少年の被告人を保護処分に付するのが相当であると認めるときは、決定をもって、事件を家庭裁判所に移送しなければならない】

少年法の長期にわたる動向を見てきたが、わが国の少年司法は、国連子どもの権利委員会が繰り返し勧告しているように、世界水準である「子どもの権利条約」における少年司法に係る各条項や北京ルールズ（少年司法の運営に関する国連最低基準規則）、リヤド・ガイドライン（少年非行防止のための国連指針）からも大きく乖離し、総括所見において数多くの提言、勧告等を受けながらも、それに違背する形で体制強化・厳罰化が進められてきた。戦前戦後を通してつい近年まで、あれほど穏やかで緩やかであったわが国の少年司法がなぜこれほどまで厳しく、世界的水準から外れてしまったのか、なぜそこまで強化・必罰化しなければならなかったのか、私自身、それを説明するだけの論拠を持たない。おそらく、年少少年による凶悪事件が続けざまに起きたことや、被害者の処罰感情の増幅ということが少年司法の強化・厳罰化に大きく作用したものと考えられるが、本来なら、少年非行の予防措置や非行を犯した少年への治療、手当てと併せて被害者のグリーフケアをいかに手厚くするかということに、国の施策を総動員すべきだったと考えるが、そうとはならず、限りなく加害少年への厳罰化への道を突き進んだというのが、わが国の少年司法の現状であると考える。

今後の少年司法の在り方については、現代の子ども若者が社会を動かす大人世代に成長し、その時代における子ども若者に対する少年司法の実状を検証し、このままでよいのか、もっとより良く改正する点はないのか、改めて判断を下して欲しい。また、今後も続くと考えられるコロナ禍社会において、3年にもわたる自粛生活が子ども若者にどのような影響を及ぼしたのか、また、子ども若者のサブカルチャーとしての非行が今後どのように変化していくのか、注意を持って見守って行きたいと考えている。

【北京ルールズ：　1985年、国連総会で採択された「少年司法運営に関する国連最低基準規則」で、狭義の少年司法運営のみならず、少年非行の防止及び少年の処遇の問題について言及しており、子どもの権利条約やリヤド・ガイドライン等、一連の少年司法に関する基準の基礎となる規則とされている。全30条から成り、国家による少年への不介入を原則として、介入するとしてもそれをできるだけ抑えて、自由の拘束度の低いものから徐々に行っていくという姿勢を明確に示し、法による少年への介入を減らすため少年への福祉を増進し、法に抵触した少年を公正かつ人間的に扱うことを目的としている。規則第17条においては、少年への審判及び処分は、指導原理に基づくべきことを謳い、「人身の自由に対する制限は、最低限度でなくてはならないこと」「人身の自由の剥奪は、他に適切な方法がない場合以外は科してはならないこと」「死刑は少年のいかなる犯罪に対しても科してはならないこと」などを規定しており、国連子どもの権利委員会は、日本の少年司法がこれらに著しく抵触していることを繰り返し勧告している】

【リヤド・ガイドライン：　1990年12月、国連総会において議決された少年非行防止のための国連指針であり、幼児期から子どもの人格や人権が尊重されることを軸として、社会の力を活用した福祉的・教育的な関わりによって、非行は防止できるとしている。少年の逸脱行動は、成長発達途上の一過性のものとの認識の下に、全ての子どもの社会化と統合の過程で子どもの人格の発達に留意がなされ、子ども達は、完全なパートナーとして受け入れられなければならないとして家族、教育、地域社会、マスメディア等の場面で、子どもの最善の利益を図りつつ、社会化と統合を図るためのガイドラインを示している。「立法及び少年司法の運営」において、子ども達は、家庭、学校、他のいかなる施設において、過酷な又は品位を傷つける矯正措置又は処罰措置の対象とされるべきではないと明示している】

第五章　いじめ自殺・教師の体罰の問題

国連子どもの権利委員会から、総括所見において、若者の自殺、学校における体罰・いじめの問題について繰り返し勧告を受けるまでもなく、これらの問題は、今日の日本社会が抱える、最も憂慮すべき教育問題であり社会問題でもある。

本章においては、若者の自殺、学校における体罰・いじめの現状やこれまでに起きたいじめ自死や教師による体罰・指導死事件の概要、対策、課題等について論じることとしたい。

国連子どもの権利委員会が、わが国に提示した総括所見において、若者の自殺、学校における体罰・いじめ、この2点に係る勧告、留意、懸念等の詳細については、第三章「子どもの権利に関する条約」の批准とその後のわが国の動向（3）若者の自殺（4）学校における体罰・いじめを参照とされたい。

1　日本の自殺死亡率の高さの問題

わが国は、先進国の中でも自殺死亡率が高いと評されているが、２０１８年世界保健機関資料に基づく、ＯＥＣＤ７カ国における自殺の国際比較によれば、人口10万人に対し、フランス・アメリカ

13・8人、ドイツ12・3人、カナダ11・5人、英国7・5人、イタリア6・6人、日本18・5人となっており、G7の中でもトップの自殺死亡率の高さにある。

わが国においては、1998年（平成10年）に年間自殺者数が3万人を超え、2003年（平成15年）の3万4427人をピークに、2011年（平成23年）までの14年間、毎年3万人を超える自殺者数が続いた。以後、自殺者数、自殺死亡率とも減少を続け、2019年の自殺者数は2万169人、人口10万人当たりの自殺死亡率も16人と自殺者統計を取り始めた1978年以来の最少、最低を記録した。しかしながら、20～80歳代の自殺死亡者数、自殺死亡率ともに低下傾向にあるのにかかわらず、10歳代の自殺については、年間500～600人のレベルで推移しているのは、憂慮すべき問題である。厚労省・警察庁の調査において、全ての世代の自殺者で自殺の原因・理由が特定できたものは74%で、自殺者全体の約半数が健康問題であった。

わが国の自殺者数は、減少傾向にあったものが、2020年に始まったコロナ感染症の拡大に伴い、同年の自殺者総数は、11年ぶりの増加に転じ、前年比、912人（4・5%）増の2万1081人、男性の自殺者数は減少しているものの、女性は935人（15・5%）増の7026人となっており、全体の自殺率も前年の1・60人から1・67人へと増加に転じている。さらに、21年においては、前年比、74人（0・35%）減の2万1007人となっており、同じく、男性は減少、女性は42人（0・6%）増の7068人、全体の自殺率は、1・68人へと0・1ポイント上昇している。

女性の自殺者数の増加は、コロナ禍における生活環境の変化や雇止めなどによる経済基盤の弱い女性がもろに影響を受けたことによるもの、長期にわたる巣ごもり生活における家庭内トラブルの増加によるもの、20年5月以降続けざまに起きた著名人の自殺も大きく影響しているものと考えられ、今後、早急な対策やケアが待たれる。また、20年における小中高校生の自殺者数は、499人（前年比25・1％、100人増）、21年は、473人（前年比5・2％減）、22年は、過去最多の514人（確定値・前年比8・7％、41人増）と、高止まり傾向にあることが公表された。特に、第1回目の緊急事態宣言が解除され、長期休校が終わり、新学期が始まった20年8月の自殺者数は、前年同月の2倍以上と突出しており、コロナ感染症による生活環境の激変で、児童生徒の心身の状況が不安定になり、混乱を来した結果と推測されるが、国はこのような状況においてこそ、詳細な調査研究を行い、今後の予防策を明示すべきであると考える。

フランスの社会学者、デュルケームは、19世紀末、自殺論を著わし、個人が社会より優先することはあり得ないという社会実証論的理論のもとに、個人の行動を左右する要因は、個人の中にあるのではなくて社会の中にあるとした。自殺を個人が選択する場合においても、社会に固有の自殺を左右する諸条件が個人から独立して存在し、その自殺の流れが個人の動機の中へ侵入し自殺に向かわせるのであり、個人的に見える自殺も社会の影響を受けていると説いた。

また、デュルケームは、自殺を四つのタイプに分類し、その一つ、アノミー的自殺は、個人の幸福追求の欲求とそれを満足させる手段が均衡を失った社会状態に由来すると述べており、アノミーとは無秩序・無規制の状態、欲求が無規制になった時、人は、何が可能で何が不可能か分からなくなり、価値観が混乱し自殺に至るとしている。また、次のタイプとして自己本位的自殺を掲げ、社会や集団のまとまりが極端に弱いと自殺が増えるとして、挫折や失望を経験した個人が、次第に集団との結びつきを弱めていき、孤立と焦燥の中で自殺に至るとしている。

三つ目のタイプとして愛他的自殺を掲げており、行動の基準が社会集団の中にある武士道、騎士道等における殉死、追死など義務によって自殺に赴くパターンである。この他、デュルケームは、第四の自殺として、奴隷の自殺や軍隊における兵士の自殺など強力な拘束力によって起きる宿命的自殺についても言及している。

コロナ禍では、感染への恐怖感、先の見えない閉塞感、場当たり的な国の対策、経済活動の縮小、医療体制の崩壊など、今まさにわが国の現状はアノミー状態であり、アノミー的自殺の増加に加えて、子ども若者社会における、突然の休校、運動会、修学旅行、クラブ活動など学校行事の取り止め、授業の遅れに対する焦燥感、進学への不安、学友との交流の閉鎖化など生徒相互の結びつきの弱まり等を要因とする自己本位的自殺が増加しているものと考えられる。

２０１７年以降、子ども若者の自殺者数が増加し続け、5年連続して高止まりで推移しているのは、極めて憂慮すべきことであり、抜本的な対策を急がねばならない。

2　子ども若者の死亡の現状

(1) 不慮の事故

わが国の新生児医療は、世界でもトップクラスであり、新生児（生後4週間）の死亡率は、2018年の統計では1000人に対して0・9人、1歳までの乳児死亡率は1・75人、0歳から4歳までの死亡率も2・44人と世界でも最も低い水準を維持している。十数年前まで、わが国の1〜4歳までの幼児の死亡率は、先天奇形等、結核、赤痢、胃腸炎、肺炎などの感染症による死亡に加えて不慮の事故死の多さにより、先進諸国の中では、高い数値を示していた。

しかしながら、近年になって0〜4歳までの死亡率は、低い水準へと改善してきているが、平成30年人口動態統計月報年計（概数）の概況によれば、平成30年の子ども若者の死因として「不慮の事故」は、0歳（65人）で3位、1〜4歳（81人）で2位、5〜9歳（75人）で2位、10〜14歳（64人）で3位、15〜19歳（240人）で2位、計525人が死亡しており、どの年代をとっても死因として高い状況にあり、不慮の事故による死亡は、子ども若者の死因として三番目に多いファクターとなっており、乳幼児のみならず、多くの子ども若者の死因として高位に位置していることは憂慮すべきことである。

国際疾病分類によれば不慮の事故としては、交通事故、転倒・転落、不慮の溺水及び溺死、不慮の窒息、煙・火及び火災への曝露などがあるが、「不慮」という語彙は「思いがけないこと、不意、意外」の意味で使われている。確かに大人が意図しない事故であったとしても、多くの場合は大人の不注意や配慮の足らなさによる事故である。もう少し、周囲の大人が注意を払っておけば防げたはずの事故も数多くあったはずである。例えば、保育施設等におけるうつぶせ寝に起因する窒息死の問題である。このことは、繰り返しニュースや専門誌等で警告が発せられながら一向になくならない。内閣府の調査によれば、２０１８年中に全国の保育施設等で起きた死亡事故は9件で、８人が睡眠中の事故。内うつぶせ寝が確認されたのは2人であった。

この他、これまで繰り返されてきた幼児の高層マンションの窓やベランダからの転落事故、自家用車や通園バスに児童がとり残され熱中症で死亡するといった同種の事故により、得られたはずの知見や経験則が活かされないのはなぜなのか。福岡県においては、通園バス置き去りによる園児の死亡事故は、２００7年に北九州市で、２０２1年に中間市で続けざまに起きている。

震災や戦争が起きている訳でもないのに、大人の不注意、配慮不足によって多くの子ども若者の生命が日々失われているのは、わが国がそれ程無知で貧しい国であるからなのか。

平成30年における0〜19歳の死因で高いものは、先天奇形等（８５０人）、自殺（６０２人）、不慮の事故（５２５人）、悪性新生物（３７８人）、呼吸器障害（２６３人）の順となっている。

先天奇形は、出生前の段階で生じたと考えられる身体的な異常で、ほとんどが原因不明であり、ある種の遺伝的要因と、放射能、特定の薬物、アルコール、栄養不良、母体の特定感染などの環境要因によって発生する可能性が高いとされている。欧米諸国でも乳児の死亡原因の上位にあり、胎児死亡の原因となっているものもあり、わが国においても先天奇形による死亡事例が多いのは一定程度仕方がない面もあるが、胎児段階での予防を含めた、さらなる周産期医療の充実が望まれる。

また、わが国の子どもの死亡率の高いもう一つの要因として考えられるのは、小児救急医療体制が未だ不十分であることが揚げられる。全国に救急救命センターが２８９ヵ所（２０１９年４月現在）あるが、２０１７年10月現在、子ども専門病院で小児集中治療室（ＰＩＣＵ）については42施設３３

7床しかなく、小児人口10万人に対し2床の割合であり、欧米諸国の小児人口10万人に対して2・5～5・4床と比較し著しく見劣りする数値であり、小児救急医療体制の不備が指摘されている。

少子化が限りなく進行しているわが国において、子どもは未来そのものである。2018年8月、東京都において268gで生まれた男児が、半年後3238gにまで成長し、自力で母乳が飲めるようになり、元気に退院した。世界最小児記録である。体重1000g未満で生まれる超低体重児の救命率は、わが国では約9割であるが、300g未満の救命率は著しく低く、特に男児は厳しいとのことである。この記録的出来事は、わが国のNICU（新生児特定集中治療室）の実力の成果である。せっかく生まれた尊い命が、大人の不注意や虐待、いじめ、自殺等々によって失われることは決してあってはならないことである。万が一、子どもに不慮の事故が起きた時、咄嗟の初期対応とPICUへのアクセスが子どもの命を左右する。PICUのさらなる量的質的拡充を強く希望する。

（2）子ども若者の自殺

平成30年の人口動態概況における子ども若者の死因調査によれば、「自殺」は10～14歳では（99人）2位、15～19歳で（503人）1位、計（602人）という結果が出ている。また、5歳ごとに区切った20歳～39歳までの死因の第一位は全てが「自殺」となっており、若者の死亡の最大の要因となっている。せっかく生まれてきた子どもが病気ではなく、かなりの高率で前述の不慮の事故や自殺で死亡しているというのがわが国の現状である。これらのことは、わが国では、子ども若者に十分な注意や精神的ケアが払われていないこと、子ども若者が大切に育まれていないことの証左ではないかと考える。

１９９８年から２０１９年にかけて、国連子どもの権利委員会がわが国に対して行った５回にわたる総括所見において、繰り返し勧告を受け続けているいじめ多発の問題は、未だ解決策、対応策の見つからない憂慮すべき問題であり、わが国において、毎年いじめによって多くの子どもたちが苦しみ、死に至ることが続いていることは、極めて深刻な問題である。

(3) いじめ自殺

私たちが子どもの頃、親、教師から「弱い者いじめは良くない、なぜならば、弱い者をいじめるのは卑怯なことだから」と教えられてきた。「女の子に暴力を振るうのは良くない、なぜならば、相手は女だから」と教えられてきた。「嘘をついてはいけない。嘘は泥棒のはじまりだから」とも教えられてきた。「人の物を盗ってはいけない」ということも理屈ではなく、ダメなことはダメという形で教えられてきた。これらの教えは、今考えてみると、なんの理屈も根拠もないことであるが、今でも自分の内なる道徳律として生きている。

今の子ども達にもこういう教育が必要なのではないだろうかと考える。理屈ではなく、卑怯なことはしてはいけない。ダメなものはダメ、正義とは何かといった教育を、親が子どもの小さい内からやらなければならないということを国民全体が自覚すべき時期にきていると思う。

筆者は、団塊の世代生まれであり、小中学生時代、1学級54〜55名の生徒数は当たり前のことであった。今から考えれば超過密学級ではあったが、生徒同士の喧嘩はあっても、いじめはなかった。なぜなら、弱い者をいじめることは、卑怯で恥ずべきこととされていたからである。

学校における、いじめによる自殺が散見されるようになり、社会問題になり始めたのは、1970年代後半からである。校内暴力などで学校が荒れ、1970年には1年間で380人の小中高校生が自殺した。小中高校生自殺の最初のピークである。この頃から、「弱者いじめ」や「いじめ自殺」という言葉が使われ始めた。1984年、警察庁が全国初の実態調査を行った結果、その1年間に、531件のいじめが原因とみられる傷害、暴行事件が起きており、1920人に上る少年を摘発、補導した。また、いじめにより7名の自殺があったと公表している。

その後、子ども若者の自殺が初めて大きな社会問題としてマスコミ報道されたのは、1986年(昭和61年)、東京都中野区富士見中で起きた2年生男子生徒に対する、同級生のいじめによる自殺事件である。男子生徒は「このままじゃ生きジゴクになっちゃうよ」と遺書を残して自殺した。本件に関しては、いじめたのは生徒ばかりではなく、担任ら4人の教師が「葬式ごっこ」に加担していたとして、厳しく断罪された。担任は、諭旨免職、いじめた加害少年は、保護観察処分となっている。また、この年は、人気アイドル歌手の飛び降り自殺が起こり、子ども若者の後追い自殺が相次いだ年でもあった。それ以降も、いじめによる自殺事件は無くなることなく、これまで幾度となく、繰り返されてきたのである。

次に記憶に新しいのが1993年（平成5年）1月に起きた山形明倫中マット死事件である。また、翌1994年（平成6年）11月には、愛知県西尾市で中学2年生、男子生徒のいじめ自殺が起きている。同級生4人から金銭恐喝を受け続け、もうこれ以上払えないからと「もっと生きたかったけど、もう、たまりません」と遺書を残して自殺した事件であった。

わが国においては、ひどいいじめが、日本中の小中高校で日常茶飯事に起きており、いじめられた者が自殺しても、加害者は、大きな罪に問われることもなく、せいぜい少年院や児童自立支援施設送致か保護観察処分、民事訴訟で数百万円の損害賠償判決が関の山というのが現状である。いじめた側が最終的に不処分という少年審判も数多く出ている。また、いじめが学校という公教育機関の中で起きているにもかかわらず、その責任の所在は曖昧で、誰も責任を取ろうとしないというのが現状である。子どもの命はそんなに軽いものであろうか。

1980年代～1990年代にかけての大きな社会問題となったいじめ死事件を3件挙げたが、その後も、似たような態様のいじめによって、多くの子ども若者が自ら命を絶つことが繰り返されてきた。何百何千もの尊い命が失われ、その度に、マスコミによる過熱な報道が繰り返されてきたが、事件が一段落すると、何事も無かったかの如く、次第に社会からは忘れられていく。

本来なら、事件によって得られた様々な貴重な情報や知見が集積され、調査研究がなされ、将来にわたる自殺防止対策に活かされるべきものと考えるが、国連子どもの権利委員会の指摘のごとく、全くと言っていい程、これらの教訓が活かされていないのである。このことが、いつまで経ってもわが国においては、子ども若者の自殺が繰り返され、一向に減っていかない最大の要因となっているものと考える。子ども若者の同じ自殺でも、自殺の原因・動機が不明で、新聞にわずか一段組みのベタ記事で1度きりしか報道されない事件も多いが、詳細にわたり、何日間も続けて長期にわたり報道され、国中が怒り、涙するいじめ自死事件もある。しかしながら、どちらの命もひとつとひとつで、その重さはかわらないのである。

ひとは訳も無く、自殺したりするものではない。親からの重篤な虐待を受け続け、絶望のどん底にいる子どもでさえ、自ら命を絶つということはめったにしないものである。

筆者は、長年、子どもの虐待問題に取り組んできたが、虐待を受けている子どもたちの現状は悲惨なものがあるが、子ども若者が虐待によって自殺した事例は、私が認知している限りにおいて、これまで2件しか思い当たらない。1件目は、相模原市で起きた中学2年生男子生徒の自殺。生徒は、養父から暴力を受け、小学6年生だった２０１３年秋から「家に帰るのが怖い」「児童養護施設で暮らしたい」と児童相談所に訴えていた。14年5月、「親から暴力を受けた」と、深夜自宅近くのコンビニに駆け込み、警察に保護されたという経緯もある。児相は、数回にわたって小・中学校から父の暴力に関する通告を受けていたにもかかわらず、緊急性がないと判断し、保護者・本人との通所指導を続けていたが、6回目の通所面接後の10月下旬、養父から暴力を受け、腹部に痣ができているという学校からの報告を受けながら、児相は何らの対応もしなかったがために、少年は、14年11月中旬、親族宅で自殺を図り、寝たきりの状態になり、回復しないまま16年2月死亡した。子ども自らが施設に行きたいと訴えるケースは稀であり、それなりの重大な理由があると判断すべきであるのにかかわらず、児相は子どもに寄り添った対応をとっていなかったのである。このケースにおいては、保護者の虐待ばかりではなく、子どもの最後の拠り所である児童相談所が、本人の保護して欲しいとの訴えを真摯に受け止めないという行政ネグレクトにあい、絶望し、死を選んだものと考える。

もう1件は、2014年7月、東京都西東京市において、中学2年生の男子生徒が養父から「24時間以内に自殺しろ」と暴言を受け、翌日、自室で縊死した事例。学校側は、生徒の顔の痣《あざ》を確認するなど養父の暴行を把握はしていたものの「いつものことではない」という生徒の言葉をうのみにし、虐待を疑うことはなかった。生徒は、6月から不登校状態になっていたが、このような状況にあるにもかかわらず、担任は、家庭訪問はせず、保護者への連絡は電話で済ませていた。生徒が自殺したことによって、養父は、自殺教唆《きょうさ》罪で懲役6年の実刑が確定。このケースは、養父からの身体的虐待及び強度の心理的虐待のみならず、学校からも何もしない、不作為というネグレクトを受けていたものと考える。本ケースについて、厚労省は、1990年に虐待統計を取り始めて以来、初めての「心理的虐待」による死亡事例と認定している。

この2件の自殺に共通するのは、行政や教育の不作為であり、保護者のみならず周囲・社会からも疎外されているという孤立無援の絶望感が死を選択させたものであると考える。

わが国では、毎年、何十万件もの虐待事案が発生していることを考えれば、子どもの頃の被虐待体験によって生き辛さを抱え、青年期あるいは大人になって、何らかのきっかけで自死の道を選ぶということが多々起こり得るであろうということは、統計上の数値はないが、容易に推測可能なことであり、件数としても決して少ない数値ではないと考える。しかしながら、保護者から現に虐待を受けている子どものほとんどは、死を選ぶことなく耐えているというのが実状である。学校におけるいじめと家庭における虐待との違いは、同じような精神的・肉体的迫害を受けていながら、子ども同士間でいじめを受けるということは、本人にとっては一切妥協のない外圧や人間疎外、逃げ場のない学校生活、自尊心の重篤な傷つきといった厳しい状況の中で生活していることであり、家庭内の虐待の場合は、暴力やネグレクトを受けていても、哀しいことであるが、多くの子どもが親に対して、いつかは、自分を愛してくれるかも知れないという切ない期待、希望を持っていること、この差の違いではないかと考える。

(4) いじめの定義といじめ防止対策に向けた法整備

① 文科省「児童生徒の問題行動等生徒指導上の諸課題に関する調査」

対教師暴力、対生徒暴力、対人暴力、器物損壊など学校内外における校内暴力が社会問題とされたのは1970年代後半からで、この頃から、中学校、高等学校において、教師や生徒に対する暴力行為などが頻繁に発生するようになった。当時の文部省は、「児童生徒の問題行動等生徒指導上の諸課題に関する調査」(以後「問題行動等調査」と表示する)において、昭和58年度から新たに「暴力行為」の調査項目を設け、学校の管理下等におけるこれら4種類の暴力行為の分析を行ってきた。これとやや時を隔てて、1980年代から、学校におけるいじめが社会問題となり、特に中学校において非行グループによる対教師暴力や生徒間暴力など校内暴力の嵐が吹き荒れる中、一般の生徒間でも、目障りな生徒に対してのからかい、悪口、仲間外れ、無視、暴言、金銭のたかり、万引の強要、物を隠す・壊す・捨てる、パソコンや携帯電話で誹謗中傷や嫌なことを言うといった悪質ないたずらや嫌がらせが横行し始めた。このため、文部省が「問題行動等調査」において、新たに「いじめ」の調査項目を設け、統計をとり始めたのが1985年（昭和60年）のことである。

学校内外では、非行グループ等による対教師暴力や生徒間暴力と一般生徒の行ういじめ行為が混在して発生しており、明確な区別はできなかったが、法務省は、いじめを非行グループ等が行う暴力とは異質なものと認識しており、人権問題として捉えていた。また、当時は、いじめの対象とされる者が弱者と認識されていたことから、弱者いじめという用語がマスコミ等において使われた。

昭和58年1月から2月にかけて、横浜市の公園で中学生ら10人が次々に浮浪者を襲い、1人が死亡、9人が重軽傷を負うという浮浪者襲撃事件が起きた。マスコミは「浮浪者狩り」と呼称し、学校で落ちこぼれた者がさらに社会から落ちこぼれた浮浪者を襲うという究極の集団いじめの構造として喧伝したが、正確を期すると、これは傷害及び傷害致死事件であり、いじめではなく明らかに犯罪であった。横浜の浮浪者襲撃事件では、このグループの犯行の他に2名の浮浪者が襲撃にあい死亡しているが、未解決事件となっている。

同年10月には愛媛県では、いじめられた高校2年生が、仕返しのために家から父親の猟銃を持ち出し教室で発砲し、流れ弾に当たった同級生が大けがをするという事件が起きた。

このような校内暴力やいじめが真っ盛りであった昭和50年代末に、私は人事異動で、県内の中規模都市にある児童相談所へソーシャルワーカーとして赴任した。

御多分に漏れず、担当地域の中学校の大半は校内暴力で荒れ果てており、学校訪問が私の日常的な仕事となった。廊下を自転車で走る者、教室と廊下の間の窓枠に腰かけて煙草を吸う者、校庭を徘徊する者、体育館の隅でシンナーを吸う者、これらの生徒に声を掛け、教室に戻すのが日常であった。

いじめ対応についても、いじめた側への指導といじめられた者へのケアを同時並行的に行った。どうしてもいじめが解決できないときは、教育委員会と話し合い、校区外通学の措置をとってもらったり、養護施設(現在の児童養護施設)へ入所させ、施設校区の別の中学へ通わせるようなことも行った。昭和61年には富士見中のいじめ自殺も起きており、これだけは絶対に起こしてはならないという強い思いがあった。その頃は、携帯電話もインターネットも無く、学校が替われば、いじめはそれ以上追いかけてはこないという時代であった。

当時のいじめの定義は、昭和60年以降、「自分より弱い者に対して一方的に、身体的・心理的な攻撃を継続的に加え、相手が深刻な苦痛を感じているもの。なお、起こった場所は、学校の内外を問わないこととする」とされていた。

② 筑前町いじめ死事件

２００６年（平成18年）福岡県筑前町でいじめにより中学男子生徒が自殺し、その背景に1年時の担任のいじめを誘発、助長する不適切な発言や複数の生徒の言葉によるいじめや暴力行為など、被害生徒の自尊心を傷つける悪ふざけの範囲を超えた行為があったことが判明した。同年10月、被害者の男子中学2年生、13歳が「お父さんお母さん、だめ息子でごめん、いじめられて、もう生きていけない」という内容の遺書を残し、自宅倉庫で首を吊って自殺した。

遺族らの聞き取りをきっかけに、1年時の担任が級友の前で「偽善者にもなれない偽善者」「うそつき」などとからかい、母親から相談を受けた「生徒がたびたび早退し、自宅でインターネットのサイトを見ていた」という内容を教室で暴露するなど、いじめを誘発する不適切な言動を行っていたことや、複数の生徒による「死ね」「うざい」「きもい」「嘘つき」など揶揄《やゆ》する言葉のいじめ、亡くなった当日、生徒5人がトイレで男子生徒のズボンを無理やり脱がそうとした暴力行為等が判明した。男子生徒は、複数の同級生に「死にたい」と漏らしていた。

県警は、いじめた3人を暴力行為等処罰法違反の疑いで福岡地検に書類送検し、14歳未満の2人を児童相談所通告とした。書類送致を受けた福岡家裁は、審判において「被害者の自尊心を傷つけ、悪ふざけの範囲を超えた許しがたい行為だが、いじめと理解し内省を深めている」として3人を不処分とした。また、「中学校がいじめへの問題意識が甚だ希薄で、教師の不用意な発言が被害者へのいじめを誘発・助長し、被害者の異変に全く気づかないなど、学校の責任も看過できない」と学校側の責任にも言及した。県警は、今回の措置を受けた5人はいじめの中心メンバーではなかったと見ており、トイレでズボンを無理やり脱がそうとした5人の行為については、自殺との因果関係は断定できないとして、事件の全容解明には踏み込まず、すっきりしない幕切れとなった。

県教委は、いじめを誘発した1年次担任及び校長を減給十分の一、1ヵ月の懲戒処分、教頭は戒告、2年次担任はいじめの深刻さを把握できなかったとして戒告と1年間の研修、校長には指導力不足として、1年間の研修を課した。また、福岡法務局は、反省を促す「教示」の措置をとった。本件いじめ自殺を契機として、全国的に生徒の自殺が頻発し、発足したばかりの第一次安倍内閣は「教育再生会議」で、いじめ問題を緊急課題と位置づけ、文科省とともに、いじめに対して「出席停止の活用」を打ち出した。

また、生徒から文科相宛ての自殺予告の手紙が相次ぎ、文科相は「未来ある君たちへ」と題した異例の緊急アピールを行い、いじめられている子どもへの励ましや、加害者には、いじめを止めるよう呼びかけた。また、国会議員らの現地調査も相次ぎ、文科省がいじめの定義を見直す契機にもなった。

新たに見直されたいじめの定義は「一定の人間関係のある者から、心理的、物理的な攻撃を受けたことにより、精神的な苦痛を感じているもの。なお、起こった場所は学校の内外を問わない」とし、従前の「いじめの発生件数」が「いじめの認知件数」に改められた。

③　大津市いじめ死事件

２０１２年7月「自殺の練習強要　生徒指摘　教委調査せず」の新聞報道に全国の学校、教育委員会をはじめとする教育関係者の間に激震が走った。「大津市いじめ自殺」報道の始まりであった。11年10月、滋賀県大津市の市立中学2年の男子生徒（13歳）が自宅マンションの屋上から飛び降り自殺。遺書は見つからず、校長は、記者会見の席で「いじめの認識はなかった」「喧嘩と判断した」といじめの事実を否定していた。

しかし、学校は、他の生徒からの情報で、生徒間のトラブルがあったことは把握していながら、けんかと結論付けて放置していたことが明らかになり、社会からの多くの批判を浴びた。同級生の親からの情報でいじめの存在を知った両親の希望で学校は、全校生徒に2回にわたりアンケート調査を実施し、市教委共にいじめの存在は認めたが「いじめと自殺との因果関係は判断できない」として、調査は、打ち切られた。

両親は、再三にわたり大津警察署に被害届を出し、事件の解明を求めたが受け付けてもらえず、12年2月「自殺はいじめが原因」として、市や3名の加害生徒に対する7700万円の損害賠償を求めて大津地裁に提訴した。7月になり、15人の生徒から「毎日、自殺の練習をさせられていた」「葬式ごっこをさせられていた」などのアンケート回答があっていたことが判明し、11月の第二回アンケート調査でも「葬式ごっこ」「首絞め」「死んだハチの死骸を食べさせられていた」「毎日殴られていた」などの陰湿ないじめの実態や多額の現金を喝取《かっしゅ》されていたことなどが、次々に明らかになった。

滋賀県警は、12年7月、暴行容疑で市教委と学校に対して異例の家宅捜索を実施した。

市教委、学校側は、当初は、いじめと自殺の因果関係を認めようとはしなかったが、次々に学校、教育委員会のずさんな対応、隠蔽体質が明らかとなり、市はこれまでの調査の不備を認め、第三者による調査委員会を設置することや裁判での和解を求めた。

また、滋賀県警は、遺族から暴行、器物損壊、強要、恐喝、脅迫、窃盗の6つの容疑で告訴を受理し、夏休みに生徒への聞き取り調査を行った。県警は、12月、事件当時14歳だった2名については暴行や窃盗、器物損壊等の疑いで書類送検し、13歳の1名は児童相談所送致とした。地検、児相は、最終的に3名を大津家裁送致とし、家裁は、2014年3月、2名を保護観察処分、残り1名を不処分とした。市に対する訴訟においては、２０１５年3月、市は予見できたはずの自殺を防げなかったことや、学校と教委の対応に問題があったことを謝罪し、すでに支払われている日本スポーツ振興センターの死亡見舞金２８００万円のほか、１３００万円の和解金を支払うことで和解した。遺族側は、不処分となった１名を除く加害少年２名に対する損害賠償にかかる民事訴訟も提起しているが、その詳細については、第６章で述べることとする。

この大津いじめ死事件を契機として２０１３年（平成25年）６月、議員立法による「いじめ防止対策推進法」が国会において可決成立し、同年９月より施行された。

３　わが国の自殺対策

かつて、わが国においては、長期にわたって、自殺は、極めて個人的なこととして、自殺に至った原因、理由を調査・詮索することはタブー視されてきた。

自殺統計は、警察庁によって１９７８年に開始され、年間自殺者数は97年までは2万人台で増減を繰り返しながら推移していたが、98年には3万人を超え、以後14年間連続して3万人台を推移した。年間自殺者数最多の３万４４２７人を記録した２００３年（平成15年）においてさえ、自殺問題が行政上の課題とされることはほとんどなく、自殺対策を所管する管轄庁さえないという状況にあった。

警察は、医師の診断書のない不審死事案が発生すれば「警察等が取り扱う死体の死因又は身元の調査に関する法律」に基づき、事件性があるか無いかを捜査し、死因を判断する。

警察としては、その死が犯罪によるものか否かが問題であって、自殺と判断された場合は、自殺の原因・動機については、分かる範囲のもので、それ以上踏み込んだ捜査はしないのである。

また、国連子どもの権利委員会からの子どもの自殺が多数発生していることへの防止措置が不十分であることの指摘があったことや、わが国の自殺者数が1988年来、世界的にも最も高い水準で推移していることなどから、自殺者遺族や自殺予防活動、遺族支援に取り組んでいる民間団体等からの強い要請に基づき、国においては、2006年「自殺対策基本法」が制定され、次いで、07年6月、「自殺総合対策大綱」が定められ、自殺対策推進室が内閣府に設置され、総合的な自殺防止対策が緒に就いたのである。これらの大綱、基本法はそれぞれ、2012年、2016年に見直し、改正され、今日に至っている。16年改正の「自殺対策基本法」においては、社会福祉基礎構造改革の流れを受けて、法第13条において、都道府県は、自殺総合対策大綱及び地域の実情を勘案して、都道府県自殺対策計画を定め、市町村は、自殺総合対策大綱及び都道府県自殺対策計画並びに地域の実情を勘案して、市町村自殺対策計画を定めるものとされた。

また、同年、自殺対策の所管庁は、当初の内閣府から厚生労働省に移管された。

４　自殺者統計

わが国における自殺者数は、厚労省と警察庁の二つの統計において計上されてきた。また、児童生徒の自殺に関しては、文科省の「問題行動等調査」において、昭和49年から児童生徒の年度間の自殺者数を計上している。

厚労省、警察庁それぞれの自殺統計は、別々に公表されてきたが、「警察等が取り扱う死体の死因又は身元の調査等に関する法律」が制定された２０１２年以降一本化され、２０１６年４月分からは警察庁生活安全局生活安全企画課と厚労省自殺対策推進室から合同で公表されるようになった。

同統計における自殺の原因・動機は、「家庭問題」「健康問題」「経済・生活問題」「勤務問題」「男女問題」「学校問題」「その他」「不詳」の８項目に分かれており、さらにその下の項目に、例えば「学校問題」であれば「家庭不和」「父母等の叱責」「学業等不振」「進路問題」「教職員との関係での悩み」「友人関係での悩み（いじめを除く）」「いじめの問題」「病弱等による悲観」「厭《えん》世」「異性問題」「精神障害」「不明」「その他」といった13項目が設定されており、この中から３つまでを選べる形式になっている。

これらの自殺の原因・動機は、警察が犯罪捜査を進める中で、他殺ではなく自殺と判明した段階で捜査を打ち切るとのことであるため、自殺の原因・動機がどこまで正確に解明・把握されているのか疑問が残るところである。

わが国の死因究明については、明治以来、警察庁が行う犯罪捜査を中心として、刑事訴訟法第１６

8条第1項に基づき司法解剖が行われてきた。また、第2次大戦後、GHQの占領統治下において監察医制度が導入され、犯罪性の有無にかかわらず死因が不明な場合、監察医が検案、解剖することによって死因を明らかにしてきた。しかしながら監察医制度は、現在においても東京23区、横浜市、名古屋市、大阪市、神戸市の5都市に限定されており、これらを除く他の地域においては、長きにわたり、警察が犯罪捜査として行う死因究明に依拠したままである。

2007年6月、愛知県犬山市にある大相撲、時津風部屋で稽古中に急死した新弟子17歳の死因について、搬送先の医師は「急性心不全」による病死と診断したため、愛知県警犬山署は、事件性なしとして、虚血性心疾患と発表した。遺体の傷の状態を不審に思った遺族の要請で郷里の新潟大学医学部で承諾解剖を行ったところ、「多発性外傷性ショック」＝リンチ（暴行・傷害）による致死事件であったことが判明した。この事件を契機として、民主・国民新党の連立政権下の2012年、議員立法により「死因究明等の推進に関する法律（2年間の時限立法）」「警察等が取り扱う死体の死因又は身元の調査等に関する法律」の二法が成立した。

「死因究明法」は、2014年9月に失効し、2019年6月、新たに「死因究明等推進基本法」が制定され、20年4月1日より施行されている。

【刑事訴訟法第168条第1項：鑑定人は、鑑定について必要がある場合には、裁判所の許可を受けて、人の住所若しくは人の看守する邸宅、建造物若しくは船舶内に入り、身体を検査し、死体を解剖し、墳墓を発掘し、又は物を破壊することができる】

もう一つの自殺統計として、児童生徒のみを対象とした文科省が実施している「問題行動等調査」がある。本統計では、国公私立小中高校・特学、全ての学校内で起きた児童生徒の諸課題に係る統計を毎年度行っている。自殺の状況に関する調査票において、「学校が自殺に係る調査を実施した件数」として、「年度間に死亡した児童生徒の内、警察等の関係機関とも連携し、学校が把握することができた情報を基に、自殺であると判断したものや、警察により自殺と判断されたものについて、調査を実施した件数を計上する」としている。また、「自殺した生徒が置かれていた状況」としては、警察庁調査の「学校問題」と同じ項目で「家庭不和」から「その他」までの13項目について、複数選択で「自殺の理由に関係なく、学校が事実として把握しているもの以外でも、警察等の関係機関や保護者、他の児童生徒の情報があれば、該当する項目を全て選択すること」とされている。

令和3年度問題行動調査によれば、令和3年度の国公私立小中高校の自殺者数（カッコ内の数値は、令和2年度／令和元年度分）は368人（415人／317人）で、その原因・動機としては、「家庭不和」12・5％（12・8％／10・4％）、「父母等の叱責」10・3％（8・0％／9・8％）、計22・8％（20・8％／20・2％）と家庭に起因するものが高く、「学業等不振」5・7％（4・8％／5・7％）、「進路問題」8・2％（10・6％／10・1％）、計13・9％（15・4％／15・8％）と進学等将来への悲観によるものが次点を占めている。「教職員との関係での悩み」0・5％（1・0％／0・6％）、「友人関係での悩み（いじめを除く）」6・5％（6・0％／3・8％）、「いじめの問題」1・6％（2・9％／3・2％）、計8・6％（9・9％／7・6％）と学校内の対人問題は、低位である。最も高いものは、不明57・9％（52・5％／59・3％）となっており、自殺の原因・動機を文科省が把握しているのは、本調査において4割しかない。

児童生徒の自殺の原因・動機として「家庭不和」や「父母等の叱責」など家庭に起因する問題にポイントが高く出ているのではあるが、先に被虐待児の自殺事例を2件紹介したが、子ども達は「虐待」を初め「家庭不和」や「父母等の叱責」などの親子間の問題では、めったに自殺などしないのである。これまでの統計において、児童生徒の自殺が最も多いのは、学校生活から解放されていた夏休みが終わり、新学期が始まる8月末から9月初めである。

これらのことからも、子ども達の生きづらさや自死を選択する大きな要因となるものは家庭にあるというより、むしろ学校生活の中にあると考えるのが順当ではないかと考える。

そして、「学業等不振」「進路問題」等、将来への悲観や不安については、自殺の原因・動機として重要なものであると想定できるが、学校内の対人問題としての「教職員との関係での悩み」や「友人関係での悩み（いじめを除く）」「いじめの問題」の計令和2年度9・9％（令和元年度7・6％／平成30年度9％）とするこの数値を基として、自殺の原因・動機として、いじめは少ないとするのは、学校内における対人関係に係る要因が余りにも過少に評価されているのではないかと考えるのである。

この議論の鍵となるのは、6割近くある自殺の原因・動機を不明とするケースの中身である。厚労省は、令和元年版自殺対策白書「小括」において、文科省「平成30年度版問題行動等調査」を基に、「学生・生徒の自殺の原因・動機は、小中学生では家庭問題に起因するものが多く、中学生以降になると学校問題が多くなってくる。ただし、低年齢ほど遺書が残っていないなど突発的に映るものが多く、その実態を正しく把握することは難しい」「家庭問題が多くの自殺の原因・動機となっていることについては、広く認識されるべきだろう」（同書96ページ）としているし、また、「おわりに」においては、「原因・動機の状況を見ると、小中学生では家庭問題に起因するものが多く、中学生以降になると学校問題が多くなってくる。学校問題の内訳を見ると、学業不振やその他進路に関する悩みが多く、いじめは少ない」（同書104ページ）と総括している。ここにおいて低年齢とは何歳までを指すのかわからないが、小学生までとすれば、本統計において、この年自殺した小学生は、5人（1・5％）である。

平成30年の小中高校生の自殺者332人の内、6割弱の194人が原因不明とする調査結果を基として、家庭不和からその他までの13項目の自殺の原因・動機を羅列し、結果的には「小中学生では家庭問題、中学生以降になると学校問題（学業不振やその他進路に関する悩み）が多く、いじめは少ない」と分析・評価するのは極めて表層的であり、学校内での生徒間のいじめや教師との関係性など、対人関係問題を矮小化するものであると考える。

一方、警察庁が2019年3月末に発表した「平成30年（2018年）中における自殺の状況」において、19歳以下の自殺者数は、599人（男366人、女233人）であり、内、小中高校生は、小学生7人、中学生124人、高校生238人、計369人となっている。

19歳以下で、遺書など自殺を裏付ける資料により、推計できる原因・動機を1人につき3点まで計上した自殺の原因・動機においては「学校問題」188人、「健康問題」119人、「家庭問題」116人となっており、未成年者の自殺の原因・動機は「学校問題」が「家庭問題」を大きく上回り、最

（1）警察庁　小中高校生自殺者数（年単位）

年　次	H23	H24	H25	H26	H27	H28	H29	H30	R1	R2	R3	計
小学生	13	8	8	18	6	12	11	7	8	14	11	116
中学生	71	78	98	99	102	93	108	124	112	146	148	1179
高校生	269	250	214	213	241	215	238	238	279	339	314	2,810
計	353	336	320	330	349	320	357	369	399	499	473	4,105

（2）文科省　小中高校生自殺者数（学校から報告があったもの／年度単位）

年　次	H23	H24	H25	H26	H27	H28	H29	H30	R1	R2	R3	計
小学生	4	6	4	7	4	4	6	5	4	7	8	59
中学生	41	49	63	54	56	69	84	100	91	103	109	819
高校生	157	140	173	171	155	172	160	227	222	305	251	2133
計	202	195	240	232	215	245	250	332	317	415	368	3011
原因不明数	116	95	123	129	118	133	140	194	188	218	213	1667
原因不明率	57.4	48.7	51.3	55.6	54.9	54.3	56.0	58.4	59.3	52.5	57.9	

多となっている。

調査の対象者が文科省では小中高校生、警察庁では19歳以下の未成年者と幾分異なっているが、文科省の問題行動等調査によれば、小中高校生の自殺の原因・動機は「家庭不和」、「父母等の叱責」など家庭に起因するものが高く、警察庁の統計結果とは大きく乖離している。警察庁の調査においては、日本国内における自殺者数が最多を記録した２００３年以降、国内自殺者数は、減少傾向にある中、19歳以下の未成年者に限っては、２０１７年以降増加傾向にあり、その増加原因として、学校問題を最重要視しているのである。

上記の(1)表は、警察庁が毎年公表している小中高校生自殺者数を平成23年まで遡ってまとめたものであり、(2)表は、文科省のとりまとめた「問題行動等調査」における、小中高校生自殺者数の推移である。それぞれ、年単位、年度単位と調査対象期間は異なっているが、各年、各年度の平均値をとって比較すると、警察庁調査の年平均値が３７３・２人であるのに対して、文科省調査では、年度平均値が２７３・７人と両者間に約１００人の差があり、最も差異が大きい平成23年及び平成23年度では１５１人となっている。調査対象期間の差異によって、件数が幾分異なるのは仕方がないとしても年間・年度間平均件数にこれだけ差があるということは、文科省統計は、統計資料としての信憑性に疑義が生ずるものと考える。

文科省のとりまとめでは、(学校から報告があったもの)とただし書きがされている。ということは、この二つの統計の差異の大部分は、学校から文科省に対して報告がなかった件数と考えて然るべきであろう。この警察庁、文科省両統計の格差の問題については、古くから指摘され続けてきた。文科省の弁明は、自殺事案が起きた時、家族から事故にしてくれという申し入れがある場合がかなりある。このために学校は、文科省にこのようなケースについては事故として報告するとのことである。しかしながら、事故と自殺は全く異質の事柄である。事実をこういう形で歪曲していけば、その統計結果から導き出される児童生徒の自殺の現状は、実態とは大きくかけ離れたものとなり、実態に即した対策はとれないということになると考える。

国は、自殺対策基本法第11条の規定に基づき、平成19年から例年、「自殺対策白書」を作成し、わが国の自殺の概要やその分析、自殺対策の実施状況等についての報告書を公表してきた。その第１回平成19年版自殺対策白書において、児童生徒の自殺問題に言及し「児童生徒の自殺者数が全体に占める割合は大きくないが、いじめを苦にした自殺や連鎖的な傾向が見られるなど、教育上重要な課題である」としている。

また、平成18年度において、いじめが社会問題化した折には、〈1〉児童生徒の自殺者数について、警察庁調査結果と文部科学省調査結果に大きな差があること、〈2〉文部科学省調査によれば、平成11年度から17年度まで「いじめが主たる理由とされる自殺」が1件も報告されていなかったこと等といった、実態把握のあり方について多くの指摘があったと述べており、第1回白書から「自殺の原因・動機の項目を複数回答による実態把握へと改善するとともに、学校関係者による実態把握に限界がある場合には、教育関係者、法律家、校医、精神保健の専門家など、第三者による実態把握に努めるよう」推奨している。同様な指摘は例年繰り返され、平成25年版自殺対策白書までは見られるが、一向に改善されていないにもかかわらず、平成26年以降の白書においてはこの指摘は消えている。さらに、令和元年版自殺対策白書においては、「低年齢ほど遺書が残っていないなど突発的に映るものが多く、その実態を正しく把握することは難しい」と言及しながらも、繰り返しになるが「原因・動機の状況を見ると、小中学生では家庭問題に起因するものが多く、中学生以降になると学校問題が多くなってくる。学校問題の内訳を見ると、学業不振やその他進路に関する悩みが多く、いじめは少ない」と結んでいる。

年と年度の違いはあるものの、平成23年以降、令和3年までの各年において、警察庁が自殺と認定した小中高校生全ケース4105人に対して、平成23年度以降、令和3年までの各年度において文科省が自殺と把握しているケースが3011人、その内、自殺の原因・動機を把握していない（不明）ケースが1667人あるということは、自殺の原因・動機を把握しているケースは、1344人（3011人—1667人）であり、平成23年以降、11年間に自殺した小中高校生の内、32・7％（13

44人÷4105人）、ほぼ3人にひとりしか文科省は自殺の原因・動機を把握していないということになる。

このように実態把握が極めて不十分な調査結果を基に、中高生の自殺の原因・動機を分析し、家庭問題や進路問題を重視し、「いじめは少ない」などと分析・評価するのは、この統計の有意性、信憑性そのものにも疑義が生じ、児童生徒の自殺の原因・動機におけるいじめ問題や教師との人間関係の影響を矮小化するものとしか思えない。

5　いじめ防止対策推進法の制定

2011年（平成23年）10月に起きた「大津市いじめ死事件」を受けて、文科省が実施した緊急調査においては、2012年4～9月までの上半期で14万4054件のいじめが認知されている。この件数は、前年度、2011年度1年間のいじめ件数7万231件の約2倍に相当する。2012年度下半期のいじめ把握件数は、5万4千件余に及び、年間通して19万8109件のいじめが認知された。また、11年度の小中高校生の自殺者数が前年度比46人増の202人で、平成期に入り最悪であったことも判明した。このような状況を受けて、国会では与野党6党が共同提出していた「いじめ防止対策推進法」が2013年6月可決成立し、同年9月、施行された。

いじめ防止対策推進法においては、いじめの定義を「児童等に対して、当該児童生徒が在籍する学校に在籍している等当該児童等と一定の人的関係にある他の児童等が行う心理的又は物理的な影響を与える行為（インターネットを通じて行われるものを含む）であって、当該行為の対象となった児童等が心身の苦痛を感じているものをいう」と見直し、いじめの基準を「他の児童等が行う心理的又は物理的な影響を与える行為により対象生徒が心身の苦痛を感じているもの」と明確化した。

このように、いじめ防止対策が進む中、全国の小中高校におけるいじめの認知件数は、増加の一途を辿り、21年度には、対前年度比19％増の61万5351件に達し、この内、ネットいじめの認知件数は、2万1900件と、初めて2万件を超えた。

(1)　重大事態

いじめ防止対策推進法においては、学校が講ずべき基本対策として、①道徳教育等の充実、②早期発見のための措置、③相談体制の整備、④ネットいじめに対する対策の推進、⑤いじめ防止のための人材の確保、⑥調査研究の推進、⑦啓発活動の実施などを定めている。さらに、以下のとおり、いじめ防止対策推進法第28条第1項、重大事態が規定されている。

学校の設置者又はその設置する学校は、次に掲げる場合には、その事態（以下「重大事態」という。）に対処し、及び当該重大事態と同種の事態の発生の防止に資するため、速やかに、当該学校の設置者又はその設置する学校の下に組織を設け、質問票の使用その他の適切な方法により当該重大事態に係る事実関係を明確にするための調査を行うものとする。

一　いじめにより当該学校に在籍する児童等の生命・心身又は財産に重大な被害が生じた疑いがあると認めるとき。

二　いじめにより当該学校に在籍する児童等が相当の期間学校を欠席することを余儀なくされている疑いがあると認めるとき。

小中高校において、いじめによる自殺を始めとする重大事態が発生した場合、学校あるいは学校設置者は事実関係を明確にするための調査を行い、いじめを受けた児童生徒や保護者等に必要な情報を提供したり、地方公共団体の長等への報告を行うことが義務付けられたことにより、従前のように学校側がいじめの事実を否認したり隠蔽するといった事態は生じにくくなり、設置された第三者委員会によって、当然のこととして、いじめの事実が調査されるようになった。

しかしながら、そこで、いじめの事実が認定されようとも、亡くなった生徒は帰ってくることはない。そればかりか、そこで得られた情報や教訓が蓄積されたり、調査研究されたりすることは皆無のごときであり、次の世代への予防策として少しも活かされていないというのが、わが国の教育現場の実態であると考える。国連子どもの権利委員会は、わが国において、多くの子ども及び思春期の青少年が自殺していることに強い懸念を示しながら、自殺及び自殺未遂に関連したリスク要因に関する調査研究が行われていないことを度々指摘している。

「いじめや教師の体罰・誤指導は、自殺の要因あるいは動機となり得る」これは、これまでいじめや教師の体罰、誤指導で亡くなった数多くの犠牲者から得られた貴重な教訓であり知見であるが、こんな簡単で当たり前のことすら、教育行政や現場で、教師や生徒間において活かされてはいないのである。

いじめ防止対策推進法策定における、いじめの定義の見直しの過程において、教師による体罰もいじめの範疇に含めるかどうかという議論がなされた。私はこの報道を耳にしたとき、教師の体罰が生徒のいじめと同次元で取り扱おうとされていることに驚くとともに、教師や教育界そのものへの不信感がここまで達しているのかと、絶望感すら覚えたのである。

時を同じくして、大阪市においては、市立桜宮高校バスケットボール部顧問の執拗な体罰により自殺した2年生の部主将17歳男子生徒に係る事件の捜査・送検・起訴が進行していた。

事件の内容は、２０１２年12月18日、学校の体育館で練習試合中、部顧問教諭47歳が主将であった生徒の顔を平手で数回殴り、22日の練習試合でも同生徒のミスを叱責し、頭や顔を数十回殴り、唇の出血など、全治2～3週間の怪我を負わせていた。

また、同日の顧問室における同生徒に対する面談でも「Ｂチーム（2軍）行きでもいいんやな」と主力チームから外すとの圧力をかけ、生徒が否認すると「殴られてもええねんな」と詰問していた。顧問は、平素から、他生徒も含めて暴言や体罰など、行き過ぎた指導を繰り返しており、これらの指導に耐えかねて、生徒は、23日早朝、自宅で縊死しているのが家族によって発見されたものである。

２０１３年9月、大阪地裁は、傷害と暴行の罪に問われた元教諭に対し「暴行は被告が満足するプレーをしなかったためで理不尽」として懲役1年執行猶予3年（求刑懲役1年）の処分を言い渡した。

学校における体罰問題については、国連子どもの権利委員会から総括所見において、毎回、勧告を受けており、昭和22年、学校教育法の制定において、教師による体罰が一切禁止されているにもかかわらず、70年以上たった今日、未だに教師による体罰はなくなってはおらず、体罰によって思いもかけない事故や自殺が繰り返し起きていることは恥ずかしい限りである。この大阪桜宮高校の事件において、教師の体罰を含む、行き過ぎた指導により、生徒の自殺が発生し、その裁判が進行する中で、いじめ防止対策推進法案を審議中であった文部科学委員会において、生徒のいじめと教師の体罰は、同じなのか違うのかという論議がなされたことは、笑止な話しであり、最終的には、体罰については、法案の目的は、いじめに対処するということであるので、「子ども間の行為」に限定するという整理を行い、また体罰は、いじめとは異なり、教師と生徒間の問題であること、体罰が学校教育法で禁止されていることなどから、本法案とは別に考えるべきであるという意見が大勢となり、教師の体罰は、いじめ防止対策推進法案に盛り込まれることはなかった。いじめの定義におけるいじめの主体は、昭和61年度~平成17年度までは明確には限定されておらず、平成18年度~平成25年9月までは「一定の人間関係のある者」とされており、それまではいじめの主体に教師を含めることは、法文上可能であったが、いじめ防止対策推進法が施行された平成25年9月28日以降は「一定の人間関係のある他の児童等」「法第2条第3項：『児童等』とは、学校に在籍する児童又は生徒をいう」と児童に限定されており、いじめの主体から教師は明確に除外されたことになる。

また、法第4条においては「児童等は、いじめを行ってはならない」と、ここでも法の主体となる者を「児童等」に限定している。誠に見事な論理構成であり、そのため、法文上、教師の体罰、行き

重大事態の年次別発生状況

事項　年度		H27	H28	H29	H30	R 1	R 2	R 3	計
重大事態 1項1～2号		314	396	474	602	723	514	705	3,728
1項1号（生命・心身・財産）		130	161	191	270	301	239	349	1,641
(重大な被害の態様が生命)		24	54	55	54	58	43	55	343
内調査済み件数		107	123	150	211	201	161	235	1,188
いじめが確認されたもの		101	113	141	184	195	149	212	1,095
1項2号（不登校）		219	281	332	420	517	347	429	2,545
内調査済み件数		189	227	268	313	360	238	296	1,891
いじめが確認されたもの		174	215	253	286	329	214	272	1,743
いじめによる自殺生徒数		9	10	10	9	10	12	6	66
いじめ認知件数		225,132	323,143	414,378	543,933	612,496	517,163	615,351	
不登校件数	小中学校	125,991	133,683	144,031	164,528	181,272	196,127	244,940	
	高　校	49,563	48,565	49,643	52,723	50,100	43,051	50,985	
	計	175,554	182,248	193,674	217,251	231,372	239,178	295,925	

注：調査期間は当該年度、調査対象は小中高校、特別支援学校生徒

過ぎた指導、いじめ類似行為等は、本法の対象とする事項とはなっていないが、第28条第1項において、重大事態が生じた場合、「学校設置者又は、学校の下に組織を設け、事実関係を明確にするための調査を行う」としており、いわゆる第三者委員会の設置による事実関係調査の実施が規定されている。そのため、法施行後、児童生徒に自殺や不登校等の重大事態が生じ、学校・教委の決定や保護者等の請求に基づいて第三者委員会が設置され、重大事態に至った原因究明がなされていく過程において、教師の暴言、体罰、行き過ぎた指導、教師の発言がいじめを誘引・助長した等の事実が明らかになり、マスコミに報道されるというケースは、枚挙に暇がなく、教師の体罰等をいじめ防止対策推進法から除外するという文科省の思惑は、大きく外れてしまったのである。

上の表は、文科省の「問題行動等調査」を基に、年度比較が可能な平成27年度以降に生じた重大事態やいじめ自殺、いじめ、不登校等の発生状況をまとめたも

のである。

平成27年度~令和3年度の7年度間において、重大事態第1項第1号（生命・心身・財産）と認定したケースは、合計1641件（内調査済み件数1188件）であり、その内いじめが確認されたものは1095件、92・2％とかなりの高率になっている。同様に、重大事態第1項第2号（不登校）となった2545件（内調査済み件数1891件）において、いじめが確認されたものは1743件、92・2％と、これもかなりの高率となっている。未調査の件数はそれぞれ、453件、654件あるが、調査が終了すれば、恐らく、さらに高い率で重大事態に認定されるものと考えられる。

この結果から、学校、教委等が重大事態と判断したケースは、それなりの問題性を具備しており、その大半において、その問題性（いじめ）が第三者委員会の調査によって適正に認定され、いじめ問題への対応がなされるであろうことが期待される。

特に、この7年間において（重大な被害の態様が生命）であるとする件数は、343件であり、この中にいじめによって自殺に至ったものが含まれると考えられる。

これ以上の被害を絶対に生じさせないためには、これらのケースに対して、学校のみの対応で解決が可能なもの、警察、児相、家裁など外部の機関を含めた対応が必要なもの、様々な対応があると考えられるが、それぞれ適切な対応によって、重大事態が明確に解消され、いじめの再発が起きない措置がとられることを強く希望するものである。

(2) 不登校といじめ問題

不登校については、学校基本調査において、昭和41年から「学校ぎらい」と称して「心理的な理由などから登校を嫌って長期欠席したもの」と定義して、年間50日以上欠席した小中学校の児童生徒を対象とする調査が始まっており、平成3年度からは、50日以上、30日以上の欠席者を二本立てで調査、平成10年度以降は、「不登校」と呼称を変更し、翌11年度からは年間30日以上の欠席者調査に一本化された。

平成4年、当時の文部省は、不登校について「登校への促しは、状況を悪化させてしまうこともある」との見解を示したため、学校現場に「何もしなくていい、何もしない方がいい」という口実を与えることになった。その後、不登校は、急増した。文科省は、これまでの見解を変更せざるを得なくなり「立ち直りを待つだけでは、改善につながらない」と働きかけの大切さを打ち出したのは、10年以上経った平成15年のことであった。

文科省の不登校の定義は「何らかの心理的、情緒的、身体的、あるいは社会的要因・背景により児童生徒が登校しない、あるいはしたくともできない状況にあるために、年間30日以上欠席した者のうち、病気や経済的理由による者を除いた者」としている。平成15年度までは、高校は、義務教育ではないからという理由で調査対象とはされていなかったが、不登校生徒の増加に鑑み、平成16年度から「問題行動等調査」において、高校も含めた調査が行われるようになった。

私が県で二つ目の職場である児童相談所に勤務したのは、昭和57年から63年までで、全国で年間50

日以上欠席の不登校児童数が、2万人から3万人台の時代であったが、この6年間で100ケース以上の不登校児に対するケースワークを行った。その頃は、起立性調節障害という類型はなく、分離不安タイプ、神経症タイプ、優等生の息切れタイプ、非行タイプ、いじめられタイプなどに分かれ、手をかけて指導すれば、登校を再開するという明確な成果が出るため、経験の長かった非行のある少年の指導より興味深く、熱心に取り組んだことを覚えている。エピソードとして、小学校高学年の分離不安の強い女子児童に対しては、家庭訪問しても本人とは一度も会えなかったが、祖父母を含めた家族全体への来所面接を月2回、1年間続けた結果、ひとりで学校に行けるようになったことや、優等生の息切れタイプの中学生男子については、2年間家庭訪問を繰り返し、ある日訪問したところ、部屋で伏せっており、肩を叩きながら「今から学校に行くぞ」と声をかけたら、スッと立ち上がり、学校まで付いてきて、そのまま普通に登校できるようになったことなどが思い出される。また、非行グループで不登校を繰り返す生徒達に対しては、集団指導を行い、学校をサボらないように相互監視をさせながら、登校を促した。毎年、7~8人から10人もの不登校生徒の出る中学校では、あらかじめ決めた日に、月に2回、半日単位で学校訪問し、不登校児を受け持つ担任に対し、空いた時間に面接し、生徒の状況を聴きながら助言するという方法をとった。ひとつの学校に多くの不登校児がいるということで、担任を不登校の指導者に仕立てるという目論見であったが、半日で6~7人の担任と面接ができ、これも功を奏した。担任が、翌年不登校児を受け持った時、ひとりで指導ができるようになったのである。現在の児童相談所では虐待対応に追われ、このような時間をかけた不登校対応は不可能であろうが、そんなおおらかな時代もあったのである。

文科省の「問題行動等調査」によれば、小中学生の不登校児童数は、平成3年度の6万6817人から漸増を続け、平成9年度には10万人を超え、以後、平成28年度までは11万～13万人台の間で増減を繰り返していたが、平成29年度以降は急増し、令和元年度には18万1272人、令和2年度には19万6127人、令和3年度には24万4940人に達している。令和3年度における小中学生の不登校の要因（主たるもの、主たるもの以外にも当てはまるもの）としては、学校に係る状況において「いじめを除く友人関係をめぐる問題」が最多で13・9％、家庭に係る状況として「親子の関わり方」が最多の16・6％、本人に係る状況として「無気力・不安」が最多の59・4％となっている。

高校における不登校の生徒数は、「問題行動等調査」を開始した平成16年度の6万7500人から漸減、漸増を繰り返しながら、令和元年度、5万100人、令和2年度は4万3051人、令和3年度には5万985人となっており、長期的には減少してきている。これは、少子化に伴う高校生総数の減少や、不登校となった生徒の2割以上が中途退学するという実態による母数の減少によるものであり、不登校そのものの減少ということではないと考えられる。同じく、高校生の不登校の要因としては、学校に係る状況として「入学・転編入学・進級時の不適応」が最多で11・5％「いじめを除く友人関係をめぐる問題」が次点で11・2％、本人に係る状況として「無気力・不安」が最多の45・8％となっている。このように、小中高校全てにおいて、学校に係る状況として「いじめを除く友人関係」が不登校の大きな要因となっていることが明らかにされているが、文科省や学校当局は、不登校の要因となる「いじめを除く友人関係」を具体的にどのような関係と捉えているのか、また、その解決策としてどのような手だて、対応を行っているのか、教授頂きたいものである。

小中学校の不登校児童数は、平成13年度に第一のピークである13万8千人台まで達し、以後、平成18～19年にかけて一時的な増加があるものの、平成24年の11万2千人台までは減少傾向にあった。このことは、適応指導教室の充実やスクールカウンセラーの活用等が功を奏したものと考えられるが、平成25年以降、11～13万人台で推移し、平成28年度には13万人を上回り、令和元年度から3年度にかけて、これまで最多の18～24万人台にまで達している。特に、令和2～3年度の増加にはコロナ感染症の拡大が大きく影響していると考えるが、平成28年度以降の増加トレンドには、いじめやいじめ自殺の増加と相まって、不登校に対する、保護者を初めとする社会全体の考え方や対処の仕方が大きく変わったからであると考えられる。

ひとつは、平成23年10月に起きた大津市いじめ死事件を契機として、平成25年6月成立、9月施行と矢継ぎ早に実施されたいじめ防止対策推進法である。いじめやいじめ自殺の増加、いじめ防止対策推進法の施行等に伴い、児童生徒の保護者の意識が大きく変化し、「学校が決して子どもにとって安全な場所ではなく、いじめで子どもを死なせないためには、学校を休ませるのも選択肢のひとつ」という考え方が保護者の間で顕在化し、「子どもが登校を渋る場合は、無理して学校には行かせない」という選択が増えてきたせいではないかと考えられる。しかしながら、このような形で、親の責任と判断において、学校生活を忌避させるのが果たして正しい選択なのか、私は疑問を感じるのである。本来なら、「学校が子どもにとって決して安全な場ではない」という問題があるなら、この問題を全ての大人が知恵を出し合って解決していくべきではなかったのか、と考えるのである。

文科省の問題行動調査によれば、令和3年度の小中高校における不登校生徒数が小学生8万149

8人、中学生16万3442人、高校生5万985人、合計29万5925人（対前年度比23・7％増）と激増し、30万人に達する一歩手前まで来ているということは、極めて深刻な事態である。

特に、小学生の増加が顕著であり、9年前から4倍に増加している。また、不登校・病気・経済的理由とする長期欠席生徒とは別に、コロナ感染症回避のための長期欠席生徒数は、小学生4万2963人、中学生1万6353人、高校生1万2388人、合計7万1千人余に上ることは驚きの数字である。

これら学校生活の忌避、回避によってもたらされる人間関係の喪失、学力の停滞など、失うものは決して少なくはなく、これは、本人のみならず、家族、国民、国家にとっても同じである。

このような教育現場、学校における深刻な状況に対して、様々なかたちで不登校対策が実施されてきてはいるが、適応指導教室やフリースクール、不登校特例校などの受け皿となる社会基盤の整備は、不登校生徒の圧倒的な増加に追い付いてはいない。そのため、多くの場合、当事者個人や家族の問題として、放置されてきたのではないだろうかと考える。また、学校現場においては、6年、あるいは3年経過すれば、その状況は、確実に目の前から消えて無くなっていくのである。しかも、それは、問題が解決したからではなく、個々人の問題として固着してしまう可能性を孕んだ問題であり、全国に労働力人口の2％、146万人いると推計される。社会的ひきこもりの入り口の問題でもあると考える。

このまま、不登校問題に適切な対応が行われなければ、5年先、10年先には40万人、50万人へと拡大していく可能性があり、これは極めて深刻な教育問題であり、社会的問題でもある。

不登校の要因の多くが家庭、親子関係にあるということは、まぎれもない事実であると考えられるが、令和2年度から3年度にかけて、特に、小中学校で24・9％もの不登校児が増加したのは、保護者のみならず、生徒を含めて、学校に対する不安感、不信感が顕在化したものではないかと感じるのである。この解決策は非常に難しいことであるが、3つのことを提言したいと思う。

一つ目は、子どもは、大人と同様の自立した存在であると認めること。2つ目は、保護者、教師、全ての大人が襟を正し、子どもの信頼を取り戻すこと。3つ目は、わが国に古来からある子どもを慈しみ、大切に思う子宝文化を再現することではないかと思う。子どもは大人を映す鏡である。大人が変わらなければ、子ども世界も変わらない。

(3) 教育機会確保法

平成29年12月、教育機会確保法が成立した。正式名称は「義務教育の段階における普通教育に相当する教育の機会の確保等に関する法律」で、超党派の議員連盟による議員立法で、当初、フリースクールなど学校外での学習を義務教育として認める制度を検討し、法案を作成したが、「学校教育の根本を揺るがす」「不登校を助長する」など反対意見が相次ぎ、大幅な修正が行われ、国会に提出された。法第3条、基本理念として、全ての児童生徒が豊かな学校生活、安心な教育が受けられるような学校環境の確保、不登校児童生徒の状況に応じた必要な支援及び学校環境の整備等が謳われている。

法第10条、第11条においては、国、地方公共団体に対して、特別の教育課程に基づく教育を行う学校（不登校特例校）や学習活動を支援する公立の教育施設（教育支援センター）の整備等を求めている。また、第13条においては、これまでにない新たな考え方として、不登校児童生徒の休養の必要性を認めるものとなっている。

従来の不登校対策は、学校復帰を大前提として進められてきたが、学校復帰を前提としない、学校以外での多様な学習活動を支援し、社会的自立を促すという、これまでとは異なった方針が掲げられたのである。

本来、小中学校の義務教育に関しては、憲法第26条第2項並びに教育基本法第5条第1項において、国民に対して「普通教育を受けさせる義務」について規定している。また、学校教育法第17条第1項及び第2項において、保護者に対して「就学義務」を課している。しかしながら、止まることのない不登校の児童生徒の大量出現によって、義務教育の基盤であった「普通教育を受けさせる義務」「就学義務」は大きく揺らぎはじめており、そこに、いじめの増加やいじめ自死の問題も加わり、子ども達や小中学校の実態に合わせたパラダイムの転換が求められるようになったものと考えられる。しかし、このことは正しい方策であったのか、疑問を感じる。確かに、教育の場の広がりができ、選択肢が増えることはいいことである。しかし、フリースクールなど学校外での教育の選択を決めるのは、最終的に親の責任においてである。フリースクールは、憲法89条に規定する公の支配に属さない教育事業であり、本条に基づいて公金の支出はできないこととされている。そのため、就学のための費用は、基本的に親の負担となる。そのことも含めて、フリースクールなど学校外での教育の選択には慎重な判断と決定が必要であるし、そこで子ども達が受ける教育に対する評価は、保護者自身の責任において行うしかないということを十分自覚された上で、選択を行っていただきたいと考える。

【憲法第26条第2項　すべて国民は、法律の定めるところにより、その保護する子女に普通教育を受けさせる義務を負う。義務教育は、これを無償とする】

【教育基本法第5条第1項　国民は、その保護する子に、別に法律の定めるところにより、普通教育を受けさせる義務を負う】

【学校教育法第17条第1項　保護者は、（中略）小学校又は特別支援学校の小学部に就学させる義務を負う。（後略）。第2項　保護者は、（中略）中学校、中等教育学校の前期課程又は特別支援学校の中学部に就学させる義務を負う】

【憲法第89条　公金その他の公の財産は、宗教上の組織若しくは団体の使用、便益若しくは維持のため、又は公の支配に属しない慈善、教育若しくは博愛の事業に対し、これを支出し、又はその利用に供してはならない】

第六章　わが国のいじめ自殺の現状

1　2015～2019年度　いじめ自殺報道の概要

次に掲げるのは2015年度から2019年度にかけて、全国で起きた児童生徒の自殺ケースの内、学校設置者等が設けた第三者委員会が「いじめが自殺の要因」であったと認定したケースや現在も調査中のケース、また、いじめが、限りなく自殺の要因となったと考えられるケースなど、新聞やインターネットニュース等マスコミにおいて報道されたケースの報道内容を要約して取りまとめたものである。

筆者は、これまで長きにわたって、児童生徒の自殺について、亡くなった子ども達への鎮魂の意を込めて記録をとり続けてきた。全てを網羅できているとは到底思えないが、追加記事を含めて、可能な限り丁寧に蒐集してきた。これらのスクラップの記事から、少なくとも2015年度9件、2016年度14件、2017年度13件、2018年度11件、2019年度2件のいじめによる自殺があったと推知している。これらの事件の概要や第三者委員会設置状況、重大事態の認定、公表された報告書の内容等を要約したものが「2015～2019年度　いじめ自殺報道の概要」である。可能な限り把握できる状況について記載したが、最新情報を十分に反映できているとは言えないケースもある。そのことは、あらかじめ、お断り申し上げておきたい。

また、同年度間中に起きた生徒の自殺で、現在も第三者委員会が調査中のケースで、いじめ自殺であったことが確定していないケース、並びに限りなくいじめが自殺の要因となったと考えられるケースについてもケース№をカッコ書きで記載しており、15年度2件、17年度2件、18年度7件、19年度5件、計16件についても、ここに挙げている。

19年度の認定件数や自殺件数そのものが少ないのは、自殺報道が往々にして時間を経て、後追いの形でなされており、本来なら、時間の経過に応じて、さらにそれらの件数は増えていくものであるが、コロナ禍により、自殺報道が抑制されていることもあり、自殺が起きた時点を含めて、その後の動向が報道されないままのケースも多くあるからである。

なお、文科省は、「問題行動等調査」の「(8－3)自殺した児童生徒がおかれていた状況」において、毎年、自殺の事由として「家庭不和」から「その他」までの13項目のひとつとして「いじめ問題」を挙げ、その年度間に起きたとして、学校から報告のあったいじめによる自殺件数を集計している。同調査における「いじめ問題」の具体的例としては「いじめられ、つらい想いをしていた。／保護者から自殺した児童生徒に対していじめがあったのではないかと訴えがあった。／自殺した児童生徒に対するいじめがあったと他の児童生徒が証言していた」等と注意書きが付されている。文科省は、「いじめ問題」による児童生徒の自殺件数は、公表しているが、その事例の内容については明らかにしていないので、筆者がここに掲げた「2015～2019年度　いじめ自殺報道の概要」における事例と一致しているかどうかは不明である。

2015－2019年度　いじめ自殺報道の概要

2015年度　No. 1

発生日 2015 年 7月 5日	発生地 岩手県矢巾町	
被害者学年 中学 2 年	性別 ○ 男子 女子	
第三者委員会設置者	学校（法人） ○ 設置者教委・市町村 県教委・県（他 ）	
第三者委員会	公表日 16 年 12 月	公表日 年 月
第三者委公表内容	○ 生徒のいじめ 教師の体罰 教師の叱責・誤指導 教師のいじめ誘発・助長 教師のいじめ・類似行為 ○ 学校の対応・体制	
概要：1年時から、肩をぶつける、集会で列に入れない、机に頭を押さえ付ける、部活で強いパスを出す、悪口、仲間外れなど６件のいじめを受け、担任に被害を訴えるも適切な対応なく、列車に飛び込み自殺。第三者委は、いじめが自殺の原因と認定。遺族は、加害児４人を告訴。暴行のあった1人は児相送致、1人は家裁不処分。17年３月、県教委は適切な対応を怠った校長を減給（1ヵ月、1/10）、担任ら３人を戒告の懲戒処分とした。		

（No. 2）

発生日 2015 年 8 月 25 日	発生地 東京都青梅市	
被害者学年 中学 1 年	性別 ○ 男子 女子	
第三者委員会設置者	学校（法人） ○ 設置者教委・市町村 県教委・県（他 ）	
第三者委員会	公表日 18 年 11 月	公表日 年 月
第三者委公表内容	○ 生徒のいじめ 教師の体罰 教師の叱責・誤指導 教師のいじめ誘発・助長 教師のいじめ・類似行為 ○ 学校・市教委の対応・体制	
概要：多摩川にかかる橋から河川敷に転落死。第三者委が悪口や文房具を壊される、教科書・ノートを隠される、アトピー性皮膚炎に対して心無い言葉を浴びせられるなどいじめの事実あったことを報告をするも、市教委は18年６月までは公表せず。18年11月、第三者委は、いじめを認定しながらも、友達も多く、学校調査にいじめの申告は無く、転落死といじめの因果関係は「認定は困難」としている。「嫌なことを言われた」「そがいしん（疎外心）」「いじめとまでは言えないが周りの人の反応がいやになった」等と書かれたメモが見つかっている。		

（No. 3）

発生日 2015 年 9月 1 日	発生地 高知県南国市	
被害者学年 中学 3 年	性別 ○ 男子 女子	
第三者委員会設置者	学校（法人） ○ 設置者教委・市町村 県教委・県（他 ）	
第三者委員会	公表日 16 年 3月	公表日 年 月
第三者委公表内容	○ 生徒のいじめ 教師の体罰 教師の叱責・誤指導 教師のいじめ誘発・助長 教師のいじめ・類似行為 ○ 市教委の対応・体制	
概要：「僕のことは永遠に忘れて下さい」などとメモを残して生徒が縊首自殺。第三者委は、１～２年時、からかいや殺すぞと脅す、弁当をひっくり返す、叩く等3件のいじめがあったことを認めるも「学業不振、我慢強い性格、しつけなど家庭的背景等複数の要因が関わり、いじめが自殺の直接原因ではない」と報告。遺族が再調査を３度求めるも拒否。本人のいじめの開示無し。17年８月、遺族は、文科省に対して再調査の要望書を提出。文科省は「遺族に丁寧な説明がない」として、市教委に対し、遺族との話し合いの場を設けるよう求めた。17年12月、遺族は、教育長ら市教委幹部と面談し、その後、記者会見を行っているが、その内容は把握できていない。		

No. 4

発生日　2015年　9月　18日		発生地　福島県会津若松市	
被害者学年　高校　2　年		性別　男子　〇女子	
第三者委員会設置者	学校（法人）　設置者教委・市町村　〇県教委・県（他　）		
第三者委員会	公表日　16年　2月	公表日　（再）　17年　3月	
第三者委公表内容　〇 生徒のいじめ　教師の体罰　教師の叱責・誤指導　教師のいじめ誘発・助長　教師のいじめ・類似行為　〇 学校の対応・体制			
概要：部活の人間関係や先輩の無視、暴言等のいじめを苦に校内で自殺。第三者委は「いじめと自殺との直接の因果関係は認定できない」と報告。再調査委は、自殺との因果関係を認定し、学校を厳しく批判。教委は、顧問等４人を訓告処分。生徒は、担任面談で部活での人間関係の悩みを訴えており、学校は、5月にはいじめを把握していた。			

No. 5

発生日　2015年　10月　12日		発生地　沖縄県豊見城市	
被害者学年　小学　4　年		性別　〇男子　女子	
第三者委員会設置者	学校（法人）　〇 設置者教委・市町村　県教委・県（他　）		
第三者委員会	公表日　18年3月	公表日　年　月	
第三者委公表内容　〇 生徒のいじめ　教師の体罰　教師の叱責・誤指導　教師のいじめ誘発・助長　教師のいじめ・類似行為　〇 学校の対応・体制			
概要：同級生からの蹴る、ズボンを下ろす、「格好つけるな」と腰に巻いたセーターを引っ張る、消しゴムを盗る等のいじめを受け縊首自殺。第三者委は、「いじめが自死の主要因の一つ」と認定。学校の不適切な対応も「極めて問題」と指摘。生徒は、学校が定期的に実施するアンケートでいじめの被害を訴えていた。 18年10月、遺族は、市及び加害生徒の保護者5人に対して、7800万円の損害賠償を求める民事訴訟を提起している。			

No. 6

発生日　2015年　11月　4日		発生地　鹿児島県奄美市	
被害者学年　中学　1　年		性別　〇男子　女子	
第三者委員会設置者	学校（法人）　〇 設置者教委・市町村　県教委・県（他　）		
第三者委員会	公表日　18年12月	公表日　年　月	
第三者委公表内容　生徒のいじめ　教師の体罰　〇 教師の叱責・誤指導　教師のいじめ誘発・助長　教師のいじめ・類似行為　〇 学校・市教委の対応・体制			
概要：同級生が保健室登校となったことで、生徒が嫌がらせをしたと誤認した担任が、事実を十分確認しないまま同級生に謝罪させ、翌日、担任の家庭訪問後、縊首自殺。第三者委は、自殺は担任の不適切指導が原因と指摘し、報告。当初、市教委は、基本調査で「原因は特定できなかった」文科省調査に「生徒が置かれていた状況は不明」と回答していた。			

No. 7

発生日　2015 年　11月　1 日		発生地　名古屋市	
被害者学年　中学　1　年		性別　○ 男子　女子	
第三者委員会設置者	学校（法人）　○ 設置者教委・市町村　県教委・県（他　　）		
第三者委員会	公表日　16 年 9 月	公表日　年　月	
第三者委公表内容　○ 生徒のいじめ　教師の体罰　教師の叱責・誤指導　教師のいじめ誘発・助長　教師のいじめ・類似行為　学校の対応・体制			
概要：体形に関する悪口、勝手に弁当を食べる、部活で「お前弱いのに、よくそこに立っていられるな」と言われるなどのいじめを苦に「学校や部活でいじめが多かった。もう耐えられない、だから自殺しました」と自宅に遺書を残し、地下鉄に飛び込み自殺。第三者委は、いじめが自殺要因の一つと認定した。			

No. 8

発生日　2015 年　11 月　10日		発生地　茨城県取手市	
被害者学年　中学　3　年		性別　男子　○ 女子	
第三者委員会設置者	学校（法人）○ 設置者教委・市町村　○ 県教委・県（他　　）		
第三者委員会	公表日　16 年 3 月	公表日（再）19 年 3 月	
第三者委公表内容　○生徒のいじめ　教師の体罰　○ 教師の叱責・誤指導　教師のいじめ誘発・助長　教師のいじめ・類似行為　○ 市教委の対応・体制			
概要：くさい、きもいなどの悪口、肩パン、アルバムへの書き込み等のいじめを受け「いじめられたくない」と日記に残し自殺。市教委は、自殺の事実を隠したまま調査し、いじめを確認できず、重大事態非該当と結論。自殺自体が重大事態とする文科省の指導で一転重大事態として対応するも、遺族の市教委調査委に対する強い不信感を受けて再調査委を設置。県再調査委は、19年３月、「同級生から受けたいじめと自殺に因果関係がある」と認定し、担任は「同級生が校舎のガラスを割った際、その場にいなかった女生徒を連帯責任として、指導するなどいじめを助長し、担任の誤指導が自殺の引き金となった」と報告。県教委は、19年７月、担任を停職１ヵ月の懲戒処分とした。 担任は、22年３月、「事実の摘示や必要な論証がなされておらず、処分を納得できない」として、水戸地裁に提訴した。			

No. 9

発生日　2015 年　12月　4 日		発生地　奈良県生駒市	
被害者学年　高校　1　年		性別　○ 男子　女子	
第三者委員会設置者	学校（法人）　設置者教委・市町村　○ 県教委・県（他　　）		
第三者委員会	公表日　17 年 7 月	公表日　年　月	
第三者委公表内容　○ 生徒のいじめ　教師の体罰　○ 教師の叱責・誤指導　教師のいじめ誘発・助長　教師のいじめ・類似行為　○　学校の対応・体制			
概要：試験直前、同級生に、してもいないカンニングの疑いを受け、「トイレに行く」と教室を出た後、４階から転落死。答案用紙には複数の生徒の名前を挙げて、日常的にからかいや馬鹿にされていたことなどが書かれていた。第三者委は、ラインでの中傷等６件のいじめや担任、校長の行き過ぎた指導等が自殺の要因と結論付けた。			

No.10

発生日　2015年　12月　8日		発生地　広島県府中町	
被害者学年　中学　3　年		性別　○男子　女子	
第三者委員会設置者	学校（法人）　○設置者教委・市町村　県教委・県（他　）		
第三者委員会	公表日　16年11月	公表日　年　月	
第三者委公表内容　生徒のいじめ　教師の体罰　○教師の叱責・誤指導　教師のいじめ誘発・助長　教師のいじめ・類似行為　○　学校の対応・体制			
概要：進路指導において、生徒が1年の時に万引きをしたという誤った記録を基に、担任は、「志望校の推薦は出せない」と生徒に伝えていた。生徒は、保護者を交えた三者面談を欠席し、自宅で自殺。第三者委は、ずさんな情報管理による事実誤認に基づいた担任の進路指導が自殺の要因と報告。万引きは別の生徒の非行だった。			

No.11

発生日　2016年　2月　3日		発生地　宮城県仙台市泉区	
被害者学年　中学　2　年		性別　○男子　女子	
第三者委員会設置者	学校（法人）　○設置者市教委　○（再）市		
第三者委員会	公表日　17年　3月	公表日　（再）　18年12月	
第三者委公表内容　○生徒のいじめ　教師の体罰　教師の叱責・誤指導　教師のいじめ誘発・助長　教師のいじめ・類似行為　学校の対応・体制			
概要：同級生から「きもい、うざい」の悪口、自転車を壊される、クラスでの無視、馬鹿にされるなどのいじめを受け自殺。亡くなる前にSNSでいじめの悩みや自殺をほのめかしていた。第三者委は、いじめを認定するも発達上の課題等複数要因を指摘。遺族の要望で市の第三者機関、いじめ問題専門委員会は、「いじめの問題は自死と強い因果関係があった」と結論。			

2015年度　9件＋（2件）＝11件

2016年度　No. 1

発生日　2016年　5　月　21日		発生地　山口県周防大島	
被害者学年　高等専門学校1年		性別　○男子　女子	
第三者委員会設置者	○学校機構　設置者教委・市町村　県教委・県（他　）		
第三者委員会	公表日　20年3月	公表日　（再）　21年9月	
第三者委公表内容　○生徒のいじめ　教師の体罰　教師の叱責・誤指導　教師のいじめ誘発・助長　教師のいじめ・類似行為　○　学校の対応・体制			
概要：入学後から、教室内、寮内において暴言、陰口、暴力、嫌がらせなどのいじめを受け、校舎から飛び降り自殺。学校は、「自殺の原因は不明」と主張。学校設置の第三者委は、14項目のいじめを認定し、「いじめが自殺の一定の要因になったと考えられる」と調査結果をまとめたが、遺族側は、説明が不十分と納得せず。遺族の要請で20年11月、メンバーを刷新した再調査委で調査を開始。21年9月、同級生9人による22件のいじめを認定し、自殺の原因と明確に結論付け、同日、卒業する加害生徒全員を戒告とし、卒業後も継続的に指導していくとした。21年10月、高専機構は、当時の校長ら複数の職員が「適切な対応を怠った」として処分した。生徒のいじめの開示は不明。			

No. 2

発生日　2016 年　7 月　26 日		発生地　山口県周南市	
被害者学年　高校 2 年		性別　○ 男子　女子	
第三者委員会設置者	学校（法人）　設置者教委・市町村　○ 県教委・県（他　　　）		
第三者委員会	公表日　17 年 11 月	公表日　（再）　19 年 7 月	
第三者委公表内容　○ 生徒のいじめ　教師の体罰　教師の叱責・誤指導　教師のいじめ誘発・助長　○ 教師のいじめ・類似行為　○　学校の対応・体制			
概要：テニス部活や学校生活で日常的ないじめと、顧問から雑用の押し付けや「いじり」等を受け列車に飛び込み自殺。県教委は、顧問：第三者委は雑用や不必要に名前を連呼する、試験中にちゃんとやったんかと話しかける等５件の行為について異例の「いじめに類する行為」と判断し、厳重注意。校長：減給 1/10、1ヵ月の懲戒処分、教頭２人：文書訓告。22年３月、遺族が県に求めた再発防止策について簡易裁判所で調停が成立。生徒のいじめの開示は不明。22年４月、亡くなった生徒の遺族は、再発防止の願いを込めて、高校に記念碑などを設置した。			

No. 3

発生日　2016 年　8 月　19 日		発生地　青森県上北郡東北町	
被害者学年　中学 1 年		性別　○ 男子　女子	
第三者委員会設置者	学校（法人）　○ 設置者教委・市町村　県教委・県（他　　　）		
第三者委員会	公表日　16 年 12 月	公表日　年　月	
第三者委公表内容　○ 生徒のいじめ　教師の体罰　教師の叱責・誤指導　教師のいじめ誘発・助長　教師のいじめ・類似行為　学校の対応・体制			
概要：クラスで椅子を蹴られるなどの嫌がらせや汚い、菌扱いなどのいじめを受け、「いじめがなければもっと生きていたのに」と遺書を残し、自宅の小屋内で自殺。町教委審議会は、いじめが自殺の一因と認定。			

No. 4

発生日　2016 年　8 月　25 日		発生地　青森県藤崎町	
被害者学年　中学 2 年		性別　男子　○ 女子	
第三者委員会設置者	学校（法人）　○ 設置者教委・市町村　県教委・県（他　　　）		
第三者委員会	公表日　18年　8月	公表日　年　月	
第三者委公表内容　○　生徒のいじめ　教師の体罰　教師の叱責・誤指導　教師のいじめ誘発・助長　教師のいじめ・類似行為　○　学校の対応・体制			
概要：中１の６月から、同級生の嫌がらせやいじめを担任に何十回も相談。担任は、よくあることと聞き流し。校内やライン上で「うざい」「キモイ」「死ね」と日常的に悪口を言われ、スマホに「もう、二度といじめはしないでください」等とメモを残し、鉄道自殺。第三者委は、いじめを認定。県警は、加害生徒数名を児相通告とした。			

No. 5

発生日　2016 年　8 月　31日		発生地　宮崎市	
被害者学年　中学 1 年		性別　○ 男子　女子	
第三者委員会設置者	学校（法人）　○ 設置者教委・市町村　県教委・県（他　　）		
第三者委員会	公表日 17 年 10 月	公表日　年　月	
第三者委公表内容　○ 生徒のいじめ　教師の体罰　教師の叱責・誤指導　教師のいじめ誘発・助長　教師のいじめ・類似行為　学校の対応・体制			
概要：同級生の名前と「たたかれた」とメモを残して自宅で自殺。小６の頃から同級生の一人に強く叩かれたり昼食代を支払わされたりしていた。中学になっても同様のいじめ行為が続いており、友人に、「自殺したい」と漏らしていた。第三者委は、生徒と同級生との間に明確な上下関係があり、いじめがあったと認定。			

No. 6

発生日　2016 年　9 月　12日		発生地　兵庫県加古川市	
被害者学年　中学 2 年		性別　男子　○ 女子	
第三者委員会設置者	学校（法人）　○ 設置者教委・市町村　県教委・県（他　　）		
第三者委員会	公表日　17 年　12 月	公表日　年　月	
第三者委公表内容　○ 生徒のいじめ　教師の体罰　教師の叱責・誤指導　教師のいじめ誘発・助長　教師のいじめ・類似行為　○ 学校の対応・体制			
概要：中1の頃から無視や仲間外れ、嫌なあだ名で呼ぶ、「死ね」とのメモを回すなどのいじめを受け、クラスや部活で孤立。アンケートにいじめ受けた旨回答するも、学校は対応せず自殺。第三者委は、いじめを認定。20年９月、いじめ調査のメモ用紙を顧問らが隠蔽・破棄したとして、遺族が市に対し7700万円の損害賠償訴訟を提起。			

No. 7

発生日　2016 年　秋		発生地　大阪府	
被害者学年　高校 2 年		性別　○ 男子　女子	
第三者委員会設置者	学校（法人）　設置者教委・市町村　○ 府教委・府（他　　）		
第三者委員会	公表日　19 年 8 月	公表日　21 年 2月	
第三者委公表内容　○ 生徒のいじめ　教師の体罰　教師の叱責・誤指導　教師のいじめ誘発・助長　教師のいじめ・類似行為　○ 学校の対応・体制			
概要：１年以上にわたり、複数の同級生からネットに不快な書き込みや無視、仲間外れ、ビンタ等のいじめを受け、「学校で色々あった」とメモを残しマンションから転落死。第三者委は、12件のいじめを認定し、不登校となった原因とするも、自殺か否か、転落死といじめとの因果関係について判断を示さず。20年３月、遺族は、学校の対応に遅れがあったなどとして990万円の損害賠償を求めて地裁へ提訴。地裁は、和解を勧告。21年２月、大阪府は、調査の遅れなどを謝罪し、150万円の賠償金を支払うという内容で和解する方針を明示した。			

No. 8

発生日	2016年 10月 6日	発生地	神戸市
被害者学年	中学 3年	性別	男子 ○ 女子
第三者委員会設置者	学校（法人） ○ 設置者教委・市町村 県教委・県（他 ）		
第三者委員会	公表日 17年8月	公表日 （再） 19年4月	
第三者委公表内容	○ 生徒のいじめ 教師の体罰 教師の叱責・誤指導 教師のいじめ誘発・助長 教師のいじめ・類似行為 ○ 学校・市教委の対応・体制		
概要：同級生の悪口や無視、ネットでの中傷を受けて自殺。市教委は、友人へのいじめ聞取りメモを隠蔽し、メモは無かったものとして扱うよう校長に指示。メモには、いじめられていた事実や加害者の名前が記されていた。文科省は、関係者の処分、組織刷新を指導。再調査を行った第三者委は、悪口や無視、インターネットの中傷がいじめに当たり「自殺との関連性を認定する」と結論付けた。20年2月、遺族側は、神戸市との間で、訴訟外で、市が和解金約2000万円を支払うことで和解した。			

No. 9

発生日	2016年 11月 21日	発生地	新潟市
被害者学年	高校 1年	性別	○ 男子 女子
第三者委員会設置者	学校（法人） 設置者教委・市町村 ○ 県教委・県（他 ）		
第三者委員会	公表日 18年9月	公表日 年 月	
第三者委公表内容	○ 生徒のいじめ 教師の体罰 教師の叱責・誤指導 教師のいじめ誘発・助長 教師のいじめ・類似行為 ○ 学校の対応・体制		
概要：悪口や不愉快なあだ名で呼ぶ、ラインで嫌がらせの画像を拡散されるなどのいじめを担任に3回相談するも組織的対応はなく、解決につながらなかったと遺書を残して自殺。第三者委は、いじめがあったと認定し、担任や学校の対応が自殺に影響を与えたと指摘。遺族は、「学校は事実確認や保護者への情報提供を怠った」と県に対し約6000万円の損害賠償を求めて提訴。22年3月、新潟地裁の和解勧告に基づき、県は、謝罪と再発防止策を進め、解決金500万円を支払うという内容で和解した。			

No.10

発生日	2016年 12月 8日	発生地	兵庫県宝塚市
被害者学年	中学 2年	性別	男子 ○ 女子
第三者委員会設置者	○ 設置者教委・市町村（○ 他 子どもの権利サポート委員会）		
第三者委員会	公表日 18年7月	公表日 （再） 20年6月	
第三者委公表内容	○ 生徒のいじめ 教師の体罰 ○ 教師の指導放棄 教師のいじめ誘発・助長 教師のいじめ・類似行為 ○ 学校の対応・体制		
概要：部活やクラスでの仲間外れ、無視、ストーカーと呼ばれるなどのいじめを受け「もう死ぬ、生きる意味がない」と書き残し自殺。遺族は、第三者委調査に事実誤認や疑義ありとして受け入れず、再調査を要望。市の付属機関再調査委は、25件のいじめを認め、重大事態とせず見守りを決めた担任を「事実上の指導放棄」を行ったと認定。			

No.11

発生日　2017 年　1 月　27 日		発生地　福島県須賀川市	
被害者学年　中学　1 年		性別　○ 男子　女子	
第三者委員会設置者	学校（法人）　○ 設置者教委・市町村　県教委・県（他　）		
第三者委員会	公表日　17 年 12 月	公表日　年　月	
第三者委公表内容　○ 生徒のいじめ　教師の体罰　教師の叱責・誤指導　教師のいじめ誘発・助長　教師のいじめ・類似行為　○ 学校の対応・体制			
概要：クラスで悪口やからかい、触れると菌がつく、「ごみ」とあだ名を付けられるなどのいじめを受け自宅で自殺。遺書は見つかっていない。第三者委は、「いじめが大きな一因となって自死を選択した」と調査結果を公表。遺族は、学校がいじめに適切な措置を講じなかったと市及び教員2名に対し、7600万円余の損害賠償訴訟を提起。21年1月、市は、地裁の和解勧告に応じ、和解金を支払うとして、和解が成立した。			

No.12

発生日　2017 年　2 月　6 日		発生地　愛知県一宮市	
被害者学年　中学　3 年		性別　○ 男子　女子	
第三者委員会設置者	学校（法人）　○ 設置者教委・市町村　県教委・県（他　）		
第三者委員会	公表日　17 年 12 月	公表日　21 年　7 月	
第三者委公表内容　生徒のいじめ　教師の体罰　教師の叱責・誤指導　教師のいじめ誘発・助長　○ 教師のいじめ・類似行為　○ 学校の対応・体制			
概要：担任の頻繁なプリント配布の指示、体育祭で両手親指を骨折したのにその後の対応、筆記できないのに感想文提出の指示など、担任との関係に悩み、「担任から人生の全てを壊された」と遺言を残し、大阪の商業施設から飛び降り自殺。校長はPTA説明会で「教員によるいじめとの認識」と発言するも、翌日撤回。第三者委は、「学校の対応が不十分だった」とする報告書を公表。20年12月、遺族の損害賠償訴訟に対し、市は、裁判所の和解案に応じず裁判が続行していたが、21年7月、市が学校側の責任を認め謝罪し、和解を表明。同年9月末、和解が成立した。			

No.13

発生日　2017 年　2 月　11 日		発生地　福島県南相馬市	
被害者学年　中学　2 年		性別　男子　○ 女子	
第三者委員会設置者	学校（法人）　○ 設置者教委・市町村　県教委・県（他　）		
第三者委員会	公表日　18 年　2 月	公表日　年　月	
第三者委公表内容　○ 生徒のいじめ　教師の体罰　教師の叱責・誤指導　教師のいじめ誘発・助長　教師のいじめ・類似行為　○ 学校の対応・体制			
概要：1年の時から悪口や嫌がらせ、筆箱を汚い物のように投げ合う、汚いと言われる、名前に菌をつけて呼ばれる等のいじめを受け自殺。遺書はなし。第三者委はアンケートにいじめを受けたことがあると回答しており、一部の職員の情報抱え込みがあったと指摘し「いじめが継続的に行われたことが自殺の要因」と結論。遺族は、学校側が適切な対応を取らなかったためとして、担任らと市に7600万円の損害賠償を求めて提訴。20年11月、市は和解方針を決め、12月議会を経て和解する見通し。			

No.14

発生日　2017 年　3 月　14 日		発生地　福井県池田町	
被害者学年　中学　2 年		性別　○ 男子　女子	
第三者委員会設置者	学校（法人）　○ 設置者教委・市町村　県教委・県（他　　）		
第三者委員会	公表日　17 年 10 月	公表日　年　月	
第三者委公表内容	生徒のいじめ　教師の体罰　○ 教師の叱責・誤指導　教師のいじめ誘発・助長　○ 教師のいじめ・類似行為　○ 学校の対応・体制		
概要：担任、副担任らの厳しい叱責や大声での指導を繰り返し受け、校舎から飛び降り自殺。町の調査委員会は、「担任らから厳しい指導を受けた精神的ストレスによる自殺」と報告書を公表。文科省は、生徒を追い詰めるような指導を控えるよう全国に通知。遺族は、担任らを業過致死容疑で告発するも不起訴。福井検察審査会は、担任について不起訴不当を議決し捜査継続。21年３月、再捜査の結果、起訴するに足りる十分な嫌疑が認められずとして、再び不起訴とした。20年６月、遺族は、県と町に約5400万円の損害賠償訴訟を提起。22年３月、福井地裁で和解が成立。県と町は、自殺を真剣に受け止め再発防止に努めると確約。町が解決金５千万円を支払う。22年４月、担任、停職１ヵ月、教頭、減給３ヵ月（10/100）の懲戒処分。校長、副担任は、退職しており処分無しとした。いじめ開示は不明。			

2016年度 ＝14件

2017年度　No. 1

発生日　2017 年　4 月　14 日		発生地　埼玉県東部	
被害者学年　高校　2 年		性別　男子　○ 女子	
第三者委員会設置者	学校（法人）　設置者教委・市町村　○ 県教委・県（他　　）		
第三者委員会	公表日　18 年 5 月	公表日	
第三者委公表内容	○ 生徒のいじめ　教師の体罰　教師の叱責・誤指導　教師のいじめ誘発・助長　教師のいじめ・類似行為　学校の対応・体制		
概要：交際相手とその妹からツイッターで嘘の書き込みや誹謗中傷を受け、ショックで家からも出ず、食事もとれず、自宅で首をつり自殺。遺書の有無は不明だが、ネットの件は学校に相談。第三者委は、ネットで女子生徒を追い詰めるような書き込みをしたことをいじめと認定。遺族は、元交際相手と県に対し損害賠償訴訟を提起。21年７月、埼玉地裁は、共同不法行為があったとして兄妹に慰謝料50万円の支払いを命じ、学校、教諭は、自死を予見できず、注意義務違反はなかったとして県への請求を棄却。遺族は、判決に納得できず、控訴の意向を示す。			

No. 2

発生日　2017年　4月　17日		発生地　北九州市
被害者学年　高校　2年		性別　男子　○ 女子
第三者委員会設置者	○学校（法人）　設置者教委・市町村　○ 県教委・県（他　　　）	
第三者委員会	公表日　18年　6月	公表日（再）　19年　8月
第三者委公表内容	○ 生徒のいじめ　教師の体罰　教師の叱責・誤指導　教師のいじめ誘発・助長　教師のいじめ・類似行為　学校の対応・体制	

概要：女生徒が登校途中、学校近くのガードレールで縊首自殺。自殺直前の朝、同級生に対しLINEで「私に何かあったらあんたたちのせい」と送信。遺書は見つからず。学校設置の第三者委は、「終業式の日、生徒を仲間外れにして写真撮影をした」「自殺の一週間前、昼食を一緒に食べなかった」など３件の同級生の行為をいじめと認定するも、「行動に何らかの影響を及ぼしたという意味の因果関係はあったが激しいものではなく、いじめが確実に自殺を引き起こしたという意味での因果関係はない」と結論づけ「自殺の理由は、議論したがわからなかった」と報告。両親は、再調査を要望。県設置の再調査委は、前述の３件に加え、同級生とLINEで口論したこと等２件を新たにいじめと認定し、「同級生との関係修復が不可能と捉え、失望感、喪失感、孤立感が膨らんだと推察するも、あくまでもいじめは要因の一つ、家庭問題や部活動の悩みなど複合的な要因が加わり自死に至った」との認識を示し、「いじめが自殺の主な原因とは断定できない」と報告。不服とする両親は、学校での災害共済給付制度を運営する日本スポーツ振興センターの見舞金支払いを求めて福岡地裁へ提訴。21年11月、地裁は、「生徒はいじめに対する抗議として自殺を図った」「いじめが自死の原因」と認定し、日本スポーツ振興センターへ見舞金の支払いを命じた。

No. 3

発生日　2017年　4月　21日		発生地　長崎市
被害者学年　高校　2年		性別　○ 男子　女子
第三者委員会設置者	○ 学校（法人）　設置者教委・市町村　県教委・県（他　　　）	
第三者委員会	公表日　19年　2月	公表日
第三者委公表内容	○ 生徒のいじめ　教師の体罰　教師の叱責・誤指導　教師のいじめ誘発・助長　○ 教師のいじめ・類似行為　○ 学校の対応・体制	

概要：同級生からのお腹が鳴るのをちゃかす行為や侮辱などのいじめを受け、教師からも本生徒だけが怒られたり、注意されたりするなど理不尽な指導を受けたとして、いじめを記した手記を残し自殺。第三者委は、同級生のいじめが自殺の主要因として、教師による理不尽な指導が生徒を追い詰めたと報告。学校側は、理解できない点があり、不十分な報告書として受け入れず。20年４月、日本スポーツ振興センターは、「自殺は学校管理下で起きた事件」と認定し、死亡見舞金を支給。学校側は、22年４月現在も、第三者委・遺族側と歩み寄りはできていない。

No. 4

発生日　2017年　4月　26日		発生地　仙台市
被害者学年　中学　2年		性別　○ 男子　女子
第三者委員会設置者	学校（法人）　○ 設置者教委・市町村　県教委・県（他　　　）	
第三者委員会	公表日　19年　7月	公表日
第三者委公表内容	○ 生徒のいじめ　○ 教師の体罰　教師の叱責・誤指導　○ 教師のいじめ誘発・助長　教師のいじめ・類似行為　○ 学校の対応・体制	

概要：同級生から悪口、物を投げられる、「くさい」と言われる、「死ね」と落書きされるなど８件のいじめを受け、２人の教諭から頭を叩かれる、口に粘着テープを貼られる等の体罰を受け、飛び降り自殺。第三者委は、いじめが自殺の要因とし、教師の体罰もいじめを助長したと批判。生徒は、担任に繰り返しいじめ被害を訴えていた。

No. 5

発生日　2017 年　5 月　1 日		発生地　兵庫県多可町
被害者学年　小学　5 年		性別　男子　○ 女子
第三者委員会設置者	学校（法人）　○ 設置者教委・市町村　県教委・県（他　　　）	
第三者委員会	公表日　18 年 7 月	公表日（再）　19 年 4 月
第三者委公表内容	○ 生徒のいじめ　教師の体罰　教師の叱責・誤指導　教師のいじめ誘発・助長　教師のいじめ・類似行為　○ 学校の対応・体制	

概要：クラスの女子グループから無視、悪口、仲間内で監視される、他の児童と遊ばせない「囲い込み」を受け、ランドセルを盗るよう命じられ、断ると足を蹴られるなどのいじめにあい、孤立感や絶望感を深め、自宅で自殺。春休みには「死にたい、でもこわい」とメモを残す。18年８月、第三者委は、いじめを認めたものの、児童の性格も影響していると判断。納得できない遺族は、再調査を訴え、再調査委は、「いじめが自殺の最大の要因」と認定。19年10月、いじめへの対応が不十分だったとして、校長2名を減給1/10、1ヵ月の懲戒処分とした。20年２月、遺族側の申立てた「裁判外紛争手続き（ADR）」により、町が和解金約300万円を支払う内容で和解した。

No. 6

発生日　2017 年　5 月　5 日		発生地　埼玉県川口市
被害者学年　中学　3 年		性別　男子　○ 女子
第三者委員会設置者	学校（法人）　○ 設置者教委・市町村　県教委・県（他　　　）	
第三者委員会	公表日　19 年 6 月	公表日
第三者委公表内容	○ 生徒のいじめ　教師の体罰　教師の叱責・誤指導　教師のいじめ誘発・助長　教師のいじめ・類似行為　○ 学校の対応・体制	

概要：所属する吹奏楽部の女子部員から、ラインで「うざい」「バカ」の書き込みや悩みを書いたノートをゴミ捨て場に捨てられるなどのいじめを受け、部活へ登校中、部活の悩みを書いたメモを残し、歩道橋から飛び降り自殺。第三者委は、部活女子部員の５件の行為をいじめと認定し、自殺の要因になったと報告書を公表。19年4月、遺族は、部活部員に対し、9700万円の損害賠償を求めて提訴。

No. 7

発生日　2017 年　6 月　25 日		発生地　新潟県新発田市
被害者学年　中学　2 年		性別　○ 男子　女子
第三者委員会設置者	学校（法人）　○ 設置者教委・市町村　県教委・県（他　　　）	
第三者委員会	公表日　18 年 10 月	公表日
第三者委公表内容	○ 生徒のいじめ　教師の体罰　教師の叱責・誤指導　教師のいじめ誘発・助長　教師のいじめ・類似行為　学校の対応・体制	

概要：ほぼ毎日、悪口やからかい、仲間外れ、嫌なあだなで呼ぶなどのいじめを受け、心身の苦痛を感じ担任に相談するも、担任は、深刻なものではないと保護者や学校に報告せず。生徒は、自宅の作業小屋で縊首自殺。第三者委は、「自殺の原因はいじめにあると推定できる」「いじめを認識しなかった学校の対応も問題点」と報告。20年１月、遺族は、市に3000万円の損害賠償と加害者情報の開示を求め地裁に提訴。地裁が和解協議を提案するも決裂。22年５月30日、新潟地裁判決は、「いじめに当たり得る行為を受けていた」と指摘。その上で「学校側に注意義務違反があったとまでは認められない」「プライバシー保護」を理由として、遺族側の請求を棄却。同年６月８日、遺族側は、不服として控訴した。

No. 8

発生日　2017 年　7 月　10 日			発生地　埼玉県所沢市
被害者学年　中学　1 年			性別　○ 男子　女子
第三者委員会設置者	学校（法人）　○ 設置者教委・市町村　県教委・県（他　　）		
第三者委員会	公表日　19 年 12 月	公表日	
第三者委公表内容　○ 生徒のいじめ　教師の体罰　教師の叱責・誤指導　教師のいじめ誘発・助長　教師のいじめ・類似行為　○ 学校の対応・体制			
概要：校内で侮蔑的なあだ名でからかわれる、親から入学祝にもらった学用品を壊される、休み時間に読んでいた本を「エロ本」とはやし立てられるなどのいじめを受け、列車に飛び込み自殺。第三者委は、これら３点をいじめと認定し、部活動や勉強への苦手意識などの要因もあり、追い詰められ自殺に至ったと結論。いじめ開示は不明。			

No. 9

発生日　2017 年　7 月　24 日			発生地　広島市佐伯区
被害者学年　中学　3 年			性別　男子　○ 女子
第三者委員会設置者	学校（法人）　○ 設置者教委・市町村　県教委・県（他　　）		
第三者委員会	公表日　18 年 12 月	公表日	
第三者委公表内容　○ 生徒のいじめ　教師の体罰　教師の叱責・誤指導　教師のいじめ誘発・助長　教師のいじめ・類似行為　○ 学校の対応・体制			
概要：小学校時代から、悪口やからかい、嫌がらせ、汚い物扱い、複数の同級生から「死ね」と言われるなど７件のいじめを受け「またいじめが始まった」「これ以上限界」といじめを訴える手紙を自宅に残し、校舎から飛び降り自殺。第三者委は、「いじめが死亡の主たる原因となったと推認する」と報告書を公表。20年7月、遺族は、学校側が組織的な対応を取らず、いじめ防止の義務に違反しているとして、5000万円の損害賠償を求めて広島地裁に提訴していたが、22年５月、市が遺族に対して解決金を支払うということで和解した。解決金の額は不明。			

(No.10)

発生日　2017 年　9 月　14 日			発生地　愛媛県東温市
被害者学年　中学　1 年			性別　○ 男子　女子
第三者委員会設置者	学校（法人）　○ 設置者教委・市町村　県教委・県（他　　）		
第三者委員会	公表日　18 年 10 月	公表日	
第三者委公表内容　○ 生徒のいじめ　教師の体罰　教師の叱責・誤指導　教師のいじめ誘発・助長　教師のいじめ・類似行為　学校の対応・体制			
概要：女生徒集団から「ウザい」「静かすぎて変」と悪口を言われて自殺。本人は「部活動で嫌な奴がいる」「辛い気持ちを押して登校している」と発言。第三者委は、これら事実を確認するも「発言者が特定できない」「部活でのいじめも確認できない」といじめを認定せず、自殺との因果関係は認められないとした。			

（No.11）

発生日　2017 年　10 月　20 日		発生地　　東京都昭島市	
被害者学年　　中学　1 年		性別　　男子　　○ 女子	
第三者委員会設置者	学校（法人）　○ 設置者教委・市町村　県教委・県（他　　　　　）		
第三者委員会	公表日　18 年 3月（市教委）	設置日　20年6月	
第三者委公表内容	○ 生徒のいじめ　教師の体罰　教師の叱責・誤指導　教師のいじめ誘発・助長　教師のいじめ・類似行為　○ 学校の対応・体制		
概要：部活でのトラブルや学校のアンケートに複数回、悪口、無視を受けたに丸印を記す。自宅で自殺を図り12月に死亡。市教委は、いじめに当たる行為はあったと認めるも、その都度、丁寧に対応し解決してきたと説明し、自死は、いじめに起因するものではないとの判断。遺族の要望で20年6月、第三者委を設置。いじめ開示はアンケートのみ。			

No.12

発生日　2017 年　11 月　17 日		発生地　　埼玉県鶴ヶ島市	
被害者学年　　小学　6 年		性別　　男子　　○ 女子	
第三者委員会設置者	学校（法人）　○ 設置者教委・市町村　県教委・県（他　　　　　）		
第三者委員会	公表日　18 年　3 月	公表日	
第三者委公表内容	○ 生徒のいじめ　教師の体罰　教師の叱責・誤指導　教師のいじめ誘発・助長　教師のいじめ・類似行為　学校の対応・体制		
概要：同級生２人によるSNSでの中傷書き込み、悪口、ばい菌扱いにする、カラオケ代やお菓子代等の支払いの強要、避ける等のいじめを受け、自宅２階から飛び降り自殺。女児が登校せず、教師が家庭訪問し、庭で発見。いじめの開示については不明。学校は、５年時にもいじめがあり解決したと認識。第三者委は、「いじめが自殺の契機となったと推認できる」と報告書に答申。18年３月、金銭強要等のあった同級生女児２人を児相通告とした。			

No.13

発生日　2017 年　12 月　20 日		発生地　　兵庫県尼崎市	
被害者学年　　中学　2 年		性別　　男子　　○ 女子	
第三者委員会設置者	学校（法人）　○ 設置者教委・市町村　県教委・県（他　　　　　）		
第三者委員会	公表日　19 年　3 月	公表日	
第三者委公表内容	○ 生徒のいじめ　教師の体罰　○ 教師の叱責・誤指導　教師のいじめ誘発・助長　教師のいじめ・類似行為　学校の対応・体制		
概要：クラスや部活で「うざい」「きもい」等の悪口、ラインでの誹謗中傷や事実確認をしないまま教師からトラブルを言いふらしていると誤解され、一方的に強く叱責を受け、「学校がしんどいです。もう無理です」とメモを残し自殺。第三者委は、「いじめが生徒の自殺に影響を及ぼした」「教師が、誤解を基に厳しく叱責したことが生徒を追い込んだ」と、自殺の背景にいじめの精神的苦痛、孤立感、学校への絶望など複合的な要因を指摘。19年６月、遺族は、教師らがいじめに対して適切な対応を取らなかったとして、市に7900万円の損害賠償を求めて提訴した。 20年４月、県教委は、関係教職員４人の懲戒処分を公表。校長：減給1/10（６ヵ月）、叱責した学年担当教諭：減給1/10（３ヵ月）、担任・部活顧問：減給1/10（1ヵ月）、その他、前教育長ら５人についても訓戒処分や「減給相当」とし、自主返納を求めた。また、損害賠償訴訟において、市は、「教員には、損害賠償に至る程の安全配慮義務違反はないと考えている」として、争う意向を示している。			

No.14

発生日　2018 年　1 月　5 日		発生地　名古屋市東区
被害者学年　中学　1 年		性別　男子　○ 女子
第三者委員会設置者	学校（法人）　○ 設置者教委・市町村　県教委・県（他　　）	
第三者委員会	公表日　19 年 4 月	公表日　（再）21 年 7 月
第三者委公表内容　○ 生徒のいじめ　教師の体罰　教師の叱責・誤指導　教師のいじめ誘発・助長　教師のいじめ・類似行為　○ 学校の対応・体制		
概要：3ヵ月前、大阪から転入。ソフトテニス部に所属。合宿参加に出かけたがマンションから飛び降り自殺。複数の生徒が部内でいじめを見聞したと発言。第三者委は、生徒が学校アンケートで嫌がらせなどを受けたことがないと回答していたことから「心身の苦痛を感じるいじめは認められない」「部活動の疲労が原因」と結論。本人のいじめ開示は無し。遺族は、調査が不十分として再調査を要望。20年３月、市は、再調査委を設置。21年７月、一転、自殺が「いじめのみを直接の契機として発生したとは断定できない」としつつも「部活動で練習相手を頼んだが無視された行為」などをいじめと認定し、調査報告書を公表。また、再調査委は、学校や市教委が「家庭の問題」と先入観をもって対応したと批判。同年８月、市長、教育長、校長ら学校関係者が遺族宅を訪れ謝罪した。遺族は学校がいじめを防ぐ安全配慮義務を怠ったとして損害賠償を求めて提訴。		

No.15

発生日　2018 年　1 月　27 日		発生地　大阪市
被害者学年　中学　1 年		性別　○ 男子　女子
第三者委員会設置者	学校（法人）　○ 設置者教委・市町村　県教委・県（他　　）	
第三者委員会	公表日　20 年 3 月	公表日
第三者委公表内容　○ 生徒のいじめ　教師の体罰　教師の叱責・誤指導　○ 教師のいじめ誘発・助長　教師のいじめ・類似行為　○ 学校の対応・体制		
概要：同級生の悪口、授業中背中に付箋を貼る、上級生がプロレスの技をかけるなどのいじめや担任がいじることもあり、自宅マンションから転落死。学校アンケートには、具体的ないじめを回答。第三者委は、11件のいじめを認定し、学校生活の中で社会的な排除が重なり、無力感、孤独感、疎外感を深め、自死に至ったと分析。		

2017年度　13件＋(2件)＝15件

2018年度　No. 1

発生日　2018 年　5 月　18 日		発生地　熊本県北部
被害者学年　高校　3 年		性別　男子　○ 女子
第三者委員会設置者	学校（法人）　設置者教委・市町村　○ 県教委・県（他　　）	
第三者委員会	公表日　19 年 3 月	公表日　（再）20 年 4 月
第三者委公表内容　○ 生徒のいじめ　教師の体罰　教師の叱責・誤指導　教師のいじめ誘発・助長　教師のいじめ・類似行為　○ 学校の対応・体制		
概要：担任に涙を浮かべて早退を求め、担任は、生徒の涙を見るも反応せず。下校後「死ねばいい」「視界から消えればいいのにと言われた」「誤解なのに死にたい」といじめをほのめかす遺書を残して縊首自殺。第三者委は、５件のいじめを認定し、自殺との因果関係を認めた。両親は、学校の対応に関する調査が不十分として知事に再調査を要望。再調査委は、「担任は、生徒が早退を求めた際に事情把握すべきだった」と指摘。両親は「加害者は、３年間処罰を受けることも謝罪も無かった。娘の名誉回復のため法の力を借りる他ない」として、21年４月、元同級生４人に対し熊本地裁に名誉棄損、慰謝料等1100万円の損害賠償訴訟を提起。同級生は、争う姿勢を示す。		

No. 2

発生日　2018 年　6 月　22 日		発生地　福岡県久留米市
被害者学年　高校　2 年		性別　○ 男子　女子
第三者委員会設置者	学校（法人）　設置者教委・市町村　○ 県教委・県（他　　　）	
第三者委員会	公表日　19 年 3月	公表日
第三者委公表内容	○ 生徒のいじめ　教師の体罰　教師の叱責・誤指導　教師のいじめ誘発・助長　教師のいじめ・類似行為　学校の対応・体制	
概要：野球部活で携帯電話を隠す、LINEグループから外す、集団でズボンを複数回下ろす等のいじめを受け、「毎日色々言われて限界」「生きているだけで苦痛だった」といったメモを残し、自宅で縊首自殺。第三者委は、いじめが原因と認定。20年６月、警察は、いじめに関係した６人の内３人を暴行容疑で送検するも、家裁は、不処分。同年10月、遺族は、関係した６人に謝罪と損害賠償を求めて福岡地裁久留米支部に提訴。６人は、争う姿勢を示している。		

No. 3

発生日　2018 年　6 月　27 日		発生地　新潟県下越地方
被害者学年　高校　3 年		性別　○ 男子　女子
第三者委員会設置者	学校（法人）　設置者教委・市町村　○ 県教委・県（他　　　）	
第三者委員会	公表日　20 年 1 月	公表日
第三者委公表内容	○ 生徒のいじめ　教師の体罰　教師の叱責・誤指導　教師のいじめ誘発・助長　教師のいじめ・類似行為　学校の対応・体制	
概要：不快なあだ名で呼ぶ、ボールを顔にぶつける、LINEで脅す、SNSで投稿内容を拡散するなどのいじめを受け、家から行方不明となり、翌日遺体で発見される。スマホには、いじめを示唆するメモが書き込まれていた。第三者委は、これら10件のいじめ行為が自殺の一因となったと認定し、報告書を公表した。		

No. 4

発生日　2018 年　7 月　3 日		発生地　岩手県矢巾町
被害者学年　高校　3 年		性別　○ 男子　女子
第三者委員会設置者	学校（法人）　設置者教委・市町村　○ 県教委・県（他　　　）	
第三者委員会	公表日　20 年 7 月	公表日
第三者委公表内容	生徒のいじめ　教師の体罰　○ 教師の叱責・誤指導　教師のいじめ誘発・助長　○ 教師のいじめ・類似行為　学校の対応・体制	
概要：顧問から「お前のせいで負けた」「バレーやめろ」「背は一番高いのにプレーは一番下手」「使えない」「部活やめろ」の発言の他、無視等44件のパワハラを集中的に受け、絶望感を深め、遺書を残し自殺。第三者委は、顧問の指導は、社会的相当性を欠き、指導の域を超えている。自殺の要因一つに顧問の言動があったと認定するも、自殺との因果関係の判断は困難とした。19年３月、遺族は、元顧問を刑事告訴し、県警は、暴行容疑で送検するも、20年４月、地検は、不起訴処分とした。同年12月、遺族は、教育長に元顧問を懲戒免職処分にするよう求めた。22年６月24日、県教委は、元顧問を懲戒免職、当時の副校長ら５人を戒告処分とした。		

（No. 5）

発生日　2018 年　7 月　17 日		発生地　埼玉県所沢市
被害者学年　中学　1　年		性別　○ 男子　女子
第三者委員会設置者	学校（法人）　○ 設置者教委・市町村　県教委・県（他　　）	
第三者委員会	中間報告　20 年 7 月	公表日　21 年 3 月
第三者委公表内容	生徒のいじめ　教師の体罰　教師の叱責・誤指導　教師のいじめ誘発・助長　教師のいじめ・類似行為　○ 学校の対応・体制	
概要：高層住宅の10階から飛び降り自殺。第三者委は、遺書も無く、いじめの有無は「明確な結論に至らず」とし、同校で、本件を含め3年連続して起きた「17年７月、中１男子いじめ自殺（17-№８）」「19年７月、中２男子同級生刺殺事件」を異常な事態と指摘。「学校生活の閉塞感、大人社会への批判、担任の多くの指導を感情的、理不尽と感じていたこと」など、「多様な要因が複合しながら徐々に問題が進行した」「自殺の原因を特定するのは極めて困難」とする調査報告書を公表した。遺族は、調査報告書に対する「所見」として、学校や担任に多くの問題があり、それを放置してきたことが息子の死に至る要因であったと、学校、担任に対する不信感を表明。		

No. 6

発生日　2018 年　8 月　19 日		発生地　三重県
被害者学年　高校　1　年		性別　○ 男子　女子
第三者委員会設置者	学校（法人）　設置者教委・市町村　○ 県教委・県（他　　）	
第三者委員会	公表日　20 年 3 月	公表日（再）22 年 3 月
第三者委公表内容	○ 生徒のいじめ　教師の体罰　教師の叱責・誤指導　教師のいじめ誘発・助長　教師のいじめ・類似行為　学校の対応・体制	
概要：部活の上級生から自転車を壊される、ラインで「カス」「いらんわ」「部活遅刻したら坊主にする」と言われる等６件のいじめを受け自殺。いじめ開示は不明。第三者委の「いじめが自殺の原因のひとつ」とする調査結果に、遺族は、加害者４人が聴き取り調査に応じなかったことを不服とし別の調査委設置を要求。再調査が開始。21年８月、遺族は、県や加害生徒４人に対し、約7370万円の損害賠償を求め、津地裁に提訴した。再調査委は、一部の加害者の聴き取りを行い、改めて６件をいじめ行為とし、自殺との因果関係を認めた。		

No. 7

発生日　2018 年　8 月　21 日		発生地　宮城県仙台市
被害者学年　高校　1　年		性別　○ 男子　女子
第三者委員会設置者	学校（法人）　設置者教委・市町村　○ 県教委・県（他　　）	
第三者委員会	設置日　18 年 12 月	公表日　21 年 3 月
第三者委公表内容	生徒のいじめ　教師の体罰　○ 教師の叱責・誤指導　教師のいじめ誘発・助長　教師のいじめ・類似行為　○ 学校の対応・体制	
概要：入学直後の６～7月、毎日の自習成果を記録する学習ノートの提出やレポート未提出の場合の反省文の繰り返し作成などで徹夜。担任による罵声やレポートの再提出、部活の停止、担任を含めた複数の教員の厳しい指導などを受け、夏休みの最終日、自宅で自殺。遺書は無し。同級生へのアンケート調査で、担任からのおびえるような指導や罵声があったと複数生徒が回答。遺族は、担任の指導の行き過ぎが原因になった可能性があるとして調査を要望。第三者委は、複数の教員の指導などによって「複合的に生徒を追い詰めた」と結論付けた。		

（No. 8）

発生日　2018 年　8 月　26 日		発生地　　さいたま市
被害者学年　　中学　1 年		性別　　○ 男子　　女子
第三者委員会設置者	学校（法人）　○ 設置者教委・市町村　県教委・県（他　　　　　）	
第三者委員会	設置日 19 年 7 月	公表日
第三者委公表内容	生徒のいじめ　教師の体罰　教師の叱責・誤指導　教師のいじめ誘発・助長 ○ 教師のいじめ・類似行為　○ 学校の対応・体制	
概要：バドミントン部顧問から胸ぐらを掴まれる、「お前は、頭が悪い」「存在する意味あるのか」など圧をかけられており、母親に、部活を休みゲームセンターに居たことを学校で指導するとの顧問からの電話があり、登校途中自殺。本人のいじめ開示は不明。遺族の「顧問の指導に原因がある」との主張に、学校側は、「原因は不明」とし、第三者委で事実関係調査。第三者委は、21年７月までに48回開催されるも、結論は出ず。遺族は、市教委に調査報告書を早急に出すよう要望書を提出。また、現状の説明などの改善案を提示し、改善なければ座長を解任するよう要望。		

No. 9

発生日　2018 月　8 月　28 日		発生地　　東京都八王子市
被害者学年　　中学　2 年		性別　　男子　　○ 女子
第三者委員会設置者	学校（法人）　○ 設置者教委・市町村　県教委・県（他　　　　　）	
第三者委員会	公表日　19 年 8月	公表日　（再）21 年 5月
第三者委公表内容	○ 生徒のいじめ　教師の体罰　教師の叱責・誤指導　教師のいじめ誘発・助長 教師のいじめ・類似行為　○ 学校の対応・体制	
概要：家族旅行で陸上部活を休んだことを上級生からSNSで批判され、その後同級生から無視され不登校。転校後も回復できず、「学校に行かなくなったのは部活が理由」と遺書を残して電車に飛び込み自殺。第三者委は、いじめを認めるも、いじめと自殺の直接の関係を認めず、不登校等様々な要因の影響を指摘。遺族は不服とし、20年８月、再調査委による調査を要求。再調査委は、自殺を図るまで約１年を経過したが、「先輩らによるいじめと学校の対応が心理的苦痛を強めた」と指摘し、これらが自殺の主な要因とする報告書を公表した。		

No. 10

発生日　2018 年　9 月　3 日		発生地　　鹿児島市
被害者学年　　中学　3 年		性別　　○ 男子　　女子
第三者委員会設置者	学校（法人）　○ 設置者教委・市町村　県教委・県（他　　　　　）	
第三者委員会	設置日　19 年　1月	公表日　21 年　6 月
第三者委公表内容	生徒のいじめ　教師の体罰　○ 教師の叱責・誤指導　教師のいじめ誘発・助長 教師のいじめ・類似行為　学校の対応・体制	
概要：２学期の始業式の日、宿題を忘れたとして担任の女性教師から、10分にわたり個別指導を受け、宿題を取りに帰った後、自宅で自殺。遺書は無かった。遺族の要望で設置された第三者委員は、２年半に及ぶ調査の結果、担任の個別指導は「普通の生徒であれば委縮する程の大声での叱責があった」「生徒は、問題の解決策も見えなくなる状態に陥り、自死に及んだ」「個別指導が引き金になった」とする報告書を提出した。		

No.11

発生日　2018年　11月　19日		発生地　兵庫県尼崎市	
被害者学年　中学　2年		性別　○男子　女子	
第三者委員会設置者	学校（法人）　○設置者教委・市町村　県教委・県（他　　　）		
第三者委員会	設置日　19年　11月	公表日　21年　6月	
第三者委公表内容	○生徒のいじめ　教師の体罰　教師の叱責・誤指導　教師のいじめ誘発・助長　教師のいじめ・類似行為　○学校の対応・体制		

概要：小６時の17年3月、学校の机に「死ね」「デブ」「バカ」「カス」と落書きをされるいじめを受けた。神戸市立中へ進学し、隠れて自傷行為。不登校で17年秋に尼崎市立中に転校。学校は休みがちで、希死念慮が強く２度の精神科入院を経て、18年秋、フリースクールの帰り道、踏切で電車にはねられ死亡。母親の「小学時代のいじめが原因の自殺ではないか」との訴えで、第三者委を設置し調査。第三者委は、「机に『死ね』と落書きされたいじめとその後の学校の対応が要因で自殺した」と認定し、報告書を提出。いじめ開示の有無は不明。

（No.12）

発生日　2018年　11月　29日		発生地　仙台市	
被害者学年　小学　2年		性別　男子　○女子	
第三者委員会設置者	学校（法人）　○設置者教委・市町村　県教委・県（他　　　）		
第三者委員会	設置日　19年　4月	公表日	
第三者委公表内容	○生徒のいじめ　教師の体罰　教師の叱責・誤指導　教師のいじめ誘発・助長　教師のいじめ・類似行為　○学校の対応・体制		

概要：小１頃から同級生２人より仲間外れ、暴力を振るわれそうになるなどのいじめを受け、「死んでしまいたい」と手紙で訴え、学校に相談するも重大事態と捉えず。母子共に体調を崩し、無理心中に至る。警察は、母親を殺人の容疑で書類送検。遺族は、欠席日数の書き換え、いじめメモの加害者側への暴露、重大事態の認定等、学校の対応に問題があり、いじめメモを加害者側に渡していたことは、校長の守秘義務違反に当たるとして刑事告発。20年３月、宮城県警は、地方公務員法違反の容疑で書類送検。21年６月、市いじめ問題調査委は、女児の欠席状況はいじめ防止法の不登校重大事態に該当したとしてその旨認定し、調査部会において検証する方針を固め、調査を開始した。

No.13

発生日　2018年　12月　5日		発生地　千葉県柏市	
被害者学年　高校　2年		性別　○男子　女子	
第三者委員会設置者	学校（法人）　○設置者教委・市町村　県教委・県（他　　　）		
第三者委員会	設置日　19年　12月	公表日　22年　3月	
第三者委公表内容	○生徒のいじめ　教師の体罰　○教師の叱責・誤指導　教師のいじめ誘発・助長　教師のいじめ・類似行為　○学校の対応・体制		

概要：全国屈指の強豪として知られる吹奏楽部に所属する生徒が学校の中庭で死亡。遺書は無し。学校アンケート項目「からかわれた」「仲間外れにされた」に「はい」と回答。市教委は、19年１月、いじめや体罰は確認できなかったとする調査結果を報告。遺族は、無休で平日は７時間、土日は12時間の厳しい練習を強いられ、顧問の指導等ブラック部活に起因する過労自殺と主張。遺族の要望で第三者委は、教師の行き過ぎた指導がなかったか自殺の原因を調査。22年３月、「自殺の要因は特定できないが、背景として部活の長時間練習を挙げ、授業時間と合わせると過労死ラインをはるかに超えており、過多であった」「いじめ問題や学業不振など複数の悩みを抱え、過度の部活動の影響でうつ状態となり、これらの問題や悩みに対処できず、自殺に至った」と結論。

No.14

発生日　2019 年　1 月　16 日		発生地　青森県野辺地町	
被害者学年　高校　2 年		性別　〇 男子　女子	
第三者委員会設置者	〇 学校（法人）設置者教委・市町村　〇 県教委・県（他　　）		
第三者委員会	公表日　20 年 8 月	公表日（再）21年 3 月	
第三者委公表内容　〇 生徒のいじめ　教師の体罰　教師の叱責・誤指導　教師のいじめ誘発・助長　教師のいじめ・類似行為　〇 学校の対応・体制			
概要：朝、自室で縊首自殺している生徒を母親が発見。両親は、遺書などは無かったが、教科書から「死ね」と書かれたメモが見つかったことや、帰宅時に顔に痣があったこと、ワイシャツの背中に靴跡がついていたことなどから、いじめがあったと主張。19年7月、学校は、第三者委を設置し、調査を行うも、いじめを示唆する証言や資料は出てこなかったとして「いじめは確認できなかった」とする報告書と再調査を求める遺族の意見書を県に提出。県の調査部会は、「死ね」のメモや筆箱の傷、下品な言葉書き、買い物強要などの４項目をいじめと認定し、自殺の一要因とし、友人や交際関係の悩みなど複数の要因が重なり自殺に至ったと公表。21年４月、学校法人は、自ら設置した第三者委の調査結果を尊重するとの見解を示し、遺族への謝罪はしないとした。			

(No.15)

発生日　2019 年　2 月　1 日		発生地　群馬県前橋市	
被害者学年　高校　2 年		性別　男子　〇 女子	
第三者委員会設置者	学校（法人）　設置者教委・市町村　〇 県教委・県（他　　）		
第三者委員会	公表日　20 年 3 月	公表日(再) 20 年 11月	再々調査委設置21年6月
第三者委公表内容　〇 生徒のいじめ　教師の体罰　教師の叱責・誤指導　教師のいじめ誘発・助長　教師のいじめ・類似行為　〇 学校の対応・体制			
概要：「ネットで悪口を言われている」や「先生は私の言葉を信じてくれなかった」「もう疲れた」などと書かれた数十枚のメモを残し、母親に「同級生に死ねと言われた」と相談し、２週間後に自殺。第三者委は、いじめはあったが常態化は否定。県再調査委は、いじめを一部認定するも、自殺の要因として主要なものではない、「死ね」「ハダカデバネズミ」と言われたことは証言が無く「複合的な要因があり、その他の要因の影響も認めらる」と報告。遺族は、「調査が尽くされていない」と再調査を求めたのに対し、21年６月、県教委は、県再調査委に遺族推薦の臨時委員1名を加え、報告書を検証し、いじめと自殺との因果関係を再々調査中である。			

(No.16)

発生日　2019 年　2 月　17 日		発生地　埼玉県加須市
被害者学年　高校　3年		性別　〇 男子　女子
第三者委員会設置者	学校（法人）　設置者教委・市町村　県教委・県（他　　）	
第三者委員会	公表日	公表日
第三者委公表内容　生徒のいじめ　教師の体罰　教師の叱責・誤指導　教師のいじめ誘発・助長　教師のいじめ・類似行為　学校の対応・体制		
概要：ことばによるいじめがあったことをうかがわせる「嫌な思いをした」という趣旨の遺書のようなものを残し、市内の運動施設内で死亡しているのが発見される。首を吊って自殺したものと見られている。学校側は、事実関係を調査確認中であり、第三者委の設置を初め、その後の経緯については不明。		

No.17

発生日　2019 年　3 月　12 日		発生地　　愛知県豊田市	
被害者学年　　小学　6 年（2 人）		性別　　男子　　〇 女子	
第三者委員会設置者	学校（法人）　〇 設置者教委・市町村　県教委・県（他　　　　）		
第三者委員会	公表日　20 年 6 月	公表日　22 年 6 月	
第三者委公表内容	〇 生徒のいじめ　教師の体罰　教師の叱責・誤指導　教師のいじめ誘発・助長　教師のいじめ・類似行為　学校の対応・体制		

概要：卒業を控え、同じ学校の同級生２人がマンションから飛び降り自殺。いじめを示唆する遺書が複数残されており、校長宛に「友人と喧嘩し、ばかやあほの暴言を吐かれ、仲直りしたが関係性が変化した。これは、いじめですか」と書かれていた。学校定例アンケートからはいじめは確認できず。19年６月設置の第三者委は、調査の結果、いじめは認定するも、自殺との関連を否定する報告書を公表。遺族は聴き取り不十分として、再調査を要望。弁護士、精神科医等による再調査チームは、「死ね」「キンがつく」などの言葉のいじめや悪口、無視等より多くのいじめを認定し、「直接の原因ではないものの、いじめと自殺との関連性は否定できない」他の要因も含めて「生きづらさを感じ、自死を選択するに至った」と結論づけた。遺族は、「加害児童に事実と向き合わせ、振り返る機会として指導してい頂きたい」とコメントした。

（No.18）

発生日　2019 年　3 月　23 日		発生地　　佐賀県基山市	
被害者学年　　中学　2 年		性別　　〇 男子　　女子	
第三者委員会設置者	〇 学校（法人）　設置者教委・市町村　県教委・県（他　　　　）		
第三者委員会	設置日　19 年 4 月	公表日　20 年 7 月	
第三者委公表内容	〇 生徒のいじめ　教師の体罰　教師の叱責・誤指導　教師のいじめ誘発・助長　教師のいじめ・類似行為　学校の対応・体制		

概要：終業式の翌日、寮生活を終え、実家へ帰省途中、マンションから飛び降り自殺。いじめを受けたことが書かれた遺書が見つかり、学校側は、いじめの可能性があるとして、第三者委を設置し、調査を開始。学期末ごとに学校が実施するいじめアンケートに関しては、生徒の回答状況を明らかにしていない。20年７月、第三者委は、記者会見し、近隣の詮索を気にした遺族の意向に基づき、調査結果を非公表としている旨公表した。

2018年度　12件＋（6件）＝18件

2019年度　（No. 1）

発生日　2019年　4月　30日		発生地　茨城県高萩市	
被害者学年　中学　3年		性別　男子　〇 女子	
第三者委員会設置者	学校（法人）　〇 設置者教委・市町村　県教委・県（他　　）		
第三者委員会	設置日　19年　6月	公表日　21年　3月	
第三者委公表内容　生徒のいじめ　教師の体罰　教師の叱責・誤指導　教師のいじめ誘発・助長　〇 教師のいじめ・類似行為　〇 学校の対応・体制			
概要：卓球部に所属する生徒が遺書を残し、自宅で自殺。遺書には「顧問の部員全体に対する『ばか野郎』『殺すぞ』の暴言や、部員の肩を小突く」などと書かれていた。学校のアンケートにも部活はつまらない、イライラするとも記入。教委は、不適切な指導があったことを認めた。第三者委は、21年3月、調査報告書を公表し、自殺の理由は色々な事柄が複合的に作用し「単純明快な説明は困難」として因果関係は認定せず、遺族の意向に配慮し、具体的な内容は公表せず。部活の問題点として「勝つための厳しい練習を肯定する見解は、部活動の本来の意義を逸脱している」と指摘し、運動部の改革を提言した。また、生徒のSOSに対して「学校も家庭も適切な対応がとれなかった」として、自殺予防対策の強化を要請した。 同年5月、卓球部顧問に不適切な指導があり、生徒にも精神的負担をかけていたことは認め、減給10分の1（9ヵ月）の懲戒処分とするも、自殺については、処分理由に加味していないとしている。			

No. 2

発生日　2019年　7月　3日		発生地　岐阜市	
被害者学年　中学　3年		性別　〇 男子　女子	
第三者委員会設置者	学校（法人）　〇 設置者教委・市町村　県教委・県（他　　）		
第三者委員会	設置日　19年　7月	公表日　19年12月	
第三者委公表内容　〇 生徒のいじめ　教師の体罰　教師の叱責・誤指導　教師のいじめ誘発・助長　教師のいじめ・類似行為　〇 学校の対応・体制			
概要：3人の生徒から悪ふざけや2万円以上の金銭要求、和式便座前での土下座の強要など34件のいじめを受け、自宅近くのマンションから飛び降り自殺。同級生の女生徒がいじめ内容を記したメモを担任に渡すも担任は、紛失。第三者委は、いじめが自殺の原因と認定し、公表。警察は、3人を強要、内1人を併せて恐喝・暴行容疑で送検。岐阜地検は、3人を同容疑で家裁送致。20年10月、岐阜家裁は、3人を保護観察処分とした。担任は、19年7月、生徒の指導を外れ市教委で研修、同年9月、依願退職。20年3月、県教委は、元担任を含め校長ら4人を減給の懲戒処分とした。21年2月、岐阜市は、訴訟以外の協議で、遺族に対し、損害賠償金約1150万円を支払うという内容で和解した。			

（No. 3）

発生日　2019年　7月　3日		発生地　三重県志摩市	
被害者学年　中学　3年		性別　〇 男子　女子	
第三者委員会設置者	学校（法人）　〇 設置者教委・市町村　県教委・県（他　　）		
第三者委員会	公表日　20年　8月	公表日（再）　21年　7月	
第三者委公表内容　〇 生徒のいじめ　教師の体罰　教師の叱責・誤指導　教師のいじめ誘発・助長　教師のいじめ・類似行為　学校の対応・体制			
概要：1年時に忘れ物を教師に報告せず、他生徒から責められ不登校が続いていた生徒が3年になって自殺。学校は、調査の結果、不登校の原因はいじめと判断。第三者委は、事実関係を調査し報告書を提出するも、遺族は、より詳細な調査を要望。再調査委は、いじめはあったと認定するも、自殺との因果関係は認められないと結論付けた。			

（No. 4）

発生日　2019 年　7 月　13 日		発生地　　千葉県野田市	
被害者学年　　小学　6 年		性別　　○ 男子　　　女子	
第三者委員会設置者	学校（法人）　○ 設置者教委・市町村　県教委・県（他　　　　　）		
第三者委員会	公表日　21 年 2 月	設置日　（再）　21 年　11 月	
第三者委公表内容　　○ 生徒のいじめ　教師の体罰　教師の叱責・誤指導　教師のいじめ誘発・助長　教師のいじめ・類似行為　学校の対応・体制			
概要：土曜日の午前中授業を受け、下校後に自宅で自殺。教委は、重大事態として第三者委を設置し、いじめの有無について調査を開始。他生徒から机を離される、机の上に教科書を立て、壁を作られる、プリントを投げるようにして渡される、授業の音読でつっかえ、「練習してないじゃん」と言われたことなど５件をいじめに当たると認定したものの、このいじめが「明らかに自殺の主要因とは判断できなかった」とし、「衝動的に自殺を選択してしまった」と結論付けた。報告書の内容に納得できない遺族の要望を受けて、市は、再調査委を設け、調査に入った。いじめの開示として、ノートにSOSや自殺したいとの趣旨の書き込みが残っている。			

（No. 5）

発生日　2019 年　7 月　31 日		発生地　　久留米市	
被害者学年　　中学　3 年		性別　　○ 男子　　　女子	
第三者委員会設置者	学校（法人）　○ 設置者教委・市町村　県教委・県（他　　　　　）		
第三者委員会	設置日　19 年 12 月	公表日　21　年　6　月	
第三者委公表内容　　○ 生徒のいじめ　教師の体罰　教師の叱責・誤指導　教師のいじめ誘発・助長　教師のいじめ・類似行為　学校の対応・体制			
概要：１年〜２年の１学期の間に、病気に対して「きもい」と言われるなど、暴言によるいじめを受けていたが、将来の不安や自己を否定するような内容、「いじめられたわけではない」などと記した遺書を残し、部活を終えて下校後、マンションから飛び降り自殺。第三者委は、１〜２年時の６件のいじめを認め、いじめが将来の悲観的イメージを植え付けたとしながらも、自殺までには時間的な間隔があり、「いじめられたわけではない」との言葉も残っていることから、自殺との直接的な因果関係はないと結論付けた。遺族は文書で反論している。			

（No. 6）

発生日　2019 年　9 月　8 日		発生地　　埼玉県川口市	
被害者学年　　特支学高等部１年		性別　　○ 男子　　　女子	
第三者委員会設置者	学校（法人）　○ 設置者教委・市町村　県教委・県（他　　　　　）		
第三者委員会	設置日　17 年 11 月	公表日	
第三者委調査内容　　○ 生徒のいじめ　教師の体罰　教師の叱責・誤指導　教師のいじめ誘発・助長　教師のいじめ・類似行為　○ 学校・教委の対応・体制			
概要：中学入学後からサッカー部で悪口、無視などのいじめを受け、担任に数回助けを求めるも対応なく、自殺未遂を３回繰り返す。車椅子生活となったが、「教委は大うそつき」「いじめた人を守ってウソばかりつく」といじめや教委批判を訴え、マンションから転落し、自殺を既遂。第三者委は、いじめの調査中だった。自殺未遂を繰り返す中でも、学校は、なかなかいじめを認めず、認めた後でも十分なケア・対応がなされないまま、自死に至った凄惨な事案である。その後、新たなメンバーによる第三者委で再調査が実施されている。			

No. 7

発生日　2019 年　9 月　24 日		発生地　　大阪市
被害者学年　　小学　5 年		性別　　男子　　○ 女子
第三者委員会設置者	学校（法人）　○ 設置者教委・市町村　県教委・県（他　　　　）	
第三者委員会	設置日 20 年 12 月	公表日　22 年 4 月
第三者委公表内容	○ 生徒のいじめ　教師の体罰　教師の叱責・誤指導　教師のいじめ誘発・助長　教師のいじめ・類似行為　○ 学校の対応・体制	
概要：「学校で死ねと言われた。自分が死んでも誰も悲しまない」「つらい、もうつかれた」などいじめ被害を示唆するメモを残し、マンションから飛び降り自殺。生徒に負担をかけたくないという家族の要望で、市教委調査の結果「いじめの可能性はあるものの、明確ないじめ行為があったという認識には至っていない」と報告。20年12月、家族の申し出による第三者委を設置し、調査の結果、同級生からの「死ね」という発言、貸した金銭を返してもらえない、同級生からの苦痛を感じる言動など８件のいじめがあったと認定し、学校生活への負担を感じる中、いじめの苦痛が加わり、学校の対応力不足による孤立も影響し、自ら命を絶つに至ったと結論付けた。		

2019年度　2件＋（5件）＝ 7件

2015－19年度　50件+（15件）＝65件

2015～2018年、各年度における文科省統計「問題行動等調査」によれば「いじめの問題での自殺者件数」は9件、10件、10件、9件とされているが、筆者の調査においては、いじめが自殺の要因であったことが確定している件数はそれぞれ、9件、14件、13件、12件となっている。筆者が集約した数値と国の統計値では16年度で4件、17年度で3件、18年度で3件の差異が生じているのである。また、№.をカッコ書きで記載している15年度の2件、17年度の2件、18年度の6件、19年度の5件については、いじめによる自殺の可能性が極めて高い事案と推認しており、これらがいじめによる自殺と認定されれば、さらにこの差異は広がるはずである。これらの差異について文科省はどう説明するのであろうか。例えば、18年度を詳細に見ると、いじめによる自殺者数は、文科省の調査では9人となっているが、筆者が調査した結果によれば、いじめによる自殺の可能性が極めて高いと考えられるケースが18件・20人あった。その内訳は、「第三者委員会がいじめを認定し、いじめが自殺の要因としたもの」11件、「部活の長時間練習が背景にある」と認定したものが1件、「第三者委が調査継続中であり、まだ結果が出ていないもの」2件、「自殺の原因を特定するのは困難とするもの」「原因不明として事実関係を調査中であるもの」「いじめを一部認定するも、自殺の要因と認めず、遺族の意向で再調査中のもの」「遺族の意向で調査結果を非公表とするもの」各1件、計4件となっている。また、19年度は、7件のいじめ自殺と推測されるケースを挙げているが、文科省統計におけるいじめによる自殺者数は10人となっている。マスコミ報道のあった小中高校生の自殺件数より、文科省が把握している件数の方が多いのである。これは、例年なら、いじめ自殺が認定され、報道されるのは、いじめがあったとされた当年、翌年、翌々年であったものが、20年春から起きたコロナウイルス感染症拡大下において、続けざまに著名人等の自殺もあり、また小中高校生の自殺件数もさらに増加傾向にあることなどから、政府のマスコミ等に対する個々の自殺報道に関する自粛要請がなされているものと推知され、20年春以降、自殺に係るマスコミ報道は明らかに減少しているからと思われる。これは、自殺報道によって、ウェルテル効果と呼ばれる同じ世代の者が自殺に誘引されることを回避するための配慮と考えられる。

このため、19年度に起きたいじめによる自殺と推認される事案については、マスコミ報道数の減少による情報不足と、一部の事案において、その調査・検証が進んでいないということから、報道がなされていないということもあって、文科省統計「問題行動等調査」の件数と比較できないという状況になっている。

2　いじめ認定における諸課題

いじめ防止対策推進法においては、定義上、児童が本人の主観において、他生徒の行為によって心身の苦痛を感じているとすれば、それはいじめとされている。そして、往々にして、いじめによって死を選ぶということが起きているが、正確に言えば、いじめによって、追い詰められて死を余儀なくされるという事案が多く起きているのである。

自殺は、複数の要因によって起きる。これは多くの知見から得られた定説となっている。

ひとは、それぞれ、多くの悩みや障がいを抱えながら生きている。複数の要因が相まって、本人にとってはどれが主要因でどれが二次的要因、三次的要因なのかを認識することも無く、突発的に自死に至るというのが、子ども若者の自殺である。大人の場合においても、似たような状況下で自殺が起きているものと推知される。

第三者委員会が、いじめがあったことは認めながら、いじめと自殺の因果関係を認めないとするケースが散見されるが、このようなケースにおいては、遺族の気持ちはいつまで経っても整理されず、癒されることはない。

15年度（№2）の事例においては、いじめの事実を認定しながらも、学校が実施する調査において「いじめの申告が無かったことや友達も多くいたことなどからいじめによる自殺の可能性は低い」と判断し、転落死といじめの因果関係は「認定は困難」としたのはどういう論理構成に基づくものか。「自己申告がない」「友達が多い」ということが、なぜ自殺であったことを否認する理由となるのか理解できない。

同じく15年度（№3）の事例では、1～2年のいじめを認めながらも「学業不振、我慢強い性格、家庭のしつけなど複数の要因」が関わり、いじめが直接の要因ではないとしたのは、教育行政の守備範囲を越え、家庭問題にまで踏み込んだ僭越な判断と考える。明確に家庭内に自殺の要因があったのか、また、我慢強い性格がなぜ自殺の要因となるのか、理解できない。

17年度に北九州市で起きた生徒の自殺事例№2においては、学校法人が設置した第三者委員会では3件、県が設置した第三者委員会では5件のいじめを認定しながらも、いじめが激しいものではなかったとして、いじめが確実に自殺を引き起こしたという意味での因果関係はない、いじめは自殺要因の一つ、家庭問題や部活動の悩みなど複合的な要因が加わり自死に至ったとして、いじめが自殺の主な原因とは断定できないと結論付けた。女生徒が自死直前の朝に「私に何かあったらあんたたちのせい」といじめた同級生に強いメッセージを残しているにもかかわらずのことである。いじめ防止対策推進法には、「当該行為の対象となった児童等が心身の苦痛を感じているもの」をいじめと定義しており、本人の主観において、他生徒の行為によって心身の苦痛を感じているとすれば、それはいじめとされている。このメッセージを、自分を仲間外れにした同級生に対する苦痛や怒りの表出、自殺の予告とは受け取れないほど第三者委員の方々の感性は鈍麻しておられるのか。

納得のいかない両親が、学校での災害共済給付制度を運営する日本スポーツ振興センターに見舞金の支払いを求める訴訟を裁判所に起こし、裁判所は、女生徒の自殺の要因がいじめであった旨を明確に判じている。誰が見ても公正な判決である。わが国の教育行政は、司法判断に依らなければ、公正な結論を出せないのか、情けない話しである。

17年度№14の事例では、複数の生徒の「部内でいじめを見聞した」との発言を認めながらも、第三者委員会は、生徒が定期的に実施される学校アンケートで「嫌がらせなどを受けたことがない」と回答していたことから、「心身の苦痛を感じるいじめは認められない」「部活動の疲労が原因」と結論づけた。人は通常の部活動の疲れなどで自殺するはずがなく、アンケートへの本人の回答のみを偏重し、それを逆手にとった学校寄りの認定である。遺族等の要望により、再調査委員会による再調査が実施され、21年7月、これまでの判断を一転し、自殺が「いじめのみを直接の契機として発生したとは断定できない」としながらも、部活動でのいじめ行為を認定し、学校や市教委の「家庭の問題」とする先入観を持った対応について批判した。

また、同じく17年度（№10）の事例においては、第三者委員会は、悪口等の事実があったことを確認しながら「発言者が特定できない」のでいじめを認定せず、自殺との因果関係は認められないとしている。このことは、いじめ防止対策推進法におけるいじめの定義において、いじめる側といじめられる側の二者の関係が「当該児童等と一定の人的関係にある他の児童等が行う心理的又は物理的な影響を与える行為」と明確化されているため、いじめた側が誰であるかを特定できなければ、この二者関係は成立せず、いじめの存在も認定できないという論法に基づくものと考えられるが、平成18年度のいじめ定義の見直し以来、国は、いじめの判断について「個々の行為がいじめに当たるか否かの判断は、表面的・形式的にすることなく、いじめられた児童生徒の立場に立つことが必要である」と基本方針を示しており、この方針に反した余りにも形式的ないじめ否認の有り様であると言わざるを得ない。

17年度（№11）の事例においては、市教委は「いじめに当たる行為を認めるも、その都度丁寧に対応し解決してきた」として「自死はいじめに起因するものではない」と判断。要は、いじめは過去の問題で解決済み、生徒の自死とは無関係と言いたいのであろうが、保護者は、納得できず、第三者委員会の設置を要望し、第三者委員会における調査が進められている。

いじめの存在を認めながらも、生徒が亡くなっているのに、丁寧に対応し解決済みとするのは、何と傲慢な考え方か。その後の対応が十分ではなかったがために、この結果を招いたとは考えられないのか。この2件を加えれば、２０１７年度は15件のいじめ自殺があったことになる。

２０１８年度（№12）においては、学校、特に校長の対応のまずさにより、いじめ問題が母子心中事件にまで発展している。このような、学校のずさんな対応が許されるのか。今後の調査部会の解明が待たれる。

同じく、２０１８年度（№15）において、第三者委員会は、いじめはあったとしながらも、常態化は否定。再調査委員会は、いじめを一部認定するも自殺の要因として主要なものではない。「死ね」「ハダカデバネズミ」と言われたことは証言が無く、確認できないとしていじめとは認定せず「複合的な要因があり、その他の要因の影響も認められる」と報告している。

ほんの先程まで、共に学校生活を送っていた生徒の命が失われたというのに、なんと無機質な実態把握、解釈であり、亡くなった生徒や遺族に寄り添った調査が行われたとは到底考えられない。「複合的な要因」というのは自殺において当然想定されることであり、「発言者が特定できないのでいじめを確認できない」「心身の苦痛を感じるいじめは認められない」とするのは、調査する側の力量不足、あるいは主観、感性の問題であり、それを理由にいじめを認定しないのは、再調査委員会の中立性を欠いた、学校側に偏った判断としか評価できない。

過去には、発言者が不明でも、いじめがあったとして適切に認定している学校や第三者委員会もあり、いじめの認定の在り方は、その組織に委ねられているのではないのか。

２０１８年（No.８）、２０１９年（No.１）のケースにおいては、部活における顧問の指導に原因を認めながらも、明確に結論は出さず、曖昧なままの状況になっている。学校・教委と第三者委員会のもたれあいが疑われる、あってはならない幕引きが行われようとしている。

２０１８年（No.５）に至っては、同校において、3年連続して生徒の死亡事故が続いており、さらなる校風の刷新や生徒の心のケアが必要と考えられるケースである。抜本的な学校改革が強く望まれる。２０１９年（No.６）において、生徒は自殺未遂を繰り返し、4回目に既遂《きすい》しており、このように悲惨な結果になる前に、臨床心理士や精神科医の関わりが必要であったと思慮されるケースである。学校側は、生徒側と対立的関係になるのではなく、生徒に寄り添った対応が強く求められていたものと考える。

２０１９年度（No.３）・（No.４）・（No.５）においては、いじめを認めるも、「因果関係を認めず」「主要因とは判断できず」「直接的な因果関係はない」とするなど、歯切れの悪い、極めて曖昧な判断としか考えられないケースばかりである。これらの最終報告を、亡くなった生徒の遺族が納得して受け入れることは決してできないはずである。このような第三者委員会の報告が出た場合、ご遺族には、司法の判断を仰ぐことをお勧めする。17年度№2の事例のように、裁判所は、明確で、納得のいく答えを出してくれものと考える。

3　いじめアンケート調査

学校は、いじめ防止対策推進法第16条の規定「いじめの早期発見のための措置」に基づき、生徒に対してアンケート等によるいじめ調査を定期的に実施しているが、このアンケート調査において、児童生徒の多くが、いじめられている事実を正直に開示していないという実態があるのではないかと考えている。

警察庁統計、2011～2021年の間に自殺した児童生徒4105人の内、その2／3においては、文科省は、自殺の原因・動機が不明、把握していないということからも、子ども若者の多くは、いじめなど同級生や教師から不当に扱われているという事実を家族や知人に話してはいないのではないかと考えられる。それには、いじめの事実を知られたくない、知られることによってさらに自尊心が傷つくという、いじめを受けている者特有の心理機制が働くのではないかと考えられる。いじめられているということは、屈辱的で不名誉なことであり、また、いじめを開示すれば、いじめがひどくなる、報復される、逆恨みされないか心配である、後で担任から色々と聞かれて面倒なことになる、あるいは、学校や担任の対応を信頼していないなど、躊躇《ちゅうちょ》や不信感があるのではないかとも考えられる。また、いじめの状況を文章として書き残す、言語化するということが不得手で、結局は何も残さないということも多いのではないかということも推測される。このようなことから、学校が定期的に行ういじめアンケート調査において、いじめられていても、いじめの事実を開示しない生徒が多くいるのではないかと推知される。

これらの対策として、学校は、児童生徒に対するアンケート調査の実施において、調査の意義、趣旨などを丁寧に説明し、いじめアンケートそのものに関する生徒の考え方を把握するための別の調査を実施し、質問票を改善し、友達や学校生活等に関するテーマを与えて、それに対する現在の心情をありのまま作文として表現させるなど、生徒が安心してアンケート調査に、いじめの事実を開示できるような環境整備を行うことが重要であると考える。

いじめ問題が多発する中、「特別の教科、道徳の充実が、いじめの防止に向けて重要である」という認識の下、2018年度から小学校で、2019年度からは中学校で、道徳教育が教科として実施されるようになった。これまで道徳は教科外活動であったため、軽視される傾向が強く、教科化を行い、年間35時間の授業が確保されることになった。この時間を利用して、「死んではいけない教育」「生きるための教育」の実施と、怒り、悲しみ、やりきれなさを言葉として表現し、文章に認める、人に伝えるという実践教育をぜひとも実施して頂きたいものである。

第三者委員会は、いじめの有無、いじめと自殺の因果関係など、調査結果を導くまでに1年ないし2年、あるいはそれ以上の相当期間を要しているが、どのレベルまでの調査結果が求められているのであろうか。また、どのレベルまでの調査を行う権能を有しているのであろうか。ここでは、いじめの有無を調査し、その結果を取りまとめ、報告する第三者委員会の様々な課題について検証したい。

まず、その一点目の課題としては、第三者委員会の中立性が明確に担保されているかということである。第三者委員会は、学校設置者や学校がいじめ防止対策推進法第28条第1項、第30条第2項、第31条第2項、並びに地方公共団体の条例等に基づいて、学校設置者等において設置された組織ないし付属機関であり、その委員選任に当たっては、条例等に基づき、厳正に利害関係者等を排除する取り決めが設けられ、その通りに実施されているものと考えられる。しかしながら、児童生徒の自殺に関しては、その要因が生徒によるいじめのみならず、教師の指導内容や学校の対応等にも関わる問題でもあり、学校及び学校設置者は、一方の当事者となり得ることも予測される。また、最終的には、学校や学校設置者が管理責任を問われる可能性も高く、その当事者の下に設置されている第三者委員会が、明確に中立性が担保されていると言えるのかという疑義が生じる。例えば、第三者委員会が被害児童の保護者の意向に沿わない調査報告を出した場合、当然のごとく、加害児童、学校・教委・地方公共団体を含めた加害者サイトとして、いじめを受けた児童生徒側との対立の構造を生むことになる。これは、制度設計上、当然起こり得る問題である。いじめられた側と学校を含めたいじめた側の利益が相反することは当然有り得ることであり、さらに、このことを背景とする、いじめを巡る地域社会の対立、遺恨等の拡大によって、遺族に対する二次的いじめも起こり得ると思慮され、このことは、制度の趣旨に反した、第三者委員会が内包する制度設計上の重大なバグ（瑕疵《かし》）であると考える。

同じ地域社会で、このような対立が起きて、長期にわたり諍いが続き、大きな遺恨となる可能性が高いということは、これからも十分に考慮されなければならない重大な課題である。

いじめ防止対策推進法の立法趣旨は、学校、教育現場での「いじめ防止、いじめの早期発見及びいじめへの対策」であり、その保護法益は「いじめられている者の権利と生命を守ること」と考えられる。第三者委員会は、制度の趣旨に沿った、公明正大な調査及びいじめ認定をお願いしたい。

次に、第三者委員会の持つ権能の限界についてである。第三者委員会は、いじめ防止対策推進法等に基づき、重大事態へ対処し、同種の事態の発生の防止に資するため、事実関係を明確にするための調査を行うものとされており、弁護士、精神科医（医師）、心理・福祉の専門家であるスクールカウンセラー、スクールソーシャルワーカー、教育・警察などの実務経験者等専門的知識や経験を有する委員で構成するとされており、4名ないし9名程度と規模はまちまちではあるが、実態的には5人前後で構成されている委員会が多いようである。

事実関係を明確にするための調査とは、文科省が示した「いじめ防止のための基本的な方針」（平成25年10月決定、平成29年3月改定）において、重大事態に至る要因となったいじめ行為が、いつ頃から、誰から行われ、どのような態様であったか、いじめを生んだ背景事情や児童生徒の人間関係にどのような問題があったか、学校・教職員がどのような対応をしたかなどの事実関係を、可能な限り網羅的に明確にする。この際、因果関係の特定を急ぐべきではなく、客観的な事実関係を速やかに調査すべきとしている。

この他、事実関係調査の指針を示した「子どもの自殺が起きたときの背景調査の指針」(平成23年3月策定、平成26年7月改定)においては、「この調査は、民事・刑事上の責任追及やその他の争訟等への対応を直接の目的とするものでない」と述べられており、因果関係の特定について言及しているのは先の一文しかない。このような前提の下、第三者委員会は、児童生徒に自殺が起きた場合、生徒が書き残したメモ・遺書等の読み込み、同級生や担任を初めとする関係教諭、部活の顧問・部員、遺族等への聞き取りやアンケート調査などを実施しながら、事実関係を明らかにしていくものであるが、警察の捜査権や裁判所の司法権のような強い権能を有するものではなく、実施される調査は、任意かつ限定的で、強制力もない。

このよう行政組織ないし付属機関である第三者委員会が、どれだけ精度の高い調査を実施することができるというのであろうか。また、事実関係を明確にするための調査によって、導き出されたいじめと自殺との関連性の認定においても、ケースによって、因果関係を明確に指摘するものから原因不明とするものまで幅広く、まちまちであることは、先述した数々の事例からも明らかである。

筆者が先示した65件のいじめ自死事例において、第三者委員会がいじめと自殺との因果関係を明確に認めているものは5件、いじめが「原因」「主要因」「大きな一因」「最大の要因」という表現で、因果関係を認めていると考えられるものが13件ある。いじめが「一因」「要因のひとつ」「契機」「影響した」「原因のひとつ」「関連性がある」「関連は否めず」という表現で認定し、因果関係にまでは言及していないものが10件あった。「いじめを認定」しながらも、自殺との関係に言及していないものが8件、「因果関係は認めず」としたものが3件、「いじめのみを直接の契機として（自殺が）発生したとは断定できない」「主要因とは判断せず」「因果関係は認定困難」「因果関係の判断を示さず」「直接の原因ではない」「調査継続中」とするもの各1件あった。また、「事実確認中であるもの」「いじめ自殺を繰り返し、四度目に既遂。いじめ調査中であった」「いじめを認定せず、因果関係も認めず」とするものが各1件あった。

このように、調査によって求められたいじめと自殺との関係性、因果関係の認定程度がまちまちであるのは、調査によって得られた情報量やその精度、委員の力量、学校や児童生徒、保護者等の協力の度合い、第三者委員会が調査の到達点をどこあたりに設定しているか、また、どこまで究明すべきかといった委員会のスタンスの違いなど、様々な要素によって異なってくるものと考えられる。第三者委員会は、いったい何のために事実関係を明確にするのかということを原点に立ち戻って考えると、調査によって求められた情報等を基に、可能な範囲内で事実を把握し、同様ないじめの再発を防止するというのが第一義的な目的であり、いじめ裁判で行われているような、いじめと自殺との因果関係を明白にし、加害者に処罰を科す、あるいは、学校側の管理責任を追求し、賠償額を決定するということを目的としている訳ではないのは明らかである。

第三者委員会の調査の結果、多くの情報が得られ、いじめと自殺との間に相当因果関係があると推測できれば、それはそれで良しとするとしても、いじめを初めとして複数の要因が考えられ、何が自殺に最も影響を及ぼしたのか不明の場合、あるいは、いじめが認められるものの、いじめがどのように自殺に影響を与えたかが不明といった場合も多く認められる。

　このようないじめと自殺との関係性が明確でない場合、どのような内容のいじめがあったのかということと、その他複数の客観的な自殺の要因と考えられる事項をプライバシーに配慮しながら列記するに止め、因果関係まで踏み込まない、言及しないということが、第三者委員会に本来求められている姿であり、また、組織の有する権能の限界であると考える。

　第三者委員会の委員は、弁護士等各分野の専門家が選任されているとしても、全員が調査の専門家ではなく、調査能力や調査可能な情報の範囲や量に限界があるのは明白であり、その組織が、警察が行う捜査、あるいは裁判所が行う因果関係の特定と同等の調査結果を導くということは無理難題なことであり、これまでの多くの事例から、調査結果の報告の在り方次第では、無用な諍いの種を生む可能性があるということも、大いに危惧されるところである。

　第三者委員会は、いじめ自殺に関する事実関係を調査し、事実を淡々と明示するだけでよく、被害者側が、認定結果に承服できなければ、裁判所に対して名誉棄損罪や侮辱罪に係る訴訟、あるいは損害賠償請求訴訟等を提起し、司法判断を仰ぐというのが最も理に叶ったやり方だと考える。

　第三者委員会の委員におかれては、「因果関係、因果関係」と大上段に構えるのではなく、後に遺恨を引きずることがないような被害者に寄り添った認定及び報告書の作成をお願いしたい。

　特に、注意すべきことは、第三者委員会が、学校側と被害者遺族との対立を結果的にはさらに煽ってしまうという事態が、往々にして生じているということである。筆者が示した65件の死亡事例において、第三者委員会が「いじめを認めるも、家庭的背景等の要因が関わり、いじめが直接の原因ではないとの報告に対して、遺族が再調査を三度求めるも拒否」「いじめを認定するも、2年以上結論を出さず、再調査委員会で再調査中」など、第三者委員会の在り方に対する疑義が生じ、結果的には、遺族対加害生徒・学校・教委の対立を煽ったと考えられる事案が見受けられている。このように、本来、第三者委員会は、優れて中立的立場にあるはずのものであるが、結果的に遺族側との対立関係に陥ってしまうということが、往々にして起きているのである。

それは、取り扱う問題が地元の児童生徒の自死という、生々しくも悲惨で苦悩を伴い、残された遺族や周囲の生徒、大人にとって極めて関心の高い、重大な事案であるからである。

それを、各分野の専門家とは言え、にわか仕立ての数人の委員で、原因〜結果の因果関係にまで言及したり、否定したりすることが本当に許されるべきことであろうか。

2011年に起きた大津市いじめ死事件の加害少年らに対して、遺族が提起した損害賠償にかかる民事訴訟において、第一審大津地裁は、2019年2月、いじめ行為と自殺との因果関係を認め、賠償金として3750万円の支払いを加害少年2名とその保護者に命じた。

これまでのいじめ自殺裁判においては、いじめがあったことが認められたとしても、原因と結果の関係性において、いじめで自殺するのは、通常発生する通常損害ではないという前提に立ち、特別損害として、自殺が起きることが予見できたとする予見可能性の立証が求められてきた。しかしながら、大津地裁は、本件判決においては、交通事故などと同様に、いじめ自殺を一般的に予見可能な通常損害として判決を下した。いじめ自殺裁判において、通常損害を前提とした判決は、大津市いじめ死事件が初めてのこととされている。

第二審、大阪高裁控訴審判決においては、「わが国においても、いじめが希死念慮の誘発要因となり、自殺の危険因子として働くこと、いじめによって、その被害生徒が自殺に至ることがあることは、本件各いじめ行為が行われた平成23年当時、すでに学術的にも一般知見として確立していたものと考えられる」「当時、社会一般に、いじめにより生徒、児童が自殺にまで至ることがあることは、広く認知されていたということができる」と述べている。

さらに、高裁は、いじめ防止対策推進法制定の趣旨を引き、「同法は、第1条において、いじめが、生命又は身体に重大な危険を生じさせるおそれがあることに鑑み」その対策を推進するために定められたものであり、「生命に重大な危険とは、自殺もその一つの顕現として想定されているものと解される」「平成25年にはいじめ防止対策推進法の成立にまで至っているという経緯をも併せて考慮すれば、本件いじめ行為を受けた生徒が自殺行為に及ぶことは、何ら意外なことではなく、むしろ社会通念に照らしても、一般的にあり得ることというべきであり、亡少年の自殺に係る損害は、本件各いじめ行為により通常生ずべき損害に当たるものということができ、控訴人らの本件各いじめ行為と亡少年の自殺に係る損害との間には相当因果関係があるものと認められる」と判じ、大津地裁判決同様に、通常損害であることを前提とした判決を下した。本件は、被害者側から賠償額の減額を巡って最高裁まで上告されたが、2021年1月、棄却され、第二審大阪高裁判決が確定している。

このように、いじめ自殺事件の裁判において、いじめの内容や程度が一定以上あれば、通常損害を前提とした判決が期待されるようになったことから、裁判を行うことへのハードルが下がってきており、今後は、第三者委員会の玉虫色の認定によって地域社会で徒に対立を生むより、裁判によって中立公正な判決を望む遺族が増えてくるものと考えられる。

司法のいじめ問題に対する理解が深まり、対応が大きく変化してきたことは、極めて歓迎すべきことであり、今後とも、裁判所の適切な裁量に期待する次第である。

このように、大津市いじめ死事件に係る大阪高裁判決は、いじめと自殺との因果関係を通常損害として認めた革新的なものであったが、一点だけ、極く小さな魚の骨が喉に刺さったままで抜けないでいるような不全感が続いているので、ここに述べておきたい。

それは、賠償金の過失相殺の理由として、大阪高裁において「そもそも、自殺は亡少年の意思的行為であり～」「亡少年は自らの意思で自殺を選択した」その上で、亡少年の両親が不和を理由として別居中であったことなど「家庭環境を整えることができず、子を精神的に支えられなかった」として、第一審の損害賠償額、3750万円の支払いを約4000万円に削減した点である。自殺の損害賠償訴訟において、過失相殺が適用されることは理解できるとしても、「自らの意思で自殺を選択した」ことがその事由の一つとして述べられていることには、強い違和感を覚えるのである。

2017年に閣議決定された自殺総合対策大綱、第2自殺の現状と基本認識 においては、「個人の自由な意思や選択の結果ではなく、〈自殺は、その多くが追い込まれた末の死である〉」と述べられている。この大津いじめ死事件は、どう考えても13歳の少年が、自由な意思や選択の結果で自死したものではなく、いじめによって自死を余儀なくされたものであるということを述べておきたい。この大津事件に限らず、子ども若者の自殺は、すべからく、追い込まれた末の死であると私は考えている。

5　いじめ自殺統計の問題点

重大事態が発生し、第三者委員会を設置し、事実関係を明確にするための調査を行い、その結果を公表するまでには、実際的に相当の時間を要している。そして、多くの場合において、最終結論に至るのはいじめが起きた当該年度ではなく、翌年度あるいは翌々年度であるという実態は、マスコミ報道等を見れば明らかである。

また、第三者委員会でいじめが認定され、いじめによる自殺であったことが明らかになったとしても、過去に遡って文科省統計の「いじめの問題での自殺者数」は修正されたことはない。それは、文科省統計「問題行動等調査」における「いじめの問題での自殺者数」は、その調査要領において「当該年度に確認された自殺者数」とされているため、次年度以降に自殺の原因・動機がいじめであったことが明白になったとしても、統計には反映されないということになる。

さらに、教師による体罰や誤指導、いじめを誘発・助長する言動などいわゆる、指導死の項目も統計上、存在しないのである。文科省は「いじめの問題での自殺者数」に教師による指導死が含まれているのか除外されているのかについても明確にしていない。なぜなら、いじめ防止対策推進法におけるいじめの定義においては「学校に在籍する児童生徒が行う心理的又は物理的な影響を与える行為」に限定されており、いじめの主体から教師は明確に除外されているからである。国は、このように霞がかかった統計結果を基に、どのような児童生徒の自殺対策ができるというのであろうか。

6　いじめ問題と校内暴力

いじめ自殺の事例を丁寧かつ詳細に見ていくと、いくつかの重大な事柄が明らかになってくる。

２０１５〜２０１９年度にいじめによって自殺したと思慮される65件（67人）のケースにおいて、生徒によるいじめの事実があったことを第三者委員会等が認定しているケースは、43件（66・２％）であり、この内、生徒からの有形力の行使に当たる暴力を伴ういじめを受けていたケースは８件（12・３％）であった。その暴力の内容は、「正座を強要される」「眉を剃られる」「叩かれる」「ビンタされる」「足を蹴られる」「ズボンを無理やり下ろされる」「ボールをぶつけられる」「便器の前で土下座させられる」といったものであった。

また、生徒のいじめと併せて教師の体罰のあったケースは1件（１・５％）で、その体罰の内容は「頭を叩く、口にテープを貼る」であった。

これらの結果から、生徒や教師による有形力の行使としての暴力を伴ういじめによって自殺したケースは9件（13・８％）であり、残りの大多数のケースにおいては、暴力を伴わないことばのいじめや無視等によって、自殺したものであることが推知される。

ここで、整理すると、いじめも暴力の一形態と考えられるが、殴る蹴るといった有形力の行使である暴力を伴ういじめと、ことばのいじめや無視等、暴力を伴わないいじめがある。

校内暴力が頻発し始めたのは１９７０年代後半からであるが、１９８３年、当時の文部省は、対教師暴力、対生徒暴力、対人暴力、器物損壊など学校内外で起きている暴力の実態把握のため、文部省統計「問題行動等調査」において「暴力行為」に係る調査事項を設け、調査を開始した。その2年後の1985年、これとは別に、同じく「問題行動等調査」において、新たな調査事項として「いじめ」の項目を設け、調査が開始された。この時点では、いじめは、それまで学校内外で起きている対生徒暴力とは異質のもの、人権に関する問題として捉えられていたのであるが、マスコミは、両者の区別を明確にしないまま、報道してきたというきらいがある。

不良グループ等が行う対生徒暴力や対教師暴力が頻発する中で、新たなかたちのいじめが拡大してきたのであるが、マスコミは、当時の文部省の規定する「校内暴力」と「いじめ」を一緒くたに「いじめ問題」として扱ってきたのである。

そのため、いじめというと、一般人は、暴力を伴う峻烈なものと考えがちであるが、実態は、先に示したように、大多数のケースでは有形力の行使としての暴力を伴っていない人権侵害的行為なのである。明確に暴行、傷害、恐喝などの法に抵触する犯罪行為を伴っておれば、教師への相談や警察の介入など、被害を受けている生徒やその保護者としての対処の方法が取りやすいのであるが、いじわるや悪口、陰口、無視程度では、これぐらいのことで教師や友達に相談し難い、親に対してはなおさら言えないということで、ひとり悩むだけであり、また、これらのいじめが第三者である教師や友達に感知され難く、適切な対応がとられることなく、何重にもこれらのいじめが繰り返された結果、ボクシングのボディブローのように次第にきいてきて、死を余儀なくされるといった悲劇が繰り返されているのではないかと考える。

7　いじめの内容

先述した65件の自死事例において、いじめの事実を認定しながらも、いじめと自殺の因果関係を認めないとする第三者委員会が往々にしてあるのは、先程の「校内暴力」と「いじめ問題」の違いを理解していない人が、恐らく「悪口」「無視」「仲間外れ」「あだな」などの行為は、極めて軽い「いじわるや嫌がらせ」で、ひとはそんなことで自殺したりはしないと思っておられるのではないかということが考えられる。ところが、事実、第三者から見れば、軽易と思われる言葉のいじめ等でも、多くの子どもたちが自死するということが起きているのである。

現に、どのような行為がいじめとして行われているか、65件の死亡事例を詳細に見てみると、悪口を言われる（12件）、無視される（10件）、死ねと言われる（10件）、仲間外れ（9件）、嫌なあだ名で呼ぶ（7件）、ウザいと言われる（5件）、文房具を隠す・盗る・捨てる・壊す・傷つける（6件）、キモイと言われる（5件）、からかう（5件）、菌扱い・名前を菌付で呼ぶ（5件）、馬鹿にする（4件）、汚いもの扱い（3件）、嫌がらせ（3件）、暴言（3件）、くさいと言われる（2件）、自転車を壊す（2件）、ズボンを無理やり下ろす（2件）、弁当を勝手に食べる・ひっくり返す（2件）、蹴る（2件）、叩く（2件）、この他、殺すと言われる、肩をぶつける、肩パンする、お腹が鳴るのをちゃかす、椅子を蹴る、物を投げられる、仲間内で監視させる、他児と遊ばせない（囲い込み）、プロレス技をかける、ボールを顔にぶつける、読んでいる本をエロ本とはやし立てる、カンニングの疑いをかける、アルバムに書き込む、背中に付箋を貼る、陰口、ストーカーと呼ぶ、病気に心無い言葉を浴びせかける、服を引っ張る、下品な落書き、暴力を振るわれそうになる、強いパスを出す、文具を汚い物のように投げ合う、列に入れない、頭を机に押さえつける、ビンタ、買い物強要、昼食代をたかる、お菓子代をたかる、カラオケ代の支払い強要、金銭の要求、物を盗るよう命じる、ばか・あほうの暴言、悪ふざけ、侮辱する、机を離される、机の上に教科書で壁を作られる、プリントを投げるように渡される、音読で練習してきていないと非難される、部活で練習相手を頼んだが無視される等々各1件のいじめ行為が認められた。また、ネットいじめとして、ネット上の不快な書き込み（11件）、ネットで嫌がらせ画像の拡散（2件）、ＬＩＮＥグループから外す（1件）、ＬＩＮＥ上で口論となる（1件）などが確認された。

どれも1件1件は、第三者から見ればたわいのないものであるが、本人にとっては屈辱的で理不尽なことばかりであり、人権侵害に該当することも多々ある。これらが複数件重なり、一定期間に及べば、いじめを受けた者は、相当の負担やダメージを感じ、死を選ぶこともあるという事実を専門家のみならず、児童生徒に関わる教育関係者、子どもを持つ保護者は理解すべきである。

65件の事例の中で最も多いのは、第三者委員会が「学校の対応・体制に問題があった」と指摘しているもので、44件（67・7％）に認められた。このことは、逆に、いじめが起きても学校の体制が有効に機能し、適切に対応できれば、生徒の自殺は防ぐことができるということを示唆するものである。学校、教師は多忙な中でも、いじめの芽が小さい内から摘んでおくなど、些細な問題でも放置しないことや、児童生徒の実態や胸中にこころを致し、感度良い適切な対応を心がけて頂きたいものである。

8　指導死

いじめ自殺事例の分析結果から、教師に責めのある指導死がいかに多いのかが明らかになり、その多さに驚くばかりである。

15～19年度に起きた自殺事例65件（67人）の内、生徒によるいじめと併せて、教師の体罰、いじめやいじめ類似行為、いじめを助長する行為、指導放棄などによって、教師が生徒の自殺に関与した件数は、9件（13・8％）、生徒によるいじめは無く、教師の叱責・誤指導、いじめ類似行為等によって生徒が自殺したとする件数が10件（15・4％）、顧問教師の暴言、胸ぐらを掴む、肩をこづくなどの不適切な指導を認めながらも、自殺との因果関係を認めようとしないものが2件あった。このように、教師が生徒の自殺に何らかの形で関与し、大きな影響を与えていると考えられるケースが合計21件（32・3％）もあり、全体の3分の1を占めているということは、驚くべきことであり、異様なことでもある。これらのケースにおいては、教師の不適切で配慮のないかかわりがなければ、自殺は起きなかったと思慮されるケースがほとんどである。

２０１２年に起きた、大阪市立桜宮高校バスケット部顧問による生徒の体罰死事件以来、さすがに教師の有形力行使としての体罰そのものが直接の自殺要因となった事案は少なくなったが、ここ数年に起きている教師の指導をきっかけに、生徒が命を絶つ指導死は、暴力を伴わないケースが大半であり、教師の言葉の暴力だけでなく、思い込みや誤解など心無い対応によっても児童生徒が自殺することがあるという事実が今回の調査・分析によっても明らかであり、教師のみならず教育関係者は、この事実を肝に銘じて頂く必要がある。

この現象は、近年、続けざまに起き、大きな社会問題となった企業等大人社会におけるパワハラ自殺と全く同じ様相を呈しており、教育の場における児童生徒を教育する立場にある教師が教師という権力、権限を濫用し、パワハラを行い、結果的に子ども達を死へ追い詰めてしまっているという事実は、絶対に許容されることのない、極めて重大な人権問題である。

福井県池田町で起きた平成16年度No.14、担任、副担任から繰り返し激しく叱られて自殺した事例では、町と県側は、担任らの指導は「不適切な部分があったとしても教育目的を逸脱したものではなく、体罰を加えるなど明らかに違法なものではなかった、不法行為に該当しない」と主張している。しかし、問われているのは、不法行為か否かということではなく、教師は、生徒指導において違法行為としての体罰を加えさえしなければ何をやってもいいのかという問題である。当該叱責行為が、教育目的を逸脱していない指導であれば、生徒が自殺するはずがないのではないかと考える。本事例に係る第三者委員会の報告書では、生徒の自殺は「担任、副担任の厳しい叱責によるストレスが原因」と認定している。担任、副担任の強い叱責によって追い詰められ、生徒は死を余儀なくされたのである。担任が他の生徒の前で生徒を怒鳴ったことを目撃した生徒が「(聞いた人が）身震いするくらい怒られていた。かわいそうだった」副担任の叱責についても「土下座しようとするほど叱られていた」と述べており、これ程までの叱り様は、明らかに言葉の暴力であり、有形力の行使としての暴力と同等のものと考える。

遺族は、県と町に約5400万円の損害賠償訴訟を提起し、22年3月、福井地裁で和解が成立した。県と町は、自殺を真剣に受け止め再発に努めると確約。町が解決金5千万円を支払う。22年4月、担任停職1カ月、教頭減給3ヵ月（1／10）の懲戒処分としている。

生徒が問題行動を行ったときは、厳しく叱るのは構わないと思う。しかし、叱るときは、叱る責任が伴うということを教師は、強く認識することが必要であり、また、事実誤認が生じないよう、事実の明確な確認は欠かせない。生徒が何か言いかけようとする時に、教師が「言い訳するな」と言うのは大きな間違いである。教師は一方的に叱るのではなく、丁寧な形で、事実確認のための弁明の機会を生徒に与えるべきである。教師の誤った認識に基づいた誤指導によって生徒が自死した事例は、数多く出ているのである。このような事例においては、本来、生徒が教師に向けるべき怒り（殺意）を自分に向けた自死であり、教師の責任は極めて重い。

「子どもの権利条約」第12条には、明確に児童の「意見を表明する権利」が謳われている。また、児童福祉法第2条においても「児童の発達に応じた、意見の尊重」が明記されている。

児童生徒をひとりの人格ある個人として捉えた丁寧な対応を行えば、間違いは生じないものと確信している。さらに、叱り方にも技術が必要である。生徒は、往々にして何で叱られているのか分かっていない場合がある。可能な限り少数複数の教師で対応し、叱った教師の気持ちや叱る理由を別の教師が丁寧に説明してやれば、生徒には十分に伝わるものと考える。やむを得ず、単独で叱る場合は、教師自ら、事後のフォローを行うことは必須である。また、叱った後、生徒をひとり残して部屋を離れないこと。過去の事例では、ひとりにされた生徒がそのまま高所から飛び降りて自殺したという事例はたくさんあるのである。

平成18年度№7の事例においては、担任からの罵声、反省文の繰り返しの提出など複数の教員からの厳しい指導を受け、自死しており、反省文には、自己を評して「みんなより劣っていることだと思います」「努力して当たり前のことを当たり前にできる人になりたいです」と書かれていた。担任を初め、複数の教員の厳しい指導に加え、本人は、この反省文を書くことによって、さらに自らの評価を引き下げ、自分は、生きる価値がないと判断したのではないかと推知される。反省させることと、自己評価を貶《おとし》めることとは、全く次元の違う行為であるということを教師は自覚しなければならない。

平成18年度№4は、バレー部顧問からの数々の叱責、暴言を受け生徒が自殺した事例であるが、県教委は、因果関係の判断は困難としながらも、顧問の暴言が自死に至った原因の一つであり、「重度の精神的苦痛を与えた」として、22年6月、元顧問に対し、最も重い懲戒免職処分を下した。言葉の暴力によって免職処分とした事例は、21年1月、沖縄県コザ高校で起きた空手部顧問の暴言等によって高2の生徒が自殺した事件に対して、21年7月、沖縄県教委が行った懲戒免職処分に次ぐ2例目の処分である。ここまでやらないと、遺族は納得しないし、教師による指導死はなくならないとの判断であろうが、教師の暴言によって、生徒ひとりの命が失われている訳である。当然かつ正統な判断であると思慮される。全ての教師は、言葉の暴力によって生徒が自死に至ることがあること、その処分に、懲戒免職もあり得ることを自覚して頂きたい。

ここに挙げた65件の児童生徒の自殺事例において、教師の叱責・誤指導、いじめ類似行為等によって、生徒が指導死したケースの指導の態様は「事実誤認したまま、思い込みで進路指導をする」「本人だけを怒る、注意するといった理不尽な指導」「罵声を伴う指導や繰り返し反省文を書かせる」「頭を叩く、口に粘着テープを貼るといった人権を無視した体罰」「事実確認をしないまま、一方的に叱責する」「普通の生徒であれば委縮するほどの大声での叱責」「顧問による『部活辞めろ』『使えない』『プレーは一番下手』などのパワハラ」「顧問による胸ぐらを掴む『お前は頭が悪い』『存在する意味あるか』などのパワハラ」「顧問による『馬鹿野郎』『殺すぞ』肩を小突くなどのパワハラ」「生徒のいじめに併せて、担任のいじり」「休みの無い、長時間に及ぶブラック部活」など枚挙に暇がない。全てが人権侵害行為であり、パワーハラスメント行為である。

繰り返しになるが、学校教育の場にある全ての教師、教育関係者は、暴力を伴わない言葉だけの指導でも、これまで多くの子どもたちが自死に至っている事実、過去の指導死事例を研修・学習し、独りよがりの指導によって、児童生徒を死に追いやるという事態を絶対に起こしてはならないということを、肝に命じて頂きたい。また、教師の仕事は、生徒との信頼関係がなければ成り立たないということを、努々忘れないで頂きたい。

9　いじめの開示

次に、いじめられていることを誰かに伝える、文章として書き残すなど、いじめの開示の問題についてである。筆者が調査した65件（67人）の自死ケースにおいて、遺書、メモ、学校のいじめアンケート、教師への相談などにおいて、いじめの事実を開示していたケースは41件（63・1％）、遺書など何も無かったケースは12件（18・5％）、遺書などは無いがＬＩＮＥで自殺を予告するメッセージを送信していたケースが1件（1・5％）、不明のケースが11件（16・9％）であった。不明とは、マスコミ等の公表や記事等にいじめ開示があった旨の記載が無く、筆者が確認できなかったということで、遺族、学校、警察等で確認できていないということではない。

41件、6割以上のケースにおいて、いじめの開示が確認されているということは、何らかの形でいじめの開示があったからこそ、いじめによる自殺として、マスコミが詳細に取り上げ、いじめ自殺として社会が認知したということではないだろうか。そう考えれば、いじめ開示があったケースでは、いじめが重大事態として自殺の要因であったことが認定される可能性が高くなり、いじめ開示がなかったケースにおいては、いじめが認定され難く、原因不明の自殺とされる場合が多くなるということが推察されるのである。

この11年間で、遺書も無く、文科省が、自殺の原因・動機を把握していない２７６１人、67・3％の児童生徒については、どう考えるべきであろうか。もの言わずに亡くなった２７６１人について、筆者は、かなりの数のいじめによる自殺者が含まれているものと考えている。しかし、いじめの開示の無い自死ケースは、新聞等においてベタ記事としてしか扱われず、また、第三者委員会が設置されることもなく、原因究明がなされず、自殺の原因・理由が不明のままになってしまう可能性が高いということが考えられるのである。

これは、学校が定期的に実施しているいじめアンケートにおいても同じことが言えると思う。児童生徒の自殺があると、まず、学校のアンケートに当該生徒がどう答えていたかが問題視されているようである。ベタ記事の新聞報道等では、ほとんどのケースがいじめアンケートには「なし」と回答しており、「あり」と答えたケースは、その後「重大事態」として取り上げられ、第三者委員会のいじめ調査に至っているものと考えられる。

逆に、学校のアンケートに嫌がらせを受けたことが「ない」と回答していたため、平成17年度№14の事例のように、それを言質にとられ、複数の生徒がいじめを見聞していながら、「心身の苦痛を感じるいじめは認められない」「部活動の疲れによる自殺」と、当初いじめの事実を否認されていた事例においては、再調査委員会において、一転、自殺が「いじめのみを直接の契機として発生したとは断定できない」としつつも「部活動で部員に練習相手を頼んだが無視された行為」などをいじめと認定したというケースもあり、その是正に2年以上もの期間を要している。このような、自死した生徒や遺族に対して、適切な調査や対応を怠った学校や市教委については批判されて然るべきと考える。

いじめの開示の無いケースは、いじめによる自殺であっても、原因・動機不明として、いつしか社会から忘れられていく。そんなケースがどれだけ多くあるか分からないが、このまま看過できる問題ではなく、放置されていることによって、子ども若者の自殺数は減ってはいかないのである。「原因・動機不明とされた2761人の自死者においては、かなりの数のいじめ自殺が含まれている」というのが私の仮説であるが、この仮説はいかにしても証明できず、仮説のままである。

いじめであれ、友達関係の悩みであれ、虐待であれ、今日の日本社会においては、国・県・市町村等が運営する子ども若者向けの公的相談窓口が数多く開設されている。さらに、弁護士会、NPO法人等の運営する専門相談窓口もあり、自分の抱える悩み、相談の内容に応じて、適切に対応してもらえるので、広報やネット情報で、まずはどんな相談窓口があるのか探してみよう。但し、SNS等で知り合った年長の異性に対して相談するのは危険である。相手は、これらの相談についての専門家ではないし、また、どんな落とし穴が潜んでいるのかも分からないのである。信頼できる適正な相談窓口に辿り着ければ、問題は半分解決したようなものである。自分の悩みに合った相談窓口を探し、心の内を開示すること。必ず力になってくれる人がいる。

10　自殺意識調査

２０１６年、自殺対策基本法の改正を機として、民間組織である日本財団は「命を支えるプロジェクト」をスタートさせ、自殺意識調査を実施してきた。２０１８年、その補充調査として行われたアンケート登録モニターによるインターネット調査において、18～22歳、３１２６人の有効回答者を得ている。

この調査において、自殺念慮があると答えた人は、30％（男性26％、女性34％）、自殺未遂の経験については11％（男性9％、女性13％）が「ある」と答えている。本気で自殺を考えた原因は具体的にどのようなものであったかの質問に対しては、自由回答形式で学校問題が48％、さらにその内49

%が「いじめ」を原因として挙げている。このことは、３１２６人の有効回答者の30%＝９３７人が自殺念慮を抱いており、その11%＝１０３人が自殺未遂を経験している。そして、その原因が学校問題である人が48%＝49人、その内「いじめ」を原因とするものが49%＝24人いたということである。この調査結果は、いじめが若者の自殺の重大な要因のひとつになっていることを示唆するものである。

文科省は、このような事実から目をそらさず、児童生徒の自殺ケースや自殺未遂のケース等において、精神科医等の協力を得ながら、自殺原因の調査研究を推し進めて行くべきであると考える。特に、自殺未遂のケースは、自殺の教科書である。生徒や家族の人権、心情に充分配慮しながら、精神科医やスクールカウンセラー、スクールソーシャルワーカーなど専門家による心のケアと併せて、丁寧な聴き取り調査を行うことによって、若者の自殺について社会が学び得ることは沢山あるはずである。私は、国に対して、子ども若者の自殺や、自殺未遂が起きたケースについて、入念な調査を行い、原因の究明や対策について調査研究する機関及び自殺予防システムの構築を強く要望したい。

何度も繰り返すことになるが、子ども若者の自殺の原因・動機の正確な実態把握無しには、わが国の子ども若者の自殺対策は、とれるはずがないということを明記しておきたい。

第七章　自死を思い止《とど》まるために

1　行動化と言語化

考えるということは、頭の中にいっぱい言葉を巡らすということである。例えば、「人を殺したい、殺そう」あるいは「死にたい、電車に飛び込みたい、ビルから飛び降りたい」と思ったとしても、ほとんどの人は、それを実行には移さない。それは、「人を殺したら少年院か刑務所に行かなければならない」とか、「自分が死んだらお父さんお母さんが悲しむだろうな」とか、様々なことが言葉として頭の中を巡り、結局、怒りや憎しみの感情を鎮め、自分自身にどこかで折り合いを付けて、実行に移さない、行動化しないというのが一般的である。

今の子ども達を見ていると、テレビやインターネットなどメディア漬けで育ったために、物事や状況を言葉で咀嚼し言語化して捉えるのではなく、物事を補足し内面化する過程において視覚的、あるいは感覚的に捉えがちであるのではないかと考える。物事を言語化して捉えていないということは、人はものを考える時、頭の中に言葉をめぐらすわけであるが、この働きが十分には機能していないということである。何か大きな事件を起こしたとき、頭の中が真っ白になったというのは、こうすればこうなる、ああすればどうなるといった、言葉で考えるという思考の回路が閉ざされてしまった状態になっているということではなかろうかと考える。

児童相談所での経験であるが、一時保護所で子ども達を預かる中で、3つ4つになっても言葉が出ない子どもが沢山いる。障がいがあって言葉が遅れているのではなく、ほとんどが、親のかかわりや話しかけが少なくて、テレビが子守をしてきた結果、発語が遅れている子ども達である。自分から言葉を出しておしゃべりはしないけれど、こちらの言うことはちゃんと理解できている。こういった子ども達は、一時保護所で1ヵ月も生活する内にビックリする程、お喋りできるようになる。これは、職員の話しかけやスキンシップ、子ども集団の育ち合いによるところが大きいと考える。テレビが子守をしてきた子どもには、頭の中には言葉はいっぱい詰まっている。だから、相手の言うことも理解できているのである。しかしながら、親からの、言葉を引き出すための語りかけや、親子のぬくぬくとしたやり取り、コミュニケーションが無かったがために、自ら言葉を発する機会や必要性がなかった子ども達と考えられる。

今の子ども達は、「ムカつく」「うざい」「キレる」「やばい」「だるい」ということを連発する。本来なら、自分の感情を相手に対して、「こうこうこうだから、自分は怒っているんだ」と説明すべきところを、コミュニケーション能力に乏しい子ども達は、「ムカつく」「うざい」「キレる」という一言で唾棄してしまう。子どもたちの中には、自分の怒り、不全感が何なのか説明できないばかりでなく、何で自分がそういう状態になっているのか、訳がわからず、モヤモヤが何なのか理解できない者もいる。だからよけいに「イラつき」「ムカつき」「やばい」のである。「ムカつく」段階では、「この怒りは何なんだ」「この訳のわからない不全感、嫌悪感は何なんだ」と、まだ思考の回路は回っているが、答えは出てこない。そして思考に行き詰まり、答えが出てこないので、一層イライラし、ついに「キレ」てしまう。

「キレる」ということは、思考することを生物学的に放棄するということで、「キレた」段階では、言葉通り、思考の回路は切れてしまっていて、頭の中は、真っ白、何も考えていない、考えられない状態だろうと思われる。そして、何も考えないまま、どこかで見た暴力的なイメージ、これはビデオゲームであるとか、漫画・インターネットで見た残酷なシーンなど、普段から視覚的、あるいは感覚的に捉えてきて内面化されたイメージを反射的に再現してしまう、ということではないかと考える。

これは、ビデオゲームをしている時の子どもの反射的な躰の動きと同じである。反射的な躰の動きとは、刺激に対する行動が、思考回路を通らず、条件反射として即応的に行われてしまうことであり、そのため、大人の私達の常識的な判断から見て、子ども達が起こしてしまった重大事件の結果の重さに比較して原因の軽さや安易さが釣り合わない、原因と結果が繋がらないということになるのではないかと思う。怒りや憎しみが外側に向かった場合は、非行や暴力的行為となり、内側に向かった場合は、自殺や自傷行為、あるいはひきこもりとなると考えるが、非行や自殺などの重篤な情動の結果だけが残るため、事の重大さばかりが強調されるのではないかと考える。

子どもの怒りを非行や自殺という形で行動化させない為には、怒りや苦しみ、恨みといったマイナスの感情を言語化できるような訓練を小さいときからしておくということが必要であると考える。今日の子どもの生育に、かつての地域社会が果たしてきた、ギャングエイジの子ども同士の育ち合いということがほとんど望めない中で、親子の日常的なコミュニケーションや学校生活等において、子どもの感情の有り様を言葉で表現させる習慣を培っていくということが非常に大切であり、学校で新しく教科となった道徳の時間などを活用し、読書や作文の時間を多く設け、言語を五感で捉える習慣を培うことや、言葉を使った感情表出の訓練を行うことは、非常に有効であると考える。

1999年、アメリカ、コロラド州で、コロンバイン・ハイスクール銃乱射事件が起きた時、当時の大統領クリントンは、緊急記者会見を開き、「少年達に怒りを言葉で表現できるように教えなければならない」と語ったのは、有名な話である。

怒りや憎しみの感情を言葉で表現できない子ども達は、自分の思いを行動で示すしかない。

コミュニケーション能力は、言語、非言語、表情、動作などを総合した自分の思いを相手に伝える力量である。怒り、憎しみを行動化させないために、きちっとした形で自分の内面にある問題を言語化し、相手に伝えていくことは、非常に大切なことだと思う。

ひきこもり、不登校の子ども達は、非行という形で行動化する子ども達に較べて言語能力は高いと言われる。しかしながら、頭の中で言葉を巡らすことはできても、言葉としてそれを表現することができない。そのため、言葉は頭の中で堂々巡りをするばかりである。だから、ひきこもるしかないのだと思う。

自殺した子ども若者についての研究がないので、想像するしかないのであるが、そのメカニズムは、同じだろうと思う。もし、自殺した子ども達が、自分の悩み、思い、苦しみ、悲しみを言葉として誰かに正確に伝えることができたならば、ほとんどの子どもが死なずにすんだと、私は、思う。

２０１７年8〜10月にかけて、神奈川県座間市のアパートで15〜26歳の男女9人が殺害され、切断された遺体が見つかった、いわゆる座間9人殺害事件の裁判において、ツイッターに「死にたい」などと書き込み、自殺願望有りとして誘い出されて殺害された被害者9人について、裁判においては、殺害の承諾の有無が最大の争点となった。弁護側は、法定刑の軽い承諾殺人罪の適用を求めたが、検察側に加え、被告本人が被害者9人全員に殺害の承諾がなかったことを明らかにし、異例の裁判展開となった。20年12月、東京地裁は、「全員承諾なし、犯罪史上まれに見る悪質な犯行」と述べ、強盗強制性交等殺人罪として被告に極刑、死刑判決を下した。

自殺願望が有りながら、殺害承諾は無かったとする一見矛盾する被害者の心理であるが、被害者9人の内、誰一人として殺害を承諾していた者はいなかったということが、被告人自らの証言により明らかにされたのである。このような自殺願望者のアンビバレントな心理状態は、希死念慮を抱く者に当然起き得るものであり、ツイートなどの中途半端な表現ではなく、その苦しみを明確に言語化し、信頼できる者や機関に相談というかたちで問い伝えることができていれば、自己を客観視することもでき、自死を思い止まることも可能となったのではと考える。そして、この事件に巻き込まれ、被害者になることもなかったはずである。

現代の児童・青少年の「聞く・読む・話す・書く」の国語力の低下は深刻な問題である。

子ども若者が陥る非行、自殺、ひきこもりといった社会病理現象は、その多くが言語力、コミュニケーション能力の障がい、あるいは人間関係における疎外感等によって引き起こされているといっても過言ではないと思う。子ども若者に、自分の思い、不安や不満、怒りといったものをきちっとした形で言語化し、表出させていくことが、怒りや不満を、他者や自分に向けさせない、「行動化」させないための、重要な方策であると考える。

重大な非行、自殺などを起こす子どもに限らず、ひきこもり・不登校の子ども達も対人関係能力・対人関係技術というものが非常に稚拙である。傍から見れば、子ども若者の重大な非行、あるいは自殺、これは一見、降って湧いたように突然起きているかのように見えるが、必ず、前兆のサインを出しているはずである。家族、教師、周囲の大人が、早くそのサインに気づき、よく話しを聴き、怒り、不安、不満を言葉として表出させてやるということが、子ども若者の怒りや不満を、他人や自分に向けさせない、「行動化」させないための最も大切な手法であると考える。

いじめられている子どもたちの内面は、怒りの感情や不全感、悲しみで一杯のはずである。怒りを行動化させないために、きちっとした形で言語化させていくための訓練を行うことが必要であることを明記しておきたい。

2　長崎「生と死のイメージ」に関する意識調査

１９８６年、18歳のアイドル歌手の飛び降り自殺があり、その後追いで、少年、少女の飛び降り自殺が相次いだ。その後もマスコミにいじめ自殺の報道が大きく取り上げられる度に、同じ境遇にある子どもたちが、連鎖的に自殺を繰り返してきた。

自殺は、連鎖を呼び、繰り返される。現代の子どもたちは、まるで隣の部屋に行くみたいに、スーッと死の世界に入っていくように思えてならない。希死念慮が強いのか、すぐに諦めてしまい、死を選んでしまう。

現代の子ども達は、人生はリセットできると漠然と思っているのではないかと考えてしまう。

長崎県では、平成15年に起きた中学1年生12歳による「長崎市幼児誘拐突き落とし殺害事件」平成

16年の小学6年生11歳女児による「佐世保市同級生女児殺害事件」など、相次ぐ年少少年の重大事件を受けて、平成17年、県教育委員会が小中学生（小4、小6、中2）3千6百人を抽出し「生と死のイメージ」に関する意識調査を行った。

「死んだ人は生き返ると思いますか？」という問いに「はい」と答えた者が全体の15・4％、特に、中学生では18・5％と最も高かったという驚くべき結果が公表されている。

その理由について尋ねたところ、約半数が「テレビや本、人から生き返る話をきいたことがあるから」と答え、29・2％が「テレビや映画で生き返るところを見たことがあるから」7・2％が「ゲームでリセットできるから」と答えている。また、「死んだ動物」についても12・7％が「生き返ると思う」と答えている。

この調査結果から、「子ども達は、テレビ、映画、インターネット、本等から得られる情報をもとに死のイメージを形成している」、「子どもが非常に現実感に乏しく、未熟で幼稚化してきている」ということが窺われるとともに「バーチャルな世界と現実の区別がつかなくなってきている」という小中学生の実態も明らかになった。

この調査の対象となった小中学生に限らず、日本の中高生は自己評価が低く、意欲や現実感に乏しく、未熟で幼稚であるのは、読書に使う時間が少なくなった反面、テレビ、ビデオゲーム、インターネット、携帯電話、スマホなどメディアと関わる時間が長くなったことや、漫画・アニメ・劇画志向が強いこと、これらのメディア媒体からの情報を自ら考えることなく、取捨選択しないまま受け入れてしまう傾向が強いからと考えてもいいような気がする。

佐世保市で同級生女児殺害事件を起こした11歳女児もホラー小説に傾倒していたとのことであり、死のイメージが希薄で、被害児が亡くなっているのに「会ってあやまりたい」と答えるなど、自分がやったことに対する現実感が乏しいとの指摘がなされている。

だとすれば、「死の現実」がいかなるものであるかを徹底して教える必要があると思う。

3　飛び降り自殺

1983年、新宿にある老舗ホテルの最上階（47階）から7階にある屋外プールに向かって飛び降り、自殺を図った二枚目の男性俳優31歳がいた。彼の美に対する執着にはすざましいものがあり、顔に傷がつかないよう、背中からプールに向かって身を投げたと言われており、遺言として残した「涅槃《ねはん》でまつ」という言葉と併せて、これらのエピソードは後世に伝えられた。

子ども若者の自殺において最も多く使われる方法として、高所からの飛び降り、鉄道への飛び込み、縊首《いしゅ》（首吊り）などがある。

飛び降り自殺には墜落死と転落死がある。墜落死は、地面まで一気に落ちた場合で、地面に衝突した傷しかつかないが、転落死の場合、途中のベランダや庇に衝突し、体中に深い傷が残る可能性があり、場合によっては手足がもげたりもする。

前面から墜転落した場合、地面と強く激突することによって、顔面下にある骨はバラバラに粉砕され、生前の表情を止めていない場合も多くあると聞く。このように変わり果てたご遺体と対面しなければならない遺族の悲しみは、想像に絶するものがあると思われる。

また、墜転落死においては、通行人に衝突し、巻き添えにしてしまう可能性もある。

2020年10月、大阪梅田の商業施設の屋上から男子高校生17歳が飛び降り自殺を図り、買い物に訪れていた女子大生19歳を巻き添えにするという事故が起きた。両者は共に死亡し、警察は、巻き添えは予見することができたとして、自殺を図った高校生を死亡のまま重過失致死の容疑で書類送検した。高校生は、SNSに自殺をほのめかす書き込みをしていたが、自殺の原因・動機は不明のままである。このような墜転落自殺への巻き添え事故は、決して少なくはなく、数年に1回の割合で起きており、自らを殺めるばかりではなく、全く関係のない他人を巻き添えにすることにもなり、双方の遺族はやりきれない想いで一杯であろうと、慰めの言葉も見当たらない。

4　鉄道自殺

私は、小学高学年の頃、叔父に連れられて、京都まで旅行したことがあった。その時代、まだ新幹線はなく、特急や急行列車の旅であった。出発して程なく、小倉に差し掛かる少し手前で、列車は緊急停車した。車内放送が流れ、踏切事故が起きたことが告げられた。車外が騒がしくなったため、車窓から下を覗くと、線路の脇に、裸同然の格好をしたご遺体が仰向けに転がっていた。轢断されたらしく、片方の脚は無かった。ご遺体には、すぐに毛布が掛けられ、見えなくなったが、一度見たその苦悶の表情は、後々何度も脳裏に浮かび、私を苦しめた。

後で知ったことであるが、列車事故死の場合、車輪が衣服を巻き込み、引き剥がしてしまい、裸同然になることが往々にして起きること、車輪に何度も轢かれ、躰がバラバラになったり、内臓が飛び出したりするご遺体がいくらでもあるとのことで、恐怖に慄《おのの》いたことを覚えている。

この事件が事故であったのか自殺であったのか分からないが、列車は、その場に1～2時間、あるいは、それ以上の長時間停車し、警察による現場検証やご遺体の搬送、現場の清掃などが行われた。このように、鉄道事故等による遺体の損傷状況は、車による交通事故死と比べても格段に酷く、無残な遺体に対面しなければならない遺族の心情を考えれば、余りにも残酷過ぎるということを明記しておきたい。

また、鉄道による人身事故が故意又は過失によるものであり、その結果、運休、遅延などの輸送障害が生じた場合、本人又は遺族に対して、鉄道会社や乗客から損害賠償の請求を受ける可能性も出てくる。事故処理に伴う人件費、振替輸送費、遺体移送費、車両・線路損傷の場合の修理費、特急料金の払い戻し費用などである。請求される額はケースによって異なるが、残された遺族の経済的負担や事後処理のための心労等を考えれば、鉄道自殺など決してできるものではない。この損害賠償の請求問題は、ビルなどからの飛び降り自殺においても同じである。

5　縊首自殺

ニュース等では縊首（首吊り）自殺があった場合、その事実が報道されるだけであるため、その凄惨さを知る人は少ない。映画やテレビなどの虚構の世界でも同じで、実態とは大きくかけ離れた形でしか映像化されないのである。ここでは、その凄惨さの一部に限ってしか記さないが、想像を働かせて頂きたい。

私は、児童相談所に勤務していた時、親子心中があり、生き残った幼児を一時保護したことがある。警察の調べによると、母親は、幼児の首を手で絞めて殺害した後、ドアのノブに紐をかけて首を吊り、自死を既遂したものであったが、わが子を思う母心か、手加減したものであろうということが想像された。幼児は蘇生し、郵便物を配達に来た郵便局員に声を掛け、発見、保護された。家族構成は40歳前後の母親と5歳の男児二人きりの母子家庭であり、自殺の原因は、不明であった。児童相談所が母親から相談を受けておれば、このような事態は回避できたものと、かえすがえすも悔いが残った。幼児は、一両日病院の経過観察を受けた後、今後の処遇を巡って一時保護としたが、顔面は真っ赤にうっ血し、腫れ上がったままであり、その症状が取れ、正常に戻るのに一月程の時間を要した。その後、幼児は 数日間の一時保護を経て、児童養護施設への措置入所となった。この幼児は幸いにして蘇生し、顔面も正常に復することができたが、一般の縊首自殺においては、顔面のうっ血や苦悶の表情は顔に張り付いたままであり、首や躰全体がどのような損傷を受けるのか、どのような状態になるのかは想像を絶するものがあり、このようなわが子と対面し、野辺の送りをしなければならない遺族の悲しみは、いつまで経っても癒されることはないであろうと考える。

6　死後の世界

手元に一冊の絵本がある。わが子が小学校低学年の頃、買い与えた地獄絵本である。最初、息子は怖がって、見る気にもならなかったようであるが、怖いもの見たさも手伝ってか、その内、絵本を読むようになったと言う。感想を尋ねてみると、怖かったのは、かまゆで地獄や針山地獄の絵で、不思議に思ったのは、賽《さい》の河原で石を積む子ども達の絵図で、「どうして、亡くなった子どもがこんな酷い思いをしなければならないのか」「どんな悪いことをしたのか」「なぜ地獄に仏さまがいるのか」ということと、この賽の河原の地獄絵を見て、「自分が死んだらこうなるのか」といった恐怖感を覚えたとのことであった。

平安時代の高僧、恵心僧都《えしんそうず》源信は、人々に地獄と極楽の世界を伝え、念仏に専念すれば、極楽往生できると説いた。源信は、地蔵菩薩を信仰しておれば、例え地獄に落ちたとしても、地蔵菩薩が地獄の責め苦から救って下さるとも説いた。このようにして、地蔵信仰が人々の間で広まっていったと伝えられている。

古くインドから伝わった世界観では、人間は六道と呼ばれる迷いの世界に生き死を繰り返しているとされる。天道、人道、阿修羅道、畜生道、餓鬼道、地獄道を人は永遠に輪廻転生しなければならないとされているのである。源信は、『往生要集』を著わし、この迷いの世界から、阿弥陀如来の住む極楽浄土へ往生する方法を説いた。

鎌倉時代になると、この『往生要集』をもとに六道絵が描かれた。六道絵が今に伝わる地獄絵の原型となった。この六道の至る所に現れて、悩み苦しむ人々を救済するのが地蔵菩薩であり、苦しむ人の身代わりとなるまでして救って下さる有り難い仏さまである。こうして、人々を地獄から救い出してくれていたお地蔵さまは、いつの頃からか、子どもを守る仏さまとなったのである。平安時代から始まった地蔵信仰は、苦しむ者、弱い者の味方として、今日も、六地蔵めぐりや子どもの幸せ、健康を願う地蔵盆などの民間信仰行事として、在り続けている。

仏教の教義においては、子どもが親より先に死ぬこと、親が子の死を弔わなければならないことは、逆縁の罪として、人間の倫理に反することであり、仏道に違背することとされてきた。

賽の河原の地獄絵は、そのことを表しており、親より早く亡くなった子どもの霊は、地獄の手前の三途の川のほとりで、父母を思い、父母に先立って死んだ罪を贖《あがな》うため、石ころを積み上げて、仏塔を作り続けなければならない。

「一つ積んでは父のため、二つ積んでは母のため、三つ積んでは故里兄弟わが身回向して……昼はひとりで遊べども、日も入相の頃は、地獄の鬼が現れて、黒金棒をとりのべて、積みたる塔を押し崩す」と、経の読めない人たちにも伝わるよう、「賽の河原の地蔵和讃」と呼ばれる歌で語り伝えられてきた。早世した子どもは、その罪を親に対して償うために、鬼から崩されても、崩されても、果てることなく、石の仏塔を積み続けなければならない。

私は、このような賽の河原の地獄絵の言い伝えを要約して、わかりやすく息子に話してやったことを覚えている。この賽の河原の地獄絵の話しには続きがある。親に先立って死んだ罪を贖うため、ひたすら石塔を積み続ける子ども達、それを哀れに思った地蔵菩薩は、最後には、救済の手を差し伸べて、成仏させて下さるのだ。

恐らく、わが国の数ある仏さまの中で、最も数が多いのはお地蔵さまである。それはわが国において、水子、子捨て、子売り、子殺しなど数々の子どもの死・虐待・受難の歴史や、子どもを亡くした親の悲しみがいかに多く、深かったかを物語る証であり、今なお、お地蔵さまは、日本中の野辺や路傍、路地の一角、川のほとり、至る所に立って、子ども達を見守って下さっているのである。だからと言って、子どもが自分の生を全うせず、安々と命を絶つということは決して許されることではない。連綿と続いてきた人類の生の営みの中で、あなたの命は、何億分の一、何十億分の一の唯一無二の存在であり、失われたら決して元に戻すことのできない大切でかけがえのないものであり、天命が尽きるまで、生き長らえて、自分の人生もまんざらではなかったと、人生の歓びを享受すべき命であることを、決して忘れてはならないのである。

また、人生は、何があるかわからないから、誰と出会えるかわからないから面白いのである。

今、この地獄絵本は、10歳、6歳の孫の手元にあり、父親、母親から地獄絵の謂れと命の大切さを話してもらっているはずである。子から孫へ、孫から曾孫へと、自分の命も人の命も大切にしなければならないことが伝わっていけばいい。子ども若者に対して、命の大切さや死への畏怖の想いを教え、伝えていくのは、親や大人に課せられた大切な命題であると考える。

7　突然、子どもに先立たれた親の悲しみ

自殺によって、突然、子どもを亡くした親の悲しみには果てがないことを繰り返し書いてきた。親は、この果てのない悲しみ、苦しみ、怒りをどこに向けたら救われるのだろうか。

平成25年、いじめ防止対策推進法が制定・施行される以前、生徒のいじめや教師のパワハラ、誤指導などによって、生徒が自死しても、明確な遺書や第三者によるいじめ等の目撃証言がない限り、学校側は、いじめはなかったとして、うやむやな形で闇に葬られるという事態が相次いで起きた。このような最悪な事態を阻止することを目的として、いじめ防止対策推進法が制定・施行され、生徒の自死や不登校等の発生を重大事態と捉え、第三者委員会の設置、調査等に基づいたいじめの認定、いじめと重大事態との関係性が問われ、その結果が公表されるようになったことから、いじめ自死や指導死が、学校や教委などから隠蔽、忌避されることはほとんどできなくなったと考えられる。しかしながら、第三者委員会の調査結果が遺族の意向に沿わず、納得できなかった場合、遺族はいつまで経っても気持ちの整理をつけることができず、ついには司法の判断を仰ぐという手段を取らざるを得なくなるのである。

子どもが暴力を受けたことが明らかであれば、暴力行為等処罰法違反で提訴、いじめを原因として子どもを亡くしたことに対する損害賠償請求訴訟、ネット中傷など侮辱罪に係る訴訟など、多岐にわたる司法手続きを駆使し、加害者側の責任を追及し、損害の賠償を求めて、何年間もの長期にわたる裁判に臨まなければならない。これらの裁判においては、いじめと自死との間に相当の因果関係が

認められなければ勝訴には至らず、遺書も無く、いじめの確証が見つからなければ、敗訴ということも大いにあり得ることであり、その時は、遺族に心の安寧はもたらされることはない。しかしながら、そこまでしないことには、残された家族には、気持ちを整理することはできないのである。

一方、加害者側は、「いじめの認識は無く、遊び半分だった」「死ぬとは予測もしなかった」と責任を逃れる発言を繰り返し、反省の言葉も無いケースが数多く認められるのである。

いじめ加害の非が認められ、処分が決定しても、せいぜい少年院等への1年程度の保護処分が関の山であり、民事訴訟で賠償額が決まったとしても、僅か数百万円、それを払おうとしないケースはいくらでもある。こんな連中と命を引き換えにする自殺行為は、無為でもったいなくもあり、馬鹿々々しいこと極まりない行為であり、その反面、残るのは、遺族の理不尽な想いや無限の悔い、深い悲しみだけである。子ども若者の死は、決して美しくはなく、ただただ、悲しいばかりである。どのような形の自殺であれ、ご遺体は凄惨であり、その凄惨さに向き合わなければならない父母兄弟の悲しみ、苦悩を考えれば、自殺は、決して許される行為ではないということを心に止めておいて頂きたい。

8　絶対に死んではならないという教育

自殺を図った子ども若者の3分の2は遺書などを残していないが、遺書など書き置きが残されたケースにおいては、親に対する謝罪や別れの言葉の他に、親にいじめられていることを相談しなかったことについて、「心配をかけたくなかった」ということが必ずと言っても良いほど述べられている。

一見、親に対する思いやりの言葉らしくも見えるが、子ども達は何も分かってはいない。子どもの突然の死によってどれだけ親兄弟、周りの者が辛く悲しい思いをするのか、自死家族は、その死をずっと自分が死ぬまで引きずって生活していかなければならないのである。

病気、不慮の事故などによって、子どもが親より早く死ぬことは、最大の親不孝とされてきた。死んでいい子どもなどひとりもいやしない、子どもは、絶対に親より先には死んでいけないのである。まして、子どもが自殺した場合、親の悲しみ、苦悩は計り知れない。

自殺がいかに親不孝なことなのかを、子ども若者は理解していない。子どもに先立たれた親がどれだけ辛く、悲しいその後の人生を送らなければならないのか、分かっていない。それならば、残された者の苦悩を徹底して教える必要がある。自殺によって人生をリセットすることはできないということを、子どもが小さい頃から徹底して理解させておく必要があると思う。

そのためには、マスコミ等で自殺報道があれば、その機会等を捉えて、家族間で「その自殺についてどう考えるか」「子どもの自殺で親はどれだけ悲しい思いをするのか」など具体的な問題を示し、子ども自身がどう考え、どう対処するかについて親子で意見交換する中で、現実的にいじめなど困った問題が振りかかった時の対処の仕方や処理能力を高めていく訓練が必要であると考える。

いじめや教師の指導によって追い詰められた時、逃げる、友達に相談する、先生に相談する、親に話す、転校を検討するなどといったことが決して卑怯なことではなく、恥ずかしいことではないということを普段から子どもに伝え、親子で確認するなど、具体的に取り決めを定めておく必要があると思う。この他、社会には、いじめ問題などに関する様々な相談窓口や児童相談所、警察、人権擁護委員会、弁護士会、NPO法人などがあり、一人で悩まず、大人の知恵を借りれば、ほとんどの問題が解決可能であることを教えておくことも大切であると考える。

かつて、一時期、「いじめる側が悪いのはもちろんのことであるが、いじめられる側にも問題がある」という社会的風潮があった。現在では、この風潮は一掃され、いじめる側が100％悪いということ、いじめられる側は一切悪くないという考えが当たり前になった。

今、子どもの頃いじめを受け、それを耐え忍び、サバイバーとなった者がいじめの加害者やいじめを放置した学校、教委、市町村を相手に損害賠償訴訟を起こしたという新聞記事が数多く見受けられるようになってきている。いじめは一生続くわけがないのである。このような形で、逆襲も可能なのである。絶対に負けてはならない。戦うのだ。

子どもが追い詰められて死を選ぶのは、子どもなりのプライドがあってのことだと考えるが、死を選ばずとも、相手を見返してやれることや打ち負かしてやれること、別の生き方があること、またそうすることでプライドを保つことができるということを、大人は、子どもに教えてやって欲しい。

死後の世界が決して甘美なものではなく、自死後の残された家族が悲惨この上ないことをしっかりと認識させておくこと。親に心配かけまいと、いじめられている事実を隠したまま自殺することは、親に対する最大の不孝、裏切り行為であり、親は、いつも子どものことが心配で、子どもの幸福を願っていること。親は、命を懸けて子どもを守るという強い思い、信念を持っていること。これらのことを、普段から子どもと話し合い、伝えておけば、子どもは、簡単には、自ら死を選んだりはしないものであると考える。

近年、わが国において、子ども若者の自殺の多さが社会問題となり、世界的にも稀有な現象として注目を浴びていることは、悲しい限りである。

人生は、生きてみなければ分からない。多くの人との出会いは、人生の宝物である。どんな辛くて悲しいことがあっても、その状態が永遠に続くことは絶対にあり得ない。北風が強く吹くときは、じっとこらえて耐えてみよう。いつかは、暖かい晴れの日が訪れるはずである。

生きていれば、人生の喜びを分かち合える人、美しい花、風景、絵画、焼き物、素晴らしい本にも出会うことができる。美味しい食べ物や見知らぬ土地、他国への旅もできるし、生きがいのある仕事にも巡り会える。

人生は、生きてみて初めて、その真価が分かる。負けるな、苦しいばかりの人生はない。しっかり生きて行こう、これが私からの最後のメッセージである。

エピローグ

スウェーデンの女流思想家で、教育学者であったエレン・ケイは、その著『The Century of the Child 児童の世紀』（1900年）において、「20世紀は児童の世紀である」と著した。ケイは、本著において、「子どもには、不可侵の人格の権利がある」「親は、側で善行を見せればよい。子どもは、自ら善を学ぶ」とも語った。

児童の尊重と権利を訴えるために、児童中心の、児童から始まる教育の在り方、個性や自主性を尊重する教育、児童中心主義を提唱し「嘘をついたために体罰を受けて、真実を愛することを学んだ者はひとりもいない」と述べるなど、児童が自然に発達するためには、体罰撤廃の必要性を訴えた。

ケイの精神は、1924年、児童の権利に関するジュネーブ宣言、1948年、世界人権宣言、1959年、児童権利宣言に引継がれ、到達点のひとつとして、1989年、採択された「子どもの権利条約」の中に生きている。

また、わが国において、その精神は、昭和26年5月5日、児童憲章として宣言され、この日は、「子どもの日」として定められている。

果たして、20世紀が、それに続く21世紀が、児童の世紀となり得たのであろうか。

21世紀の今日、拙著においては、「わが国の子ども達は大切に育まれているのか」という命題を掲げ、児童虐待、少年司法、いじめ自殺の問題を中心に、その検証を行ってきた。

子どもに起きた様々な凄惨な事象を書き綴る時間の経過の中でも、多くの子ども達の命の受難を目の当たりにし、なす術の無さ、己の不甲斐なさを思い知らされた。

２０２１年7月23日、わが国においては、関係者の度重なる不祥事、失策、コロナ感染症の拡大への懸念など、様々な批判が高まる中、一年遅れの東京オリンピックが異例の無観客で開催された。

9月5日までの45日間に及ぶオリパラ開催期間中、国内の１日当たりのコロナ新規感染者数は、４千人台から最大２万５千人台の高止まりで推移し、国内の死亡者数は、１２４６人という数値を示した。また、９月４日には、重症者２２２３人と過去最多を記録し、この新規感染者数の拡大は、43都道府県でステージ４に及び、全国的な病床逼迫や自宅療養者の孤独死など、多難な様相を呈した。果たして、不正行為が相次いだ東京オリパラを１２４６人もの犠牲者を出しながら強行開催する価値はあったのであろうか。

しかしながら、これ程猛威を振るったδ（デルタ）型コロナウイルスは、２０２１年9月末には落ち着きを見せ始め、緊急事態宣言は、10月１日をもって解除された。

11月、12月になると、感染者数はさらに減少し、死亡者数は、１日ゼロから1~2人の日も続くようになった。年末には、国内の感染者数は、１日当たり、１００人台から４００人台で推移し、人々は、コロナは終息に向かったかのような錯覚さえ覚え、久々の年末年始帰省において家族の再会、旅行、飲食に勤《いそ》しんだ。このδ型コロナウイルス、第5波がどうして終息に向かったのか、ワクチン接種の拡大は、当然その要因のひとつとなろうが、それだけでは説明がつかない奇異な現象であった。

この明確な答えが出ないまま、南アフリカに端を発したο（オミクロン）株が国内で急速に感染拡大し、第6波として、BA・1型、BA・2型が2022年1月以降6月下旬まで、1日の新規感染者数、1～2万人台の状態が続いていたが、7月半ば以降は、第7波として、さらに感染力の強いBA・5型が感染拡大を続け、10～20万人台の高止まりで推移し、盆明けの22年8月19日、感染者数は、最大値の26万1千人余に達した。

これまでにない感染・死亡拡大状況にありながら、2022年2月12日、政府は、緊急事態宣言より一段低い、まん延防止等重点措置の延長を全国36都道府県に発するも、3月21日、全てを解除し、人流、往来も無制限化とした。4月27日には、一日の新規感染者数が4万6千人余もありながら、行動制限なしのゴールデンウイークが実施され、屋外におけるマスクの着用の緩和、飲食店に課せられていた様々な制約の解除など、自由に外食し、飲酒することも可能となった。

6月になると、地域社会のお祭り、伝統行事が3年ぶりに復活し、学校においては、運動会や修学旅行などの学校行事や部活が再開され始めた。また、大学においては、オンライン授業から、対面授業への移行が続いている。

医療機関が逼迫していないことを理由として、このような、国民に対するご機嫌取りで、7月実施の参議院選狙いの緩和策をとりながら、感染者数、死亡者数の激増から国民の目をそらし、政府に対する批判をかわし得たのは、2月末に突然起きた、ロシアのウクライナ侵攻に伴う現地における白煙漂う戦闘行為、ウクライナ国民の戦禍における死亡や惨状、このことに関連する国内におけるガソリン、天然ガス、穀物等の輸入停止による原油高、原材料高、物価高、円安、株安などに関する報道であった。

その後、新規感染者数は漸減し、10月半ばには1万人台に下がるも、それ以降、第8波として、o株の新たな派生型XBB・1・5型による感染爆発が起きた。

o株は、感染力は強いが、毒性は弱く、重症化率は低いと言われてきた。ところが、国内でα型、γ型、β型、δ型による感染拡大が続いた22年1月10日までの約2年間のコロナウイルス累積感染者数は、177万3千人余、累積死亡者数は、1万8千人余に達したが、23年1月10日までの3年間の累積感染者数は、3066万7千人余人、累積死亡者数は6万人余に上り、o株の流行によって、わずか1年の間で、感染者数は、2889万4千人余、死亡者数は、4万7千人余の激増となったのである。この1年間の感染死の大多数は、高齢者であるとされている。コロナ特有の肺炎ではなく、元々基礎疾患のあった高齢者がコロナに罹り、基礎疾患が悪化し、死亡したということである。

また、o株においては、子どもへの感染拡大が顕著で、以前には無かった子どものコロナ感染死亡事例が散見されるようになった。国立感染症研究所が22年1月から8月の間で、20歳未満でコロナ感染症により死亡した41人を対象とし調査を行った結果によれば、o株が急拡大した7月半ば頃から死亡例が増大し、内約半数は基礎疾患が無く、発症から死亡までの期間は、約7割が1週間未満であったことを公表した。

コロナ感染者数の激増やそれに伴う高齢者、子どものコロナ感染症による死亡が桁違いに増加しているのに、医療病床が逼迫していないことを理由として、岸田新政権は、何ら対策を講じないばかりか、社会経済活動を優先し、生活全般において緩和策や制約の解除を行ってきた。これは、政権の不作為・怠慢であり、失策である。

高齢者や子どものコロナ関連死の激増はなぜ起きたのか。高齢者の死亡増は、おり込み済みということか。このように欺瞞に満ちた国や医療機関のコロナ対応には不信感を禁じ得ない。

全くの規制の無い23年の正月明けの1月6日、1日のコロナ感染者数は、24万6千人余、また、1月14日、1日のコロナ死亡者数は、523人と過去最大を記録した。

このわずか1年間に、わが国で、なぜ医療機関も逼迫しないまま、4万7千人ものコロナ関連死が出たのか、どれだけ高齢者や子どもが亡くなったのか、また、どれだけの高齢者、子どもが病院ではなく家庭などで、病院での治療を受けることなく、療養中に亡くなったのか、政府は、国民に対し詳らかにすべきである。感染者数が大幅に増えれば、体力のない高齢者や子どもの死亡者数が増えるのは自明の理である。

岸田政権では、発足以来、閣僚や秘書の解任が続くなど、支持率の低迷が続いてきた。1月初旬から2月にかけた1カ月間に1万人以上のコロナ関連死が出ているというのに、1月末には、コロナ感染症を5月8日から、現在の2類相当から5類に変更する旨を決定した。これは、4月以降行われる統一地方選や衆議院議員補欠選挙、5月に行われるG7広島サミットに向けた、パーフォマンスである。感染症の分類が2類から5類へ変わろうと、コロナの感染力が衰えるわけではない。コロナ患者に対して医療機関がインフルエンザ並みにどこでも対応できるようになるというのは、眉唾な話である。法的にはそうでも、院内感染や医師、看護婦への感染をおそれ、一部の病院しかコロナ患者を受け入れないというこれまでの状況が変わるはずがない。

岸田政権は、何ひとつ適切な拡大防止対策を講じないまま、政権の維持のため、国民を欺き、コロナ感染の急拡大を放置してきたこの罪は大きい。

まだまだ、コロナが終息したわけではない。これから先も、われわれは、コロナを正しく恐れながら、付き合っていくしかない。この国では、大人も子どもも自分の命は、自分で守るしかないのだ。

政府の動きとは別に、国民の大多数が不安を抱え耐乏生活が続く中で、先の見えないコロナ禍の長期化は、子ども若者に行動や生活の変容を強いり、これから先も、日常生活に重大な影響を及ぼしていくことは間違いない。多くの子ども若者や女性が、希望や経済基盤の喪失などを背景として、生きていく糧や目標を失くし、自死を選択することが、今後も続いて行くであろうということが懸念されるが、国は、弱者を置き去りにして、全くの別の方向を向いて動き始めた。

本稿では、多くの子ども若者の死について書いてきたが、長期にわたるコロナ禍において、令和3年～令和4年になっても、止まることなく、子ども若者の無為で悲しい死は、今、現在も続いて起きている。

令和3年1月末、またしても教師の不適切な言動・指導により、沖縄県コザ市で高校生の尊い命が失われた。この国の教師は、過去の事例や教訓から学ぶことをしない。そんな愚かで救いようのない教師がまだ一部いるのだ。わいせつ教師にして然り、暴力教師にしても然りである。生徒に対して有形力の行使さえしなければ、何をやってもいいという時代錯誤の教師が生徒を自死へと追い詰めている。未熟な子ども同士のいじめではなく、子どもを教育し、より良い社会人と成すための教育を生業とする教師が、独り善がりの間違った指導により、生徒を死に至らしめてきたという数々の歴史的事実に気づきもしないし、学ぼうともしないのはどういうことか。そんな未熟で頭の悪い教師は、教育現場から即、退場いただきたい。

かつて教師は聖職と言われた時代があった。そこまで言わなくても、今の時代でも、教師は範に足りる人格が求められているはずである。そうでなければ、子ども若者の教育はできないはずである。

件《くだん》の事件は、沖縄県にある県立コザ高校で起きた。令和3年1月末、空手部主将であった高校2年生、男子生徒は、顧問の男性教諭からの日常的な厳しい叱責や指導を受け、夜自宅から外出後、ポケットに「出来の悪い息子でごめんね」と家族宛の遺書を残し、亡くなった。

生徒は、顧問の「キャプテン辞めろ」「部活辞めろ」「使えない」「カス」といった言葉の暴力や丸刈りをせざるを得なくなった心理的な追い込み、夜中に及ぶLINEを通じた連絡網等迅速な対応の要求、部費獲得のための古紙回収など数々の負担を強いられており、これらの心理的圧力が重なり、自死に至ったものと考えられる。

3月半ば、県教委の設けた第三者委員会は、自死の要因は「部活顧問との関係を中心としたストレスにあった」「勝利至上主義に基づく過度な緊張状態に置かれ、多大な精神的疲労を抱えていた」とする調査報告書を公表した。また、過去にも顧問による不適切な発言で不登校となった女子生徒がいたことや、急に空手の技をかけられるなどの不当行為を受けた部員も複数おり、これらの事例を含め、学校が調査や十分な対応をせず、今回の自殺を防げなかったとした。

この後、県教委は、さらに聴き取り調査を実施し、令和3年7月末、精神的負担を与える言葉を継続的に与えたことは体罰であると判断し、休職中であった顧問教諭49歳を懲戒免職処分に付した。言葉の暴力を明確に体罰とし、最も厳しい懲戒免職処分としたのは、初めての事例ではなかろうかと考えられる。

しかしながら、遺族は納得せず「顧問の暴走をなぜ止められなかったのか」「なぜ顧問の暴力から生徒を守ってくれなかったのか」として、知事に対し再調査を陳情している。

同年8月、県は、知事部局に第三者委員会を設置し、再調査を開始し、現在も調査中である。

このような中、保護者の加熱する期待や指導者の勝利至上主義によって、児童生徒が本来、スポーツによってもたらされる、楽しみ、精神的充足感、自己統制、達成感、他者との連帯感、体位の向上、心身両面にわたる健康の保持増進といった最も大切な目標が見失われてきたのではないかという反省に立ち、22年3月、全日本柔道連盟は、小学生の全国大会の廃止を打ち出した。このような新しい動きがスポーツ全般に広がっていくことによって、部活監督等の勝利至上主義に基づく体罰、暴言等により、多くの子ども達が傷つき、希望を無くし、命までが損なわれるという弊害がなくなっていくきっかけになるのではないかと思慮する次第である。

山下連盟会長の英断に強い支持を送るとともに、あらゆる競技分野において、楽しむスポーツが実現されることを期待したい。スポーツによって、子どもの命が失われることは、決してあってはならない。

令和3年3月23日には、北海道旭川の公園のベンチで、中学2年生、14歳の女子生徒の凍死死体が見つかった。少女は、2月13日夜、自宅から失踪。警察の公開捜査も行われたが、発見には至らず、行方は不明のままだった。失踪当日、旭川市の気温はマイナス17度。恐らく少女は、凍てつく寒さの中、公園のベンチで眠るように低体温症で亡くなったものと推知される。

その後、公園は降雪に覆われ、見つからなかったものが、3月末の雪解けで、ご遺体の一部が露出し、近所の住人によって発見されたものである。

少女は、平成31年4月、旭川市立中学校へ入学。間もなく、学校近くの公園で知り合った同じ中学の上級生の男女複数名から、性的ないじめを受けるようになる。LINEによるわいせつ動画送付の強要とその拡散である。いじめは激化し、令和元年6月末、公園において、自校、他校を含めた10人近いいじめグループに取り囲まれ、さらに凄惨な性的な強要を受け、そこから逃れるため、近くに流れるウッベツ川への投身自殺を図っている。自殺は、未遂に終わったが、警察が出動する事態に発展し、警察少年課は、捜査により少年らのスマホを解析し、わいせつ動画を入手。他校の14歳未満の少年を児童ポルノ禁止法違反の触法行為で厳重注意。その他の複数メンバーも強要罪の容疑で捜査したが、証拠不十分で立件できず、厳重注意とした。

学校・市教委は、調査の結果「いじめの認定には至らなかった」「男子生徒らの悪ふざけ」と決めつけ、いじめ防止対策推進法に基づく緊急事態という捉え方を拒否した。

少女は、令和元年9月、市内の別住所に転居し、転校したが、いじめによるPTSDを発症しており、登校することもできず、ウツベツ川入水後から失踪する直前まで通院、入退院を繰り返していた。本件いじめ自死事件は、地元報道機関等による取材、報道が繰り返され、旭川市、市教委は、学校からの報告と報道内容が異なるとして、令和3年4月22日、事実確認を行うため、第三者委員会を設置し、改めて調査を行うとした。また、同月26日、国会参議院決算委員会において、野党議員によって「いじめによる自殺事案で遺族に調査結果等の情報提供が適切に行われていない事態への文科省の対応について」と題して、本件にかかる質問が行われ、それに対して、文科大臣が答弁を行うという事態にまで発展した。その成果か、翌27日、旭川市教委は、いじめ防止対策推進法第28条第1項の一に基づく重大事態と認定し、調査開始に至っている。

このように哀しく、辛く、ひどいいじめ事件は、他には見当たらない。少女が川へ投身自殺を図った折、少女は、学校に電話で助けを求め「死にたい」と訴えている。教師数名が駆けつけ、自殺未遂を行った少女の錯乱状態を目前で確認している。母親が数回に亘り、教頭に対していじめを訴えているも、否定的な回答しかなされず、いじめではないと決めつけてしまった学校の良識を疑う。この時、学校、警察等が徹底的にいじめを解明し、関係のあった少年たちを児相通告、家裁通告などの厳しい対応や徹底した動画の削除、本人に対する適切な緩和ケアーをとっていたならば、もしかして、少女は死なずにすんだのかも知れない。しかしながら、学校の「いじめはない」とする閉鎖的で、おざなりかつ責任回避的な対応によって、少女は、命を絶つ方法しか選択できなかったものと考えられる。これは、教育の死を意味する出来事である。学校が、これだけの重大事態を男子生徒のいたずらとして糊塗《こと》してしまったのは、未だ一部の教育現場にある隠蔽体質を顕現する象徴的な出来事であり、このことによって少女を死に追い詰めてしまったという事実は、いじめた少年たちを上回る卑劣な行為であり、決して許容されるものではない。

令和3年5月に設置された旭川市第三者委員会は、当初4人であったが、事の重大性に鑑み、大学教授や臨床心理士、弁護士、精神科医、社会福祉士ら9人体制で検証することとなった。

令和4年4月15日、第三者委員会は、中間報告として、7名の上級生による6項目14件のいじめがあったことを公表した。6項目の内容は（1）ＬＩＮＥで性的なやり取りを繰り返し、身体を触られた（2）未明に誰もいない公園に呼び出された（3）菓子を繰り返し奢らされた（4）ＬＩＮＥで性的な話題を長時間続けられ、わいせつ動画の送信を繰り返し要求された（5）性的な行為を実行するよう迫られ、実際に行う状況を見られた（6）パニックになって川に飛び込む前、からかう、突き放すなどの不適切な言動を受けた、などとするものである。

これら、数々の卑劣ないじめ行為を生徒の悪ふざけと決めつけ、おざなりの対応しかしなかった学校長、教頭、担任教諭、市教委の幹部職員等の責任は極めて重大であり、事なかれ主義、隠蔽行為は、厳しく断罪されるべきであると考える。地方公務員法の職員に対する懲戒処分には、時効はない。本件に係わった学校、市教委職員らの行為は、地方公務員法第33条「信用失墜行為の禁止」に該当する。どのような形かで、国民が納得するような、社会的責任を取らせるべきである。そうしなければ、教育に対する国民の信頼を回復することはできない。

本件は、絶対に許すことのできない、人としての尊厳を踏みにじる人権侵害行為であり、明白に、いじめを主要因として少女が自死に至った重篤ないじめ自死事件である。

第三者委員会は、中間報告において、6項目のいじめ事実を認定しているが、22年9月に公表した最終報告書においては、凍死は自殺だったと認めたが、自死といじめとの明確な因果関係は認定しておらず、被害者遺族の反論によって、旭川市は、再調査委員会を立ち上げ、12月末に、第1回会合を東京都内で開催し、再調査を開始した。会の委員長には、地元の利害関係の及ばない教育評論家で法政大学名誉教授の尾木直樹氏が選任され、委員に精神科医の斎藤環氏を始め、弁護士、学識経験者等4名が起用されている。

今後、どのような調査展開になるか、予測が立たず、あり得ないことではあるが、もしも、新たに出される再調査委員会最終報告において、いじめと自死の関係性が曖昧な形でしか示されず、被害生徒に寄り添った明確な判断が下されない場合、被害者側は、速やかに、少女の尊い命が奪われたことについて、加害生徒、学校、市教育委員会を相手として、損害賠償に係る民事訴訟を提起されることをお勧めしたい。

裁判においては、大津市いじめ死事件の例を引くまでもなく、本件における自死に至った要因や責任の所在が明確に判示されることは、明らかなことであり、そのことは、わが国国民の絶対多数が願っていることでもあると考える。二度とこのような卑劣極まりないいじめへの対応が繰り返されないためには、被害生徒に寄り添ったいじめ対応の在り方について再検討すべきであり、地域社会の利害関係が及ぶことのない中立公正、公明正大な第三者委員会の創設に向けて、新たな法整備が必要であると考える。

【地方公務員法第33条　信用失墜行為の禁止　職員は、その職の信用を傷つけ、又は職員の職全体

の不名誉となるような行為をしてはならない】

その後も、ネットを使ったいじめによる自殺やわいせつ目的誘拐事案が続いて起きている。

令和3年3月9日、名古屋市において起きた中学1年、女生徒のLINEによるいじめ自殺。学校は、少女からの相談を受け、いじめの事実を把握しながら、少女を救うことはできなかった。

この他、コロナ禍において生きづらさを抱え、死を渇望した女子中学生が、SNSで知り合った成人男性と無理心中を図り、女子生徒のみが既遂したという事件が続けざまに起きた。

令和3年3月15日、SNSで知り合った中学3年生15歳少女を浜松市内で誘拐し、天竜区のキャンプ場のテント内で練炭自殺を図り、少女の自殺を手助けしたとして、未成年者誘拐と自殺幇《ほう》助の罪で、福岡市東区在住、無職33歳、I容疑者が逮捕された。

少女は、中1の2学期から休みがちになり、不登校状態となった。背景にはいじめがあり、PTSDと診断され、通院していた。学校が設置した第三者委員会は、同年2月、いじめがあったことを認定していたし、少女は、高校の進学先も決まっていながら、自死に至った。

さらに、令和3年5月5日、兵庫県丹波市において、中学2年生13歳の女生徒が、何が原因であったのか分からないが、行方不明となった。県警は、捜査中であったが、少女が行方不明になった20時間後の翌6日、午前3時、住所不定、無職、23歳、N容疑者が派出所に出頭。容疑者の説明に基づき、市内の林道を捜査したところ、少女の遺体が見つかった。

容疑者によれば、「少女とはSNSで知り合い、一緒に死のうと考え、車の中で練炭を燃やしたが死にきれなかった」と供述している。丹波署は、N容疑者をわいせつ目的誘拐罪と死体遺棄罪で逮捕した。

これら二つの自死事件で、二人の少女が、なぜこのような無為な死に方をしなければならなかったのか、たまらなく残念である。近年のSNSの発達、普及によって、見知らぬ男女がそれぞれの思いは別の所にありながら、形だけ知り合い、心中を企図する事案が相次いで起きた。

そして、心中話を持ち掛けられた少女のみが、結果的に自死既遂に至り、男は、死なずに生き残ったという事例が多発している。しかも、このようなケースにおいて、私の知る限り、二人が一緒に心中を既遂した事件は1件もないのである。２０１７年に、神奈川県座間市で起きた9人連続殺害死体遺棄事件がその典型である。

社会で起きている子ども若者と大人との心中事案の多くが、合意によるものではなく、一方的なものなのだ。そもそも、いい年をした大人が、初めて会う中高校生の少女と心中することなど起こり得ない話しである。心中への誘いは、もてない男が少女の気を引くためのフェイクな話しであり、彼らの目的はわいせつ行為なのであり、死ぬ気など更々ないのである。

これらの手合いには、考えられる最大の刑罰を科してもらいたい。

中高校生ともなれば、初めて体験することでも想像力を働かせなければならない。まず、相手の意図は何であるかを考えなければならない。そして、このような形で自死した場合、残された家族がどのような辛い思いをしながら、生きていかなければならないのかを考えて欲しい。

いじめの事実を把握しながら、それをいじめと認めようとはせず、被害生徒を守れない教師、学校、教委、警察。子どもの自殺念慮を悪用し、性的ないたずらをしかけようとする大人たち。

この国の大人は、子ども若者の命を何と軽く見ているのだろうか。

このように、インターネット、ＬＩＮＥを使ったいじめやわいせつ目的誘拐心中事件によって、子ども若者の死が相次いで生じ、ネットによるモラルハザードが起きている。今やネット通信は子ども若者を含め、全ての人々にとって、必要不可欠な社会的コミュニケーションツールとなっている。しかし、使い方を誤れば、人の命を奪ってしまう殺人ツールにもなるということが数々のネットが関与した自死事件により、繰り返し実証されてきており、その使い方を巡って、本格的に、国民的な議論を始めなければならない時期に来ていると考える。

20～21年、ネットいじめによって有名人の自殺も数件起き、起訴されていた加害者2人が、刑事裁判において侮辱罪で裁かれるなど大きな社会問題ともなった。

この侮辱罪についても、刑罰規定があまりにも軽すぎるということで、国会において、22年法改正が行われ、厳罰化された。


わが国における子ども若者の数々の予期せぬ命の喪失と併せて、ヨーロッパにおいて、22年2月に始まったウクライナへのロシア侵攻は、１年にも及び、兵士のみならず、民間人に併せて、多くの子どもの命が失われている。

ウクライナ政府のウェブサイト「チルドレン・オブ・ウォー」によれば、「23年2月16日現在、戦禍において４６１人の18歳未満の児童が死亡し、行方不明の児童数３４４人、家を失い故郷を捨てた児童数1万6206人に達した。戦争の最大の犠牲者は子どもである。これからの人生、そして国の未来をも奪う」と報じた。また、ユニセフによれば、ウクライナの子ども730万人の半数以上の430万人が避難生活を送っているとのことである。このロシア、プーチンの傍若無人な虐殺行為は、止まることを知らず、いつまで続くのか分からない。

一方、アメリカ社会においては、22年5月24日、テキサス州ユバルディの小学校で、18歳の少年が殺傷能力の高い半自動ライフル銃を乱射し、小学生児童19人と教師2人を射殺し、警察官に射殺されるという事件が起きた。事件の背景には、少年に対するいじめがあったと報道されている。アメリカの近代史において、銃によって起きた数々の殺戮事件は、アメリカ社会最大の汚点である。同様な惨事が数百回、数千回繰り返されてきたが、一向に改善されていない。その背景には、アメリカ合衆国憲法修正第2条に「規律ある民兵団は、自由な国家の安全にとって必要であるから、国民が武器を保有し携帯する権利は、侵してならない」との規定があるからである。このため、アメリカ社会から銃を締め出すことは、不可能なことである。

この少年による銃乱射事件直後にも、アメリカ社会のあちこちで、銃による殺傷事件が続けざまに起きている。

ミシガン大学の調査によると、アメリカでは、2019~2020年に、1~19歳の子ども若者間で、銃に関連した殺人、自殺、事故などによる死亡者数は、29%増加し、2020年には4300人に達し、同年齢層の自動車事故による死亡者数3900人を超えて1位となったと報じている。

アメリカにおける、子ども若者の死亡原因の1位は、銃関連死、わが国の15歳から39歳までの若者の死亡原因の1位は、自殺。この両国の1位は、とてつもなく悲しい1位である。

どのような状況であれ、いずれの国においても、死んでいい子どもなど、ひとりもいないのである。

「子どもは宝」世界中に向かって、この言葉を声高らかに発信できるような、ニッポンでありたい。

あとがき

令和5年1月に入り、人類に取り付いたコロナウイルスは、次々に変異株へと姿を変えながら世界各地でパンデミックを繰り返している。WHOの集計によれば、1月8日時点での世界の累計感染者数は、6億5千946万人余、死亡者数は668万8千人余にまで拡大した。同日におけるわが国の累計感染者数は、3050万人余、死亡者数は、6万200人を超えた。δ株感染拡大までは、子どもの死亡者はゼロであったものが、ο株に置き換わった以降、子どものコロナ死が数多く報告されるようになってきていることは悲しい限りである。

ちなみに、100年前に地球を襲ったスペイン風邪では、第一次世界大戦後の1918〜1921年の3年間で、当時の世界人口の4分の1に相当する5億人が感染し、1700万人〜6000万人が死亡。また、わが国においては、当時の人口の約半数、2380万人が感染し、22万人〜28万人が死亡したと推計されている。

コロナ対応に限らず、科学や社会の進歩に対して、社会的制度や法律、子ども若者の命や安全を守る仕組み・対応が追いついていないというのが、わが国の現状である。

人の命はこんなにも軽いのか。この現状を変えることのできるのは、政治と教育の二つしかないと思う。無責任で子どもに害をなす大人に対しては、法改正を行い、責任の所在を明確にするとともに罰則を強化すること。子ども若者に対しては、学校教育の中で、いじめの害悪やインターネットの正しい使い方を教えること。このことは、新たな教科である「道徳」の中でぜひともやって頂きたい課題である。いじめは、本気で対応しなければ永遠に解決できない、やっかいな問題であるという認識を新たにして頂くことを、教育関係者のみならず、全国民にお願いしたい。

足掛け2年に亘り、わが国における、子ども若者にかかる様々な課題について検証してきた。「わが国の子ども若者が大切に育まれているか」という命題については、読者ご自身で判断して頂きたい。

まだまだ、書き足らなかったことは沢山ある。掘り下げてみたかった不登校と社会的ひきこもりの関連の問題、ほとんど触れることのできなかった校内暴力の問題、限りなく進行している少子化の問題、子どもの貧困に伴う教育格差の問題、多発する子どもを狙った犯罪からどう子どもを守るかという問題、頻発する子どものあらゆる事故死の問題、昨年、夏場に明るみに出た裁判所における重大少年事件記録廃棄の問題、逃げ水となっている保育所待機児童の問題、やっと社会が注視し始めたブラック校則の問題、近年注目を浴びだしたヤングケアラーや在日外国人労働者子弟の教育の問題などなど、これらの課題については別の機会に譲ることとして、筆を置きたい。

最後になるが、本著は、平成7年5月、久留米市において、橋本信男医師との出会いがなければ誕生していない。まだ、児童虐待に関する情報、知見の乏しかったその時代、橋本医師は、小児科医の立場で被虐待児の現状を詳らかに学ばせてくれた。臨床現場や実写真などの貴重な情報提供と、共に行った虐待防止活動（親と子のこころの対話研究会）、深夜に及ぶ語らい・交遊がなかったならば、私はここまで児童虐待を始め、子ども若者の命の問題に執着することはなかったと思う。病院のベッドの上の子ども達は、親から受けた重篤な怪我と懸命に戦っていた。あの光景は今でも忘れられない。

また、元児童相談所において、被虐待児の処遇を巡って来る日も来る日も頭を突き合わせ協議を重ねてきた、最も信頼厚き同僚であった内田良介氏（ＮＰＯ法人「ポピンズくまもと」創設者）におかれては、忙しい仕事の傍ら、私の書き溜めた５００ページを超える本著の難解な初稿を解読し、出版社（石風社）の福元満治氏へ繋いで頂いた。

石風社の福元満治氏にあっては、豪快かつ繊細な方で、本著の出版に向けて、参考文献の提供や、細やかな助言と支持・共感を示して頂き、今日の発刊に漕ぎつけることができた。御三方に対しては、改めて、深く感謝申し上げたい。

参考文献一覧

『神話の心理学』　河合隼雄（大和書房）
『大君の都　幕末日本滞在記』　オールコック　山口光朔・訳（岩波文庫）
『ヨーロッパ文化と日本文化』　ルイス・フロイス　岡田章雄・訳（岩波書店）
『Japan Day by Day』　エドワード・S・モース　石川欣一・訳（東洋文庫）
『日本奥地紀行』　イザベラ・バード　髙梨健吉・訳（平凡社）
『「虐待大国」アメリカの苦悩』　原田綾子（ミネルヴァ書房）
『日本人口論』　岡崎陽一（古今書院）
『子どもの権利に関する条約』（外務省国際社会協力部人権人道課）
『児童の世紀』　エレン・ケイ　小野寺信・小野寺百合子・翻訳（冨山房百科文庫24）
『窓の向こう ドクトル・コルチャックの生涯』　アンナ・チェルヴィンスカ-リデル著　田村和子・訳（石風社）
『子どものトラウマ』　西澤哲（講談社現代新書）
『子ども虐待』　西澤哲（講談社現代新書）
『子どもの虐待防止 最前線からの報告』　児童虐待防止制度研究会・編（朱鷺書房）
『子どもの虐待 その実態と援助』　津崎哲郎（朱鷺書房）
『子どもへの性的虐待』　森田ゆり（岩波新書）

『いやされない傷 児童虐待と傷ついていく脳』 友田明美（診断と治療社）
『児童虐待 現場からの提言』 川崎二三彦（岩波新書）
『ルポ虐待 大阪二児置き去り死事件』 杉山春（ちくま新書）
『親権と子ども』 榊原富士子 池田清貴（岩波新書）
『子どもの人権をまもるために』 木村草太・編（晶文社）
『こども六法』 山崎聡一郎（弘文堂）
『児童福祉六法』 児童福祉法規研究会監修（中央法規出版）
『児童福祉法の解説』 厚労省児童家庭局・編（時事通信社）
『新版 調停委員必携（家事）』（日本調停協会連合会）
『女子高生の裏社会「関係性の貧困」に生きる少女たち』 仁藤夢乃（光文社新書）
『非行心理学入門』 福島章（中公新書）
『少年非行学』 山口透（東信堂）
『少年非行への挑戦』 山口透（黎明書房）
『戦前の少年犯罪』 管賀江留郎（築地書館）
『宅間守 精神鑑定書 精神医療と刑事司法のはざまで』 岡江晃（亜紀書房）
『永山則夫 封印された鑑定記録』 堀川惠子（岩波書店）
『少年A矯正2500日全記録』 草薙厚子（文春文庫）
『ある日、わが子がモンスターになっていた 西鉄バスジャック犯の深層』 入江吉正（ベストブック）

参考文献一覧

『脳内汚染』　岡田尊司（文藝春秋）
『いじめ問題をどう克服するか』　尾木直樹（岩波新書）
『いじめは「犯罪」である。体罰は「暴力」である。』　和田秀樹（潮出版社）
『ヒトは「いじめ」をやめられない』　中野信子（小学館新書）
『自殺論』　デュルケーム　宮島喬・訳（中央公論新社）
『更生保護 自殺を考える』（日本更生保護協会）
『地獄めぐり』　加須屋誠（講談社現代新書）
『絵本 地獄』千葉県安房郡三芳村延命寺所蔵　白仁成昭・中村真男（風濤社）
『死因を科学する』　上野正彦（アスキー新書）

竹中 力 （たけなか　ちから）

昭和24年、柳川市にて出生。伝習館高校卒業。大学で少年非行学を専攻。福岡県に就職。児童自立支援施設、児童相談所等で指導員、児童福祉司、施設長、相談所長などの職に従事。退職後、国の九州地方更生保護委員会の委員に就任し、九州管内の刑務所服役者、少年院入所者等の仮釈放、仮退院審査に従事。退官後、スクールソーシャルワーカー、家庭裁判所家事調停員、短大非常勤講師等の業務の傍ら保護司として更生保護に従事し、10年。信条：子どもファースト　趣味：新聞の切り抜き（非行、虐待、いじめ・自殺、子どもの事故、子どもを狙った犯罪などスクラップブック70冊）　特技：料理。手料理で、昔の仕事仲間を集めて酒宴を催すこと。

子どもを大切にしない国 ニッポン
――元児童相談所職員の考察と提言

二〇二三年五月五日初版第一刷発行

著　者　竹　中　力
発行者　福　元　満　治
発行所　石　風　社
福岡市中央区渡辺通二―三―二十四
電　話　〇九二（七一四）四八三八
ＦＡＸ　〇九二（七二五）三四四〇
https://sekifusha.com/

印刷製本　シナノパブリッシングプレス

ISBN978-4-88344-318-5　C0036